中国外语教育研究丛书

刘道义　主编

刘道义　何安平　著

英语教学资源的开发、利用与评价

YINGYU JIAOXUE ZIYUAN DE
KAIFA LIYONG YU PINGJIA

广西教育出版社

南宁

图书在版编目（CIP）数据

英语教学资源的开发、利用与评价 / 刘道义，何安平著. -- 南宁：广西教育出版社，2021.1（2021.9 重印）
（中国外语教育研究丛书 / 刘道义主编）
ISBN 978-7-5435-8842-4

Ⅰ. ①英… Ⅱ. ①刘… ②何… Ⅲ. ①英语—教学研究 Ⅳ. ①H319.3

中国版本图书馆 CIP 数据核字(2020)第 201381 号

策　　划　黄力平
组稿编辑　黄力平
责任编辑　陶春艳
助理编辑　农　郁
装帧设计　刘相文
责任校对　叶　冰　石　刚　钟秋兰
责任技编　胡庆团
封面题字　李　雁

出 版 人：石立民
出版发行：广西教育出版社
地　　址：广西南宁市鲤湾路 8 号　　邮政编码：530022
电　　话：0771-5865797
本社网址：http://www.gxeph.com
电子信箱：gxeph@vip.163.com
印　　刷：广西桂川民族印刷有限公司
开　　本：787 mm×1092 mm　1/16
印　　张：21.75
字　　数：324 千字
版　　次：2021 年 1 月第 1 版
印　　次：2021 年 9 月第 2 次印刷
书　　号：ISBN 978-7-5435-8842-4
定　　价：52.00 元

序　一

由广西教育出版社策划、刘道义研究员主编的"中国外语教育研究丛书"是出版界和外语教学界紧密合作的一个重大项目。广西教育出版社归纳了本丛书的几个特色：基于中国特色的比较研究，原创性、研究性和可操作性，理论与实践相结合，学科和语种相融合，可读性较强。道义研究员则谈到五点，即理论性、实践性、创新性、研究性、可读性。我非常赞同来自出版社和主编的归纳和总结，尽可能不再重复。在这里，只是从时代性方面汇报一下自己的感受。第一，本丛书上述各个特色具有新时期所散发的时代气息。众所周知，我国的外语教育在20世纪50年代以俄语及其听、说、读、写四项技能的教学为主，改革开放后强调的是英语交际教学法。进入新时期后，我国外语教育的指导思想着眼于如何更好地为"一带一路"倡议和"教书育人"素质教育服务。应该说，外语教材和有关外语教学理念的专著在我国不同时期均有出版，但本丛书更能适应和满足新时期的要求。如果说过去出版社关注的是如何让外语教材在市场上占有一定的份额，那么，本丛书更关注的是如何指导外语教师做好本职工作，完成国家和学校所交给的任务，让学生收到更好的学习效果，让家长和社会提高对外语教学重要性的认识。当然，这套丛书也帮助外语教师实现从"教书匠"转变为真正的外语教学工作者，使他们既是教师，又是研究者。第二，本丛书的内容不仅适用于英、俄、日、法、德等传统外语语种，也适用于其他非通用语种。第三,就本丛书的选题而言,除传统的技能教学和教育学外,还有社会学、心理学、哲学、美学、神经学等内容。这体现了当代多种学科相互融合的先进思想。随着信息技术的发展,多模态的课堂教学和网络教学已成为本丛书关注的选题内容。

我和本丛书的主编刘道义研究员相识多年。由于她从不张扬,因此我有必要以老大哥的身份来介绍一下她。第一,道义自 1960 年从北京外国语学院(今北京外国语大学)毕业后,从事大、中、小学英语教学工作 17 年,对不同层次的外语教学均有亲身体验。第二,从1977 年 8 月起,道义参加了历次的全国中小学英语教学大纲编制工作,编写和修订了 12 套中小学英语教材,并承担其中 9 套教材的主编工作;编著教师理论丛书 4 套、中学生英语读物 2 套、英语教学辅助丛书 3 套;发表有关英语教学改革的文章百余篇。由此可见,除参与教学实践外,她还长期从事外语教学理论的研究。最近在许多学校内时有争论,那就是教师只要教书即可,不必费神搞研究。我想道义以自己的行动回答了这个问题。第三,道义曾任教育部中小学教材审定委员会英语专家组组长、中国教育学会外语教学专业委员会理事长、课程教材研究所副所长、人民教育出版社副总编辑。这表明道义具有很强的领导和组织能力。第四,道义曾任党的十四大代表,我认为这说明了道义本人的政治品质好。党员既要把握正确的政治方向,又要在业务工作中起表率作用。所有这些归纳成一句话,本丛书主编非道义莫属。

除道义外,本丛书汇聚了我国从事外语教育研究的专家和名师。以道义所在的人民教育出版社为例,就有吴欣、李静纯、唐磊三位研究员参与编写工作。我退休后曾经在北京师范大学兼课 10 年,见到丛书各分册的作者名单上有王蔷、程晓堂、罗少茜等大名,顿时兴奋起来。这些当年的同事和年轻学者承担了本丛书 15 卷编写任务中的 4卷,实力雄厚,敢挑重担,我为之感到骄傲。作者名单上国内其他师范院校从事外语教育的领导和专家有华东师范大学的邹为诚、华南师范大学的何安平、东北师范大学的高凤兰、浙江师范大学的付安权、福建师范大学的黄远振、天津师范大学的陈自鹏,来自综合性大学的则有清华大学的崔刚、范文芳和中国人民大学的庞建荣。在这个意义上，本丛书是对我国外语教育研究力量的一次大检阅。难怪本丛书的一个特色是中外外语教育思想和理论的比较研究，而且重点是中国外语教育的实践和理论。上述作者中不少是我的老相识。虽然有的多年未见，如今见到他们仍活跃在第一线，为我国的外语教育事业而奋斗，令我肃然起敬。祝他们身体健康，在事业上更上一层楼。上述作者中有两位（范文芳教授和程晓堂教授）是我在北京大学和北京师范大学指导过的博士生。目睹当年勤奋学习的年轻学子，现已成为各自学校的教学科研骨干，内心一方面感到欣慰，一方面感到自己落在后面了。

本丛书的策划者广西教育出版社成立于 1986 年 12 月。就出版界来说，时间不算太早，但本丛书的成功出版在于该社英明的办社方针。据了解，该社主要出版教育类图书。其中教师用书和学术精品板块是该社最为器重的。本丛书的良好质量和顺利出版还得益于该社两个方面的经验。首先，早在 20 世纪 90 年代，该社已出版了一套外语学科教育理论丛书（胡春洞、王才仁主编）。该丛书总结了改革开放后外语学科教育研究的成果，展示了其发展的前景，给年轻一代学者的成长提供了帮助，在外语教学界产生了很好的影响，为本丛书的组织和编写提供了宝贵的经验。其次，新时期以来，该社相继出版了数学、化学、物理、语文等学科教育研究丛书，积累了较多经验，如今策划、组织和出版"中国外语教育研究丛书"更是驾轻就熟。

天时、地利、人和，在此背景下诞生的"中国外语教育研究丛书"必然会受到国内外外语教学界和出版界的欢迎和重视。我很荣幸，成了第一批点赞人。

北京大学外国语学院

2016 年 12 月 1 日

胡壮麟简介：教育部基础教育课程教材专家咨询委员会委员，北京大学资深教授、博士生导师。曾任教育部高等学校外语专业教学指导委员会委员、英语组副组长，中国英语教学研究会副会长，中国语言与符号学研究会会长，中国高校功能语法教学研究会会长。

序 二

一年多以前，当我接到广西教育出版社的邀请，让我主编一套外语教育理论研究丛书时，我欣然接受了。我担此重任的这份自信并非源于自己的学术水平，而是出自我对外语教育事业的责任和未竟的情结。

我这辈子从事外语教育，无非是跟书打交道：读书、教书、编书、写书。虽然教书认真，有良好的英语基础，但成绩平平。因为缺乏师范教育，并不懂得有效的教学方法。然而，17年的大、中、小学教学为我后来的编书和写书提供了宝贵的实践经验。改革开放后，我有幸参加了国家英语课程和教材的研制工作，零距离地与教育专家前辈共事，耳濡目染，有了长进；又有幸出国进修、考察，与海外同行交流切磋，合作编写教材、研究教法、培训师资，拓宽了视野。由于工作需要，我撰写了不少有关英语教育、教学的文章。文章虽多，但好的不多。为了提升自己的理论水平，我对语言教学理论书籍产生了浓厚的兴趣。退休后有了闲空，我反倒读了许多书，而这些书很给力，帮助我不断写文章、写书。2015年，我实现了一个心愿，就是利用我的亲身经历为我国的英语教育做些总结性的工作。我与同行好友合作，用英文撰写了《英语教育在中国：历史与现状》一书，又用中文写了《百年沧桑与辉煌——简述中国基础英语教育史》和《启智性英语教学之研究》等文章。

我已近耄耋之年，仍能头脑清楚，继续笔耕不辍，实感欣慰。

当我正想动笔写一本书来总结有关英语教材建设的经验时，我收到了广西教育出版社的邀请信。这正中我的下怀，不仅使我出书有门，还能乘此机会与外语界的学者们一起全面梳理改革开放以来，特别是这十几年的外语教育教学的研究成果。我计划在20世纪90年代出版的，由胡春洞、王才仁先生主编的外语学科教育理论丛书的基础上进行更新和补充。发出征稿信后，迅速得到了反馈，10所大学及教育研究机构的多位学者积极响应，确定了15个选题，包括外语教学论、教与学的心理过程研究、课程核心素养、教学资源开发、教学策略、教学艺术论、教师专业发展、信息技术的运用、教材的国际比较研究等。

作者们都尽心尽力，克服了种种困难，完成了写作任务。我对所有的作者深表谢意。同时，我还要感谢胡壮麟教授对此套丛书的关心、指导和支持。

综观全套丛书，不难发现此套丛书的特点主要反映在以下几个方面：

一、理论性。理论研究不仅基于语言学、教育学，还涉及社会学、心理学、哲学、美学、神经学等领域。语种不只限于英语，还有日语和俄语。因此，书中引用的理论文献既有西方国家的，也有东方国家的。

二、实践性。从实际问题出发，进行理论研究与分析，提供解决问题的策略和案例。

三、创新性。不只是引进外国的研究成果，还反映了我国改革开放以来的教育改革历程，具有鲜明的中国特色，而且还开创了基础教育教材国际比较的先例。

四、研究性。提供了外语教育科学研究的方法。通过案例展示了调查、实验和论证的过程，使科学研究具有可操作性和说服力。

五、可读性。内容精练，言简意赅，深入浅出，适合高等院校、基础教育教学与研究人员阅读。

此套丛书为展示我国近十几年的外语教育理论研究成果提供了很好的平台，为培养年轻的外语教育研究人才提供了很好的平台，为广大外语教研人员共享中外研究成果提供了很好的平台，也在高等教育机构的专家和一线教学人员之间建起了联通的桥梁。为此，我衷心感谢平台和桥梁的建造者——广西教育出版社！

　　我除组稿外，还作为首位读者通读了每一本书稿，尽了一点儿主编的职责。更重要的是，我从中了解到了我国外语教育近期的发展动态，汲取了大量信息，充实了自己，又一次体验了与时俱进的感觉。为此，我也很感谢广西教育出版社给了我这个学习的机会。

　　1998 年，我曾经在我的文章《试论我国基础外语教学现代化》中预言过，到 21 世纪中叶中华人民共和国成立一百年时，我国的基础外语教学将基本实现现代化。今天，这套丛书增强了我的信心。我坚信，到那时，中国不仅会是世界上一个外语教育的大国，而且会成为一个外语教育的强国，将会有更多的中国成功经验走出国门，贡献给世界！

刘道义

2016 年 11 月 21 日

前　言

　　写一部有关外语教材开发、利用与评价的书，是我这个有 40 多年编书经历的"编书匠"的一个夙愿。国内外已有先行者做了有关教材的研究，我应该向他们学习，并在他们研究的基础上向前迈一步。于是，我决定将这本书定位在"英语教学资源的开发、利用与评价"上。现在，仅限于"教材"这个狭义的概念已不能反映当代的教学实际了，特别是在"云时代"，实际教学已不再只依赖纸质教材，而越来越多地使用多媒体和网络教学资源。这就是书名《英语教学资源的开发、利用与评价》的由来。

　　本书第一章概述了教学资源的定义、种类与作用。说明从"教科书"到"教材"继而到"教学资源"不仅仅是名称的变化，更是在一定程度上体现了外语教育发展的历程。尽管在国外对于教科书与教材功能的看法存在分歧，但是，在我国教科书与教材仍具有很高的权威性。其他的教学资源也多为配合主教材教学、辅导或测评而开发及编制。信息技术引发的教育革命，在外语教学领域中突出地表现在网络教学资源的开发和利用上。因此，在讨论外语教学资源的种类和作用时，必然要研究信息技术所带来的变革。

　　第二章聚焦在英语教学资源的开发上。这章回顾了国内外英语课程、教材、教法的发展历程，并梳理了当代英语教学资源开发所遵循的教学途径和原则，以及开发的具体过程。由此得出"英语教学资源的开发是一个系统工程"的结论。也就是说，教学资源开发在一定程度上就是与课程发展、教育科研、教师教育与发展、教学方法和技术更新、测试评价体系改革等多方因素不断互动的过程。

第三章和第四章集中讨论了英语教学资源在教学中的利用。首先说明教学资源、教师和学生之间存在的互动关系。教学资源的开发源自教与学，没有教师与学生的参与就不可能产出优质资源。优质教学资源为教师的教、学生的学提供了必要的基础，而教学资源的价值体现又取决于教师和学生的有效利用和反馈。教师灵活地、创造性地使用教学资源起着关键的作用。这两章结合教学实践，探讨如何有效地利用教学资源培养学生的核心素养，发展他们的语言能力、文化意识、思维品质和学习能力，提出了解决语言知识与技能教学中出现的困难和问题的方法与策略，并列举了一些成功的案例。

第五章从理论上阐明了英语教学资源评价的意义和作用，综述了1949年以来我国教材评审制度的演变过程。本章对比了国内两份英语教材评价标准，借鉴了国外的教材评价标准和类型，介绍了国内近期三个教材评估研究项目，并探讨了英语教学资源评价的发展趋势及热点话题。

第六章是对英语教学资源未来发展的展望。在分析国际英语教学资源发展的特点与趋势的基础上，既要看到我国已取得的成就，也要看到我国英语教学资源发展所面临的挑战。本章最后提出了加强研究以应对挑战、迎接未来发展的建议。

第一至第四章出自我的拙笔，第五章是我的好友何安平所作。她是华南师范大学的教授、博士生导师，教育部中小学教材审查委员，参与教材审查工作近20年。第六章由我与何安平教授合作完成。她能在百忙中拨冗参与此书的写作，我非常感激。

在我写作过程中，得到了人民教育出版社、外语教学与研究出版社、上海外语教育出版社、北京师范大学出版社、译林出版社的同仁们的帮助，得到了广西教育出版社黄力平编审及相关编辑的大力支持，也得到了提供教学案例的各地老师的热情支持，当然还有我的家人的关爱和支持，我在此对他们表示深深的谢意！

我深知，自己所做的是承上启下的工作，但愿我们这本小书对教学资源的开发和利用起到促进的作用，希望能让更多人对教学资源研究感兴趣。

　　由于工作繁忙，时间紧迫，又受水平所限，写作中难免存有瑕疵，诚望读者批评指正。

刘道义

2020 年 2 月

目　录

第一章　概　论

自古以来，教师教书，学生读书，天经地义。"书"当然是指课本，又被称为**"教科书"**（textbook）。对孩子而言，识字断文、知书达理，需要课本。对教师而言，传道授业也依靠课本。因而，课本是神圣的，"蒙以养正，圣功也"。我国历史悠久，古代使用四书五经以及《三字经》《百家姓》《千字文》等为启蒙读本。清末时期，为了"师夷长技以制夷"，提出"中学为体，西学为用"的方针，开始兴办学堂。学堂不但教授国学，还设置了算术、格致（物理、化学）等学科，用的多是由西方引进的教科书。外语学科用的也是从西方来的教科书，视需求加以翻译和注释。民国时期，国人自编了种类繁多的英语教科书、读本与各类工具书，但仅限于纸质的。中华人民共和国成立后，逐渐使用图片、挂图等直观教具与录音带、幻灯片等电化教学资料，配合教科书，加上教师教学用书、练习册及各种读物，形成了系列配套的**"教材"**（teaching material）。自此以后，教学使用的不再仅是一本课本，而是一套教材。20世纪末至今，信息技术给外语教育带来了重大变革，如计算机辅助语言教学（computer-aided language learning，CALL）创建了多媒体教学模式。信息交流技术（information and communications technology，ICT）的发展使课程资源数字化，"云数据"提供了海量的**教学资源**（teaching resources），形成"资源超市"，供学校、教师和学生选用。

从"教科书"到"教材"，继而到"教学资源"，不仅是名称的变化，更体现了教育，特别是外语教育和教材建设发展的历程。

当今的教学资源如此丰富，教科书与教材的作用是否淡化或甚至于消失了呢？在国外，对于教科书与教材作用的看法的确有分歧。但是，在我国教科书与教材的地位和作用并没有降低。我国政府非常重视中小学课程与教材的研制工作，因为教材是体现国家意志、传承民族文化的重要载体。建设教育强国，实现教育的现代化，必须构建起与之匹配的具有中国特色、世界一流的教材体系。各学科教材都以国家制定的课程标准为依据编制而成，并经过教育部审定方可进入课堂。因此，教科书仍具有很高的权威性。其他的教学资源也多为配合主教材教学、辅导或测评而编制。

信息技术引发的教育革命在外语教学领域中突出地表现在网络教学资源的开发上。大数据支持的优质资源建构改善了语言学习的环境，超越时空限制的资源选择方便了教师教学，线上与线下融合有助于个性化学习，有利于发展性评估与综合性评价。此外，根据大数据进行的教育分析还有助于决策和管理。所以，研究外语教学资源的开发必须重视网络教学资源的开发。

本章将就教学资源的定义、种类与作用，教科书与教材的功能，以及信息技术引发教学资源的变革做一概述。

第一节 教学资源的定义、种类与作用

一、教学资源的定义

教学资源是用于贯彻和实施课程的教育目标的。为了给教学资源下定义，首先要清楚课程和课程资源的含义。据《教育大辞典》释义，"课程"是为实现学校教育目标而选择的教育内容的总和。英语"curriculum"一词来源于拉丁语"currere"（意为"跑马道"），泛指课业的进程。[1]然而，课程并不仅限于学校开设的各个学科的课堂教学。其实，课程应指学习者在学校环境中及学校组织的社会活动中获得的全部知识和经验。那么，学习者获得知识和经验的源泉（source）便是课程资源（curriculum resources）。课程资源主要来自三个渠道：

（1）学校内部的可以用作学习和教学的材料（instructional materials），如教科书和与之配套的教学辅助材料；还有学校提供的教学设施（teaching facilities），如教室、音像设备、图书馆、网络、校园文化（壁画、板报、广播等）。

（2）学校利用社会所提供的可用来为课程目标服务的教育资源（educational resources in society），如博物馆、美术馆、动物园、剧院、大众传媒（电视、广播、报刊）等。

（3）学校教师与学生自己创制的教学资源（human resources），指教师在教学过程中和学生在学习过程中所制作的材料或设施，如课件、教具、习作等。

"课程资源"的概念不同于传统意义上的教科书或教材。"课程资源"这个概念的形成建立在21世纪以来倡导的课程论的基础上，其核心思想是："从单纯注重传授知识转变为引导学生学会学习，学会合作，学会生存，学会做人，打破传统的基于精英主义思想和升学取向的过于狭窄的课程定位，而关注学生'全人'的发展（'whole person' development）。"[2]基础教育的课程目标是：全面实施素质教育，使学生德、智、体、美等方面全面发展，具有社会责任感、创新精神、实践能力、终身学习的愿望和能力、良好的信息素养等。为此，要让学生通过独立自主发现、探究、合作、互动式学习的过程，实现从感悟、体验、建构到理性的升华，真正形成综合运用知识与实践的能力。

按照课程目标的新思路去看，传统意义上的教科书乃至教材已不再是唯一的课程资源。一套教材编得再好也是有限的，而课程资源可以说是无限的，互联网不受时间和空间的限制，课程设置在学校，但课程资源存在于社会，几乎无处不在。请看图 1.1 [3]：

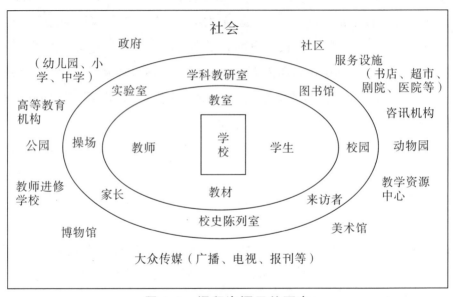

图 1.1　课程资源无处不在

这是一幅未完成的，且永远难以完成的图，因为课程资源的来源永无止境。正如陶行知先生所说，"生活即教育""社会即学校""教学做合一"[4]。笔者曾经带领学生边参观动物园边引导学生用英语谈论所见到的动物，使他们饶有兴趣地记住动物的名字和有关的形容词。然而，截至目前，中小学外语教学广泛利用社会课程资源的实践还没有真正开始。

本书主要研究的是在学校内，特别是在外语课堂上为实现课程目标所采用的或可使用的各种教学资源，是狭义上的课程资源。

二、教学资源的种类

外语课堂使用的教学资源经历了一个历史的变革过程。19世纪清末时期，京师同文馆开创了外语课堂教学的先河，那时教学使用的仅是由国外引进的外语课本。1898—1899年，商务印书馆出版了中国人自己编写的教科书《华英初阶》和《华英进阶》[5]。自此以后，特别是民国时期，英语教学有了较大发展，出版了种类繁多的教科书、读本、辞书等各种教学用书，但大体限于纸质的教学资料。

新中国成立以后，中小学英语课堂教学主要依靠教科书，但那时已提倡使用图片、实物等直观教具，并且开始使用录音带、幻灯片和电影等，条件好的学校建立了语音实验室，出现了电化教学资源的雏形。

1978年以后，改革开放推动了外语教育发展，社会对英语教学的重视程度之高史无前例。为了改善外语语言环境，课堂教学普遍使用电化教学手段。教室设有投影仪，可以放幻灯片或投影片（slides/transparencies），录音机很普及，录像机逐步推广，音频和视频教学资源的供给源源不断。当时，中央和各地的电视台、广播电台连续播放英语教学节目，这对提升我国人民的外语水平产生了巨大的影响。同时，学校还设立英语广播、英语学习园地，张贴英文图表，开设英语角，成立英语兴趣组，创办英语晚会和各种英语竞赛等活动。全国各地相继出版发行了大量英语报刊，不仅提供了新闻消息和青少年喜闻乐见的信息，还提供了辅助教学和考试的资料，成为教学资源的一部分。

20世纪末，信息技术发展在教育界的势头之迅猛、普及之快，是其他任何媒体都无法比拟的。1988年，西北师范大学的南国农教授率先在国内建立了多媒体信息中心。在中小学各学科教学中，使用信息技术最早的莫过于外语学科，因为信息技术可以有效地改善外语教学的生态环境。[6]20世纪90年代，在政府强有力的支持下，几乎所有的学校都配备了电子计算机。计算机辅助教学（computer-assisted instruction，CAI）资源的开发十分活跃。计算机辅助语言教学（CALL）资源更是层出不穷，如用电脑制作的光盘CD、CD-ROM和课件（course ware）、幻灯片（PPT），已成为课堂教学中普遍使用的教学资源。

近20年来，信息交流技术（ICT）广泛运用于外语教学，使教学资源数字化、电子化、网络化。基于云数据的网络教学资源集计算机、多媒体、数字化存储与加工、动漫、知识库、语料库、资源库等多种技术为一体，创造出优质的教学资源，并通过互联网超越时间与空间的限制可使全国各地教师与学生得以共享。这解决了有的地区或学校资源不足、文化信息匮乏所带来的困难，帮助教师整合课程资源，灵活地、创造性地使用教材，提高教师的自身素养和教学质量。同时也让学生，特别是薄弱校的学生直接利用这些优质资源提高自己的学习质量，从而缩小不同学校之间的差距，实现教育公平。网络教学资源为外语教学开辟了新的发展空间——虚拟空间，与现实空间（课堂教学空间）互联互通，线上与线下（O2O）结合，极大地优化了外语教学。

综上所述，课堂上所能使用的英语教学资源绝不止教科书一种，经过百年的历程，英语教学资源至少可以归为四类：纸质的教学材料、电化教学资源、数字化教学资源和混合式教学资源。混合式教学资源指的是网络资源与现实可触摸的资源相结合的教学资源。

三、教学资源的作用

自古以来，在中国的教育中，教科书一直发挥着极为重要的作用。人们经常把"上学"（go to school）俗称为"读书"，这里的"书"，当然是指学校用的教科书。正如田慧生所说："教科书作为教学内容的重要组成部分、课程实施的最主要载体，在学生个体成长中扮演了主导启蒙的角色。教育可以通过多种方式塑造人，但教科书毫无疑问是主要的塑造力量。"[7]莫言曾说："我幼时失学在家，反复阅读家兄用过的《文学》课本，感到收益很大。我最初的文学兴趣和文学素养，就是那几本《文学》课本培养起来的。"[7]在外语界，不乏大师级的人物受到幼时所读英语读本的影响而与外语教育事业结下了终身之缘。例如，杨周翰在中学时学了一套《英文津逮》（*Mastery of English*）打好了英语基础，后来又通过林语堂的《开明英文读本》，读了英语文学作品，对英语产生了兴趣。周珏良小时候在家塾里读四书五经、唐诗，为了考中学才开始学英语，请了补习先生，用的是周越然的《英语模范读本》。考入中学以后，在老师的引导下，他读了大量的英语文学读本，从此爱上了英语。[8]由此可见教科书的魅力。

在传统的课堂教学中，尤其是在私塾学堂里，教师唯一依靠的就是教科书，久而久之，教师有了"教书匠"之称。在相当长的历史时期，在以教师为中心的课堂上，教师们手持课本"教书"。那时，教师上讲台前必须"吃透"教材，以教材为唯一的教学资源。岂不知这样年复一年地教书，越来越使教师的专业知识"退化、枯竭"，甚至"石化"；教学质量一直不能提高，往往就会出现如陶行知先生所说的"死教书、教死书、教书死"的可悲现象。加上长期宣传教师职业的光荣在于"甘当照亮别人、燃烧自己的蜡烛"，这使许多年轻人对教师的职业望而生畏。

然而，近40年来，教育理念不断更新，外语教学理念也不断发展。外语课程强调以学生的发展为教学的出发点和归宿，课程目标是从思想情感、文化意识、语言能力、学习能力、思维品质和社会交流能力诸方面发展学生外语学科的核心素养。为了实现如此多元的课程目标，外语教育的教学观、教师观、学生观、教材观等一系列观念都需要有所转变。在我国中小学英语教学中，这些已经发生了变化。

首先，以教师为中心的教学模式在转变，教师"一言谈"已变成师生互动、生生互动的"群言谈"。教师不只是导师，同时是学生的合作者、促进者、评价者，还是伙伴。学生不再仅仅被动地接受教师和教材所传递的信息，他们是学习的主人，能够主动参与学习的一切活动，运用交际和资源策略，通过多种渠道获取学习资源。其次，教师已不再是教科书的奴隶，而是成为教学资源的主人。他们要根据学生的兴趣和需要选择教学资源，并灵活地、创造性地整合与使用教学资源。现在，师生们已不满足于眼前的教科书和其他教学辅助材料，网络教学资源已大大拓宽了他们的视野，他们甚至开始运用信息技术自己开发与学习校本课程资源。

这样一来，教师由传统意义上的"教书"变成"用书教"，进而发展成使用甚至开发教学资源来"传道、授业、解惑"。他们不再是学生获取信息的唯一传递者。学生由单纯"读课本"变成在教师的指导下利用教学资源自主学习，培养终身学习能力。借助网络教学服务平台，无论是教师还是学生都不会满足于教材所提供的知识与信息。未来的教师在取之不尽的海量教学资源的辅助下，专业知识和教学技能必然会不断更新，专业水平也会随之提高。他们将不再是被燃烧殆尽的"蜡烛"，而是不断充电，成为永放光芒的"灯塔"，照亮学生通向智慧的航道。

在现代教育思想的指导下，教学资源对教与学的作用显然超越了单纯教科书或教材所能起的作用。

第二节 作为教学资源核心的教材的功能

尽管混合式教学资源和其他基于信息交流技术创造的资源对教学具有莫大的优越性，但是传统的教科书和印制的教辅材料仍然在大多数的教师与学生的生活中继续发挥着重要的作用。所以，出版社或学者们编制的教材还是师生依靠的核心教学资源。[9]目前，我国学校使用的仍然是根据课程标准要求研制的，经过教育部教材审定委员会审查通过的教科书。教科书及其配套的教材无疑是核心的教学资源。不过，当前学界对于教科书与教材功能的看法，的确产生了分歧。

一、世界上对教科书与教材功能存在的分歧

世界各国教科书的出版在教育出版界仍然是一股非常强劲的力量。这说明各国政府重视通过教育来培养符合自己国家需要的人才，制定国家课程标准或教学大纲，并由出版部门编制符合课程目标要求的教科书，以保证国家教育方针的贯彻。因此，多数教育界人士肯定教科书与教材的功能。Bell 和 Gower 对英语教科书和教材的作用做过以下分析。

（1）教科书能够满足大范围地区的实际需要，特别是在非英语语言环境中由缺少培训机会的教师任教，而且这些教师又没有足够时间分析不同学生的需求，教科书就显得十分重要。

（2）教科书帮助教师和学生安排好了教学全过程，这样就使师生预知将要教学的内容，也了解需要复习的内容。

（3）教科书的结构与内容为社会参与教学研究的人员提供了可靠的基础和交流的平台。

（4）教科书配备了大量课程实施所需要的资源，教师就能够腾出时间来做更重要的工作，如发挥教师自身的创造性整合教材、补充教学资源，以及根据学生实际设计教学计划等。

（5）有了现成的教科书，教师便有安全感和自信心，对于那些缺乏教学经验的或很少参加师资培训的教师尤其如此。[10]

20世纪末以来，西方世界对于教科书的功能的看法产生了分歧。"一部分学者对教科书的作用基本持否定的态度。他们的理由是，出版的教科书通常不能提供教师希望为自己的班级寻求的课文和活动。"[11]教科书经常遭到批评，原因是多方面的。尽管教科书大体覆盖了课程标准规定的话题范围，但不可能做到完全平衡，有些话题可能会被忽略；虽然教材力求紧密结合实际生活，但不可能像报刊那样真实、时效性那么强；一套教材编得再好也赶不上时代的发展，因此内容、插图等会有过时的问题；受教材编者的主观与客观条件所限，编出的教材很难适合千差万别的教学情况。

于是，在西方国家，学校教师对待教材就出现了三种态度：一种是干脆不依赖某一种教科书，而是自己准备教材。这一部分教师认为，他们对学生的了解胜过任何教材的编者，他们准备的教材更好。第二种是完全依靠某套教材，照本宣科，不折不扣地照着课本教，以免出差错。第三种认为教科书很有用，他们用得很多，但是并不全用，有时针对实际需要增补或删减教材内容。

据格兰特（Grant）分析，持第一种态度的教师多数是专用英语（English for Specific Purposes，ESP）教师，由于专用英语涉及的学科种类繁多，专业性太强，要找到特别适用于某种专业的英语教材实在困难，教师必须自备教材。可是，教通用英语（general English）的教师大部分都在用教科书而不会去自备教材。持第二种态度的教师与前者相反，他们把教科书比作厨师的烹调指南，厨师们离不开烹调指南，教师也离不开教科书。他们指出，教科书不仅提供全部或大部分教学所需的内容，而且安排得由浅入深、循序渐进，表现形式生动活泼，还提示具体的教学方法，使教师省时省力易教，也有助于学生自学。当然，谁都承认，世界上不存在完美无缺的教科书，可是对于教科书都是认可的。在教学实践中，许多教师并非死抠教科书，即使他们自认对教科书持第二种态度，他们也会凭自身的判断，根据教学情况对教材做必要的调整。教师们往往低估了自己的判断力和创造力。除了少数责任心差的教师，大多数教师实际上是持第三种态度的。[12]

二、中国英语教材的历史与现状

在中国，自有教科书以来，人们对教科书权威性的认可一直没有动摇过。但这并非意味着对教科书的作用的看法始终如一，本书已在前面就教科书的观念变化有所阐述。这里将回顾历史、观察现状、展望未来，分析各个历史阶段人们对教材作用的评价。

（1）第一阶段：20世纪中期以前，尤其是新中国成立以前，尽管教育部门组织编制了课程标准，也组织专家审查通过了多家出版社出版的教材，但由于当时政治局势不稳、战争动乱不断，各地使用的教材多种多样。以英语学科为例，条件优越的教会学校很少采用教育部推荐的教科书，条件一般或落后的地区学校则多用部编教科书。在抗日战争期间，由于供应困难，学校只要得到某种教科书就会如获至宝，让学生抄书学习。可以想象，在那么艰难的时期，教科书加上辅助读物、文法、口语、作文与辞书等材料，就是当时仅有的教学资源。这些材料对于教学的作用举足轻重。

（2）第二阶段：20世纪后50年，以1978年为界分为两个时期。前一个时期，指的是新中国成立初期至"文化大革命"时期。"文化大革命"以前，受苏联的影响，课程设计以教学大纲的形式出现。但因为学制长短的问题一直存在争议，小学至高中是十二年制、十年制还是九年制变动不定，外语学科还有英、俄语种如何开设和从哪个学段开设等问题。所以，虽然也曾有教学大纲和根据教学大纲编写的教科书，但没有一个大纲或一套教科书能完整地贯彻到底，就连被公认编得最好的1963年中学英语教学大纲及根据该大纲编写的初中和高中英语教材，也被否定了。在这段时期，学校英语教学几乎完全依靠当时发行的教科书，"文化大革命"前多使用人民教育出版社编辑出版的英语课本。那时已出现了录音带，由于每套教材的"寿命"很短，来不及配辅助教材，教师只能靠一本教科书上课。"文化大革命"时期，全国各省级行政区自编教科书供本地区使用。教材编写片面突出政治，无视语言教学规律，致使教材质量较低。直至20世纪70年代，随着我国恢复了在联合国的合法席位，改善了与美国的关系，外语的地位逐步提升，英语越来越受到重视。1977年，教育部从全国调集了200多位中小学及大学教师召开全国中小学教材编写工作会议，于9月起编写教学大纲和教材。[13] 1978年，新编教材逐步替换"文化大革命"期间各地编写的质量低下的教材。这套全国通用的教科书不再是单独的课本，每个学科都配备了一系列的辅助材料。这些被称作教材的辅助材料由人民教育出版社出版。英语学科系列配套教材含有教师教学用书、练习册、图片、挂图、字帖、简易读物、听说材料、词汇与语法手册等。同时，电化教学手段的运用大大丰富了英语教学资源。到了20世纪90年代，盒式录音磁带、幻灯片、投影片、录像带、VCD、CD-ROM、DVD等相继问世。课堂教学发生了巨变，英语教师普遍运用多媒体教学，彻底改变了以往依靠一本书、一支粉笔和一块黑板教书的"教书匠"形象。信息技术催生了超越时空的多媒体教学资源，自然使教科书失去了"独尊"的地位。但教科书仍然是教学资源中的核心部分，加之当时全国使用的是人民教育出版社的统编教材，围绕这套教科书配套的教学辅助材料自然而然享有很高的权威性。

（3）第三阶段：21世纪初期，课程进入深化改革的阶段，中小学教材建设也进行了重大的改革。国家鼓励和支持有条件的单位、团体和个人依据国家课程标准组织编写高质量、有特色的教材。在国家政策的鼓励和支持下，各地有数十家出版社甚至个人编写教材，全国中小学审定委员会审查通过的小学英语教材约有30种，初中约有10种，高中有7种[13]。英语教材真正实现了多样化，从此彻底改变了统编教材"一统天下"的局面。教材的多样化必然带来竞争，而竞争不仅促进了编制的质量，也促进了教学资源的进一步开发。各家教科书出版社以及许多英语报刊社都配合主教材提供了多媒体教学资源，并进而利用信息交流技术开发数字化教学资源。同时，教育网络公司纷纷成立，争相将纸质的教材变为海量的在线资源，开创了教学、评价、教研和教学管理服务平台。就教学模式而言，数字化、网络化教学资源的应用将以教师为中心的知识传授转变为以学生为中心的混合式教学，线上与线下高度融合。此时的纸质教科书如果没有网络资源的支持与配合，必定会丧失昔日的地位，甚至会在激烈的竞争中被淘汰。

纵观上述三个历史阶段的教材，可以用几何图形进行概括。第一阶段的教科书是平面式的，第二阶段的教材是由平面向立体过渡，第三阶段的教学资源则是立体式的。展望未来，随着信息交流技术的飞速发展，教学资源必将迎来一场更大的变革。虽然教科书的含金量似乎不如从前，但是教科书在教学资源开发中的核心地位并未改变。况且，各地选用的教科书都是经过教育部审定的，有资质的教科书出版部门有权制作辅助的教学资源。可见，目前教科书仍有相当的权威性。可是，非教科书出版单位制作的教学资源，尚不具有同样的权威性，要进入学校为师生们所接受并不是一件容易的事。

第三节 信息技术引发教学资源的变革

一、教育技术发展引发的教育革命

回顾人类教育的发展史，社会形态的更替和媒体技术的发展一直是推动教育产生变革的根本力量。迄今为止，人类社会经历过三次教育革命，目前我们正在见证着第四次教育革命的发展和演变。[14]第一次教育革命发生在原始社会向农业社会的过渡期，标志是文字的出现和知识传承；第二次教育革命发生在农业社会，标志是造纸术、印刷术的发明和教师授业；第三次教育革命发生在工业社会，标志是班级授课制的推广及电化教学的出现；第四次教育革命发生在当今的信息社会，产生了以计算机和互联网为代表的信息技术，正在引发教育系统的全面变革。基于班级授课制，以教师为中心、教材为中心、教室为中心的重视传授模式逐步让位于基于广泛学习资源，以学生为中心、问题为中心、活动为中心的能力培养模式。

中国互联网络信息中心（CNNIC）发布的第 44 次《中国互联网络发展状况统计报告》显示，截至 2019 年 6 月，我国网民规模达 8.54 亿，手机网民规模达 8.47 亿，农村网民规模为 2.25 亿。调查数据还显示，我国在线教育用户规模达 2.32 亿，占网民总数的 27.2%。据教育部科技司发布的《2019 年 8 月教育信息化和网络安全工作月报》，全国中小学（含教学点）互联网接入率达 96.4%。计算机、平板电脑、电子白板、宽带互联网等信息化设备基本配备到了各级中小学校。近 40% 的学校已实现全部应用数字教育资源开展课堂教学。早在 2015 年 11 月 19 日第二次全国教育信息化工作电视电话会议召开时，国务院副总理刘延东就在会上指出，"十二五"以来，教育信息化成绩显著，"宽带网络校校通""优质资源班班通""网络学习空间人人通"三项工程取得突破性进展，教育资源和教育管理两大平台全面应用，有力促进了教育改革和发展。她强调"十三五"时期，要大力推进教育信息化，运用现代信息技术，让农村、边远、贫困和民族地区的孩子们共享优质教育资源，缩小区域、城乡、校际差距。要提高教师运用信息技术的能力，创新教育理念和教学模式，提高人才培养质量。要把握"互联网＋"潮流，通过开放共享教育、科技资源，为创客等创新活动提供有力支持，为全民学习、终身学习提供教育公共服务。要推进学生、教职工、教育机构等管理信息系统建设，形成覆盖全国、互联互通的云服务体系，深化改革、创新机制，提升教育治理能力。

二、20世纪末以来的信息技术在外语教育中的运用

20世纪末以来，信息技术的运用也在外语教育领域引发了全方位的变革，除了使外语教学资源立体化、数字化、网络化，还使教学、评价、管理、教学研究、教师发展等各方面均发生了变革。

（一）教学模式的革新

信息化正在为人类开辟新的发展空间——虚拟空间，线上的虚拟空间与线下的现实空间的互联互通，大大优化了外语教育的生态环境。在中国学习与母语差别极大的外语之所以非常困难，最主要的原因就是缺乏外语的语言环境，在中西部地区和农村尤其如此。但是，"互联网＋"突破了时空限制，使在世界任何地方的学生都能运用优质的外语教学资源。这就是说，学生听到的是地道的英语语音、语调，看到的是以英语为母语的人士怎样使用英语，读到的是大量的经典原文著作，接受的是优秀教师的传授。这无疑为实现教育公平创造了条件。

信息技术将外语的纸质教材变成海量的在线资源，这使教学出现新的发展态势：微课、慕课、翻转课堂和创客。

微课（micro teaching）的核心组成部分是课堂教学视频，有整节课教学设计、课堂教学实录，有特定项目（如口语或写作，词汇或语法）的教学课例片段，有与主题相关的素材课件，也有练习、测试、学生反馈、教学反思、教师点评等教学资源，可供教师选用。

慕课（massive open online course，MOOC）是大规模在线开放课堂，由优秀的教师任教，有助于优质教学资源广泛共享。21世纪初，中央电化教育馆曾组织优秀英语教师摄制小学和初中英语的课堂教学录像，并

通过电视台在全国播放。学校必须转录后才能进入课堂。现在，只要开通网络，随时随地可以下载国内外的在线慕课，这有利于外语教学国际化和信息化教育生态的形成，能促进教育公平和学习型社会建设。

翻转课堂（flipped classroom）是在信息化环境中，教师提供网络教学资源让学生课前观看教学视频和学习，课堂上师生一起完成作业答疑、协作探究和互动交流活动的一种教学模式。这种模式翻转了先由教师讲授再让学生练习的传统步骤，从单一的课堂听讲，变成课前预习思考，课上提问讨论，更好地调动学生的学习自主性。

创客（maker）指借助开发软硬件制造出创新产品的科技人或人群。在学校里，则指那些根据教学实际需要，开发教学资源的教师和学生。他们创造出来的教学课件、微课、慕课等为教学带来了勃勃生机。

教师利用云数据既可分享优质教学资源，提高教学效率，提升自身的专业水平，又可以利用信息技术开发教学资源，以更好地适应学生的需要。即使落后地区的学生也能听全国乃至世界名师的课，并能在"云端"上与名师互动。可以想象，学生的学习兴趣必然倍增，自主高效的学习成为现实，他们的潜能将得到充分的发挥。当然，"虚拟课堂"要与现实课堂相结合。没有学校的教师组织和辅导，光靠"云端"教师是行不通的。

（二）教学评价的革新

智能化混合教学为完善评价体系，促进学生发展提供了平台。"英语课程评价体系要有利于促进学生综合语言运用能力的发展，要通过采用多元优化的评价方式，评价学生综合语言运用能力的发展水平，并通过评价激发学生的学习兴趣，促进学生的自主学习能力、思维能力、跨文化意识和健康人格的发展。评价体系应包括形成性评价和终结性评价。"[15]

智能化评价体系可实现学生自主作业测试，机器自动记录学生作业完成情况和测试成绩，掌握学生的进步情况与存在的问题，建立学习档案袋。这就减轻了教师的负担，学生进行人机对话，也可以降低焦虑。智能化评价记录学生成长过程，不断肯定和鼓励学生的进步。学生受到鼓励，获得成功感，树立自信心，这充分体现了评价体系以学生的发展为目的。

互联网促进了教师与教师、教师与学生、学生与学生、教师与家长之间的信息交流，有力地实现了评价多元化，彻底改变了仅凭教师的印象评价学生的状况。这样的评价不仅可以关注学生的语言知识和语言技能，还能对学生的情感态度、学习习惯、学习策略、思维方式、身心发展等给予全方位的关注。

智能化混合教学还提供了语音识别系统，人机对话，虚拟教师辅导、一对一地纠正发音、口语评分等服务。这样一来，不但可以进行听力测试，也可以进行口试，这为解决"聋哑英语"的难题创造了条件。[16]

"互联网+"评价有利于教师及时了解教学效果，使他们能够迅速调整教学计划和教学方法，以提高教学的效果。

（三）促进教学管理、教学研究和教师发展

"宽带网络校校通"记录着每所学校的故事，各种数据源源不断地汇聚到教育资源、行政管理、教师发展数据中心。教育管理部门根据这些云数据进行分析，形成各种报告，例如学校的评价体系、课业负担、软硬件设施、信息化投入等，所有信息公开透明。有了大数据，决策依据更具科学性，更符合教学规律；学校之间相互学习，你追我赶，出现了红火的局面。[17]学校安装了信息管理系统，把高清摄像机装进了教室，班主任通过手机即可查看班级情况。学校开发的德育管理系统记录学生的行为习惯、纪律及出勤等多项指标，期末时会自动传递到学生的"发展报告书"中。

"互联网+"可使教师不出校门便能开展校际教学交流活动，向名校名师学习，发现差距，开阔思路，提高教学研究水平。线上的教师培训可突破地区界限，可同时让千万教师接受培训，并能与培训教师互动。国内外的教育网站提供了大量的电子书，可供教师选读；还提供了优质的慕课，可供教师听看。这些对教师发展（teacher development）所能发挥的作用是前所未有的。

三、外语网络教学资源的开发提供了云数据和资源共建共享的平台

外语网络教学资源的开发起步于21世纪初。起初主要以教科书为

依据，围绕教什么和怎样教、学什么和怎样学，输入了大量的教学资源，形成了云数据和资源库。外语网络教学资源有以下优势。

（一）改善中小学外语教学语言环境

网络教学资源将文字、声音、图片、动漫等融为一体，使教材立体化，为外语教学提供了较为真实的虚拟语境，从而使学习过程变得生动有趣，并能很好地帮助学生通过语境化的语言输入感知、理解语言。同时可以多层次、多角度地呈现教学内容，使学生形成视觉和听觉等感官上的刺激，帮助学生在学习过程中建立情境与语言之间的联系，帮助他们更加有效地掌握和运用所学语言。

（二）为教师教与学生学提供强有力的支持

网络教学资源集计算机、网络、多媒体、数字化存储、数字化加工、语料库、知识库、资源库等多种技术为一体，为教师教与学生学提供强有力的支持，而且可以促进教与学的互动。网络教学资源库不仅为学生提供丰富多彩的听、说、读、写、看、译、背诵、词汇、语音、语法等学习资源，还为教师提供了教学设计方案、课件、习题和拓展资料，为学生提供泛听和泛读的材料、布置作业、进行个别辅导、记录学习情况、做学习档案等，也为教师、学生与家长提供联系和互动的平台。（见图1.2）

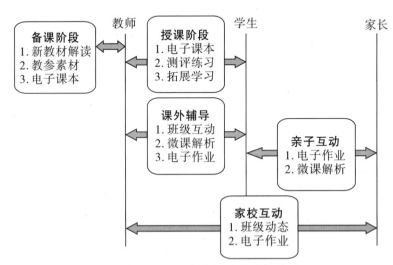

图1.2　网络教学资源的作用

（三）有利于学生自主学习和评价

网络教学资源有利于激发学生的学习兴趣和动机，调动学生学习的自主性。通过人机互动，学生可以进行个性化学习，运用学习策略，开展课内外自学或合作学习，优化学习过程。他们在与机器互动时更加自如，还可以得到"虚拟老师"的帮助与鼓励；在遇到疑难问题时，他们可以迅速查找答案；当他们语音或拼写出现错误时，电脑也可以帮助纠正。网络教学资源提供的评价体系可以对学生的学习行为给予及时的反馈，并进行记录与统计，开展发展性的评价活动。

（四）资源共享，互动交流，减小差距

网络教学资源所提供的优质资源可为各地教师提供共建共享的平台，解决有的地区或学校资源不足、文化信息匮乏所带来的困难，帮助教师整合课程资源，灵活地、创造性地使用教材，提高教师的自身素养和教学质量。同时也让学生，特别是薄弱校的学生直接利用这些优质资源提高自己的学习质量，从而缩小校际的差距，实现教育平等。

学生利用网络学习，摆脱时间和空间的约束，超越课堂、教材和教师，随时随地按需选择教材和教师学习。这可使他们从接受一次性教育向终身学习转变。教育也将从"传道、授业、解惑"真正向"知识的继承、传播、使用、创新"转变。

第二章　英语教学资源的开发

英语教学资源的开发历经了一个长期发展的过程。随着外语教育课程研究的深入，教学所依赖的资源从单纯的教科书拓宽到系列配套的教材，进而发展到教学资源或课程资源。本章对我国英语教学资源开发的研究是建立在回顾100多年来英语课程、教材、教法发展，特别是近40多年来的变革的基础之上的。本章详细阐述了英语教学资源的开发过程，并指出，英语教学资源开发是一项系统工程，是与课程发展、教育科研、教师教育与发展、教学方法和技术更新、测试评价体系的改革密切联系又不断互动的过程。

第一节　我国英语教材开发的历史沿革

我国英语教学资源的开发始于教科书的出版，距今已近一个半世纪。在这 100 多年里，由单一的课本发展为系列配套的教材，进而发展为极其丰富的教学资源。然而，不管变化有多大，教材，特别是教科书仍是教学资源的核心部分。因此，研究教学资源的开发首先要从教材的开发入手。

在中国，英语作为外语学科，其教材的建设必然与国际语言课程、教材、教法的研究有着千丝万缕的联系。清末时期的英语教科书，主要是由基督教传教士直接从海外引进的。1897 年创建于上海的商务印书馆开始编译、注释国外的英语教科书，开创了我国出版英语教科书的先河。民国年间出版了名目繁多的国人自编的英语教科书，其遵循的教学原则、教学途径与方法深受当时国际语言教学流派的影响。这种影响甚至延续到新中国建立以后，尽管受国际形势影响，我国中断了与西方世界的交往，但是依然使用传统的英语教学方法。改革开放以来，中外文化交流日益频繁，世界语言课程、教学、教法研究非常活跃。近 40 多年来，教育学、语言学、心理学、社会学、哲学乃至人类学的研究成果，为语言教学带来层出不穷的新理念，也推动着我国英语教材建设的革新。

一、世界语言课程、教材、教法的发展历程

广义的课程（curriculum）概念是指受教育者在走向社会的过程中所经历的全部经验，也就是说，课程是指为实现各级各类学校的培养目标而规定的教育内容及其目的、范围和进程的总和。[18]课程涉及教育理念、哲学思想、教育目标、整体规划，而这些宏观的、全局的规划往往不是教师可以掌控的。[19]狭义的课程概念，也可以指一门学科的教学目的、内容及其进程。各国教育部门制定的各学科的课程标准（curriculum standards）或教学大纲（syllabus）以文件的形式颁布。课程标准或教学大纲不仅规定学科的教学目的、原则、途径，还根据教学计划制定各

学段或年级的教学内容、要求，以及测试评价等。

　　课程标准或教学大纲确定后，教科书出版机构便着手组织编写教材。教材包括教科书（又称"课本"或"学生用书"）、教学参考书、练习册及多媒体的教学辅助材料。课程标准和教学大纲是教材编写的前提和依据，而教材是课程的具体化，可谓"实实在在的课程"[20]。教材提供了教师要教的内容和学生应学的内容，将所要教学的知识与技能按照一定的顺序编排，还暗示或明示怎样教与怎样学更有效，即倡导某种教学方法，并有意识地引导师生使用这种教学方法。在实践中，教师和学生直接接触的是教材。教材是他们可以触摸到的，与他们朝夕相处又与他们的未来相关的"益友"。课程、课程标准或教学大纲与学生相距甚远，很少引起学生的注意。教师虽然被反复要求学习和领会这些纲领性文件，但是，除了少数研究型的教师认真钻研这些文件，大多数教师对课程标准或教学大纲并不感兴趣，他们的关注点集中在教材上。毕业班的师生还重视考试大纲中的能力量化要求和样题。由此可见，课程的实施主要是依靠教材，教材直接影响着教学。

　　教材对教学的影响突出地反映在教学方法上，而教学方法对教材的编排体系又起着举足轻重的作用。在西方，兴起于19世纪的教学法研究一直十分活跃。200年来，一些教学法传承下来，不断演进；另一些创新的方法也不断涌现出来，形成了多元并存、百花齐放的局面。理查兹（Jack C. Richards）和罗杰斯（Theodore S. Rodgers）合著的《语言教学的流派》（*Approaches and Methods in Language Teaching*）一书描述和分析了这段历史长河中具有代表性的语言教学方法[21]。周流溪在《中国中学英语教育百科全书》中也做了详细的介绍。[22]这里仅简要介绍其中对语言教材编制影响较大的教学方法。各种教学法大体按其出现时间的先后顺序排列。

（一）语法翻译法

　　语法翻译法（Grammar-Translation Method）源于16世纪，当时拉丁语处于重要地位，而法语、意大利语、英语开始受到重视，逐渐成为口笔语交际的主要媒体。学习古典名著必须学习拉丁语，而当时的教学主要靠分析语法来进行翻译。此法的主要特点是：用母语教学，很少用目的语；用词汇表孤立地教学大量词汇；对语法现象进行冗长的、精心设计的讲解；提倡阅读艰深的古文，并将课文作为分析语法和翻译的练习材料；很少注意语音。语法翻译法对教师的要求不高，使用简便，虽然不断受到批判，但一直沿用并未中断。19 世纪以后，新的教学法如雨后春笋，不断涌现，但是直到今天，语法翻译法仍然有生存的空间。

（二）直接法

直接法（Direct Method）兴起于 19 世纪末。1899 年，劳登巴赫（H. Laudenbach）和德洛贝尔（M. G. Delobel）等合著了《活语言教学的直接法》一书，最早使用了"直接法"一词。当时，直接法在法国和德国受到了官方认可并得以推广。此法的特点是：用现代语体的故事轶闻或对话教学；不用母语和翻译，用动作或图画辅助做口头陈述，用目的语问答；用归纳法教语法，有了实际体验后才对语法进行概括；阅读文学作品是为了理解和欣赏，不做语法分析；与外语有关的文化也用归纳法进行教学。直接法受到很多学者的赏识，出现了与直接法有关联的一些流派，如自然法、古安法、贝立兹法、帕默法、韦斯特法、自觉实践法等。虽然直接法因完全排斥母语与翻译，遭到了批判并走向没落，但直接法的优点也被后来的教学流派继承了下来。

（三）自然法

19 世纪，苏格兰古典语言教授、教学法专家布拉奇（John Stuart Blackie）最早使用"自然法"（Natural Method）这个名称，他提出自然法的秘诀是：直接求助于耳朵获得语言；所听到的音与所指的物直接联系；连续听、反复听，让听的东西激起学生的注意和共鸣。德国教师赫内斯（Gottlieb Heness）、法国教师索沃尔（Lambert Sauveur）和若利（Nicholas Joly）等用自然法在德国和美国教德语和法语均获得成功。他们还编写了课本与教学指导书。法国的古安（Gouin）也著书宣传自然法，产生了较大影响。但与直接法相比，自然法还不具备系统的讲授和练习框架。

（四）自觉对比法

自觉对比法（Conscious Contrast Method）又称为"比较教学法"或"翻译比较法"，是通过目的语与母语的对比来学习外语的一种方法。自觉对比法正式产生于 20 世纪 30 年代的苏联，以雷特（E. M. Rit）、甘希娜（K. A. Ganshina）等为代表的学者大力批判直接法，强调外语的教育作用和语言比较的认识价值。自觉对比法的理论权威拉赫曼诺夫撰写了大批著作宣传该教学法。该法在 20 世纪 30—60 年代成了苏联的法定教学法。此法与语法翻译法有许多相同之处，可算是经过改进的语法翻译法。它提出的从自觉到不自觉的对比可以预防母语干扰这一主张，有一定的积极意义。

（五）自觉实践法

20 世纪 60—70 年代，苏联与外国的联系日益密切，外语人才严重不足。自觉对比法注重语法与翻译，难以培养具有交际能力的外语人才。自觉实践法（Conscious Practice Method）的代表人物是别利亚耶夫（B. V. Beliajev）。自觉实践法的理论基础是教育心理学和语言心理学，以谢尔巴（Lev Vladimirovich Sherba）有关语言、言语、言语活动的三分说为依据，而谢尔巴之说源于索绪尔（Ferdinand de Saussure）的理论。他们反对在外语教学中把注意力集中在语言形式上，主张重视语言的运用。他们认为学习外语就是培养外语思维的能力，言语实践在外语教学中起决定性作用，要在讲清语言知识的基础上进行活用练习，使学生做到不经翻译就能运用外语。自觉实践法在教材编写与教学中的特点是：吸收情景法和功能法的长处，以题材为纲编写教材；认为句子是言语单位，又是交际单位，因此主张在句法基础上学习词法；在口语基础上进行书面语教学；把语言知识和语言能力结合起来并以能力训练为主；强调直观教学，也考虑必要时使用母语。

（六）情景法

情景法（Situational Method）有一个发展的过程，早期重在结构情景，后期重在交际情景。由于情景法也出现在许多别的教学法中，因此有些人不认为它是一个独立的教学法。可情景法有自身发展的历程，常常被看作是与直接法、视听法、功能法并立的一种方法。20 世纪中叶，霍恩比（Albert Sidney Hornby）首先提出在教学法中具有独立地位的情景法。他将情景法同他的句型系统结合起来，可叫作情境和句型教学法，属于结构情景法。与霍恩比同时期的还有加里（P. Gurrey）、冈列特（J. O. Gaunlett）、弗里斯比（A. W. Frisby）、庇洛斯（F. L. Billows）等一批英国结构主义派语言学家。到了 20 世纪 70 年代，威多森（Henry G. Widdowson）在《语言情景内容》一书中研究了如何从运用语言出发确定语言功能的基本范围。至此，情景法与功能法就结合了起来。

（七）听说法和结构法

听说法（Audio-Lingual Method）是通过耳口训练发展外语口头表达能力的教学法。20 世纪 40—50 年代盛行于美国。由于听说法严格建立在结构主义语言学的基础上，习惯上人们也把听说法称作结构法（Structural Method）。听说法源于直接法，但理论基础是行为主义，认为"语言学习是一个形成习惯的过程"。着力研究听说法的专家有受布龙菲尔德（Leonard Bloomfield）影响的帕默（Harold Edward Palmer），还有弗里斯（C. C. Fries）、理查兹和罗杰斯等语言学家。

听说法的原则是：语言是说出来的，教学以对话为主；语言是一套习惯，要依赖模仿和记忆学习；按顺序安排语法结构，反复操练句型结构，适时归纳、对比，但不用演绎解释；语言技能按听、说、读、写顺序进行训练；高度重视语音语调；允许教师用少量的母语；极力防止学生出错，强化正确答案；注意所学语言文化背景，但有重语言、轻内容的倾向。

第二次世界大战期间，美国军方急需外语人才。美国学术团体联合会在 1941 年制定了语言集中教学计划，并据此编写教材。1942 年，布龙菲尔德应美国语言学会邀请写了《外语实践研究指导纲要》。1943 年，美国 55 所高校用听说法 9 个月突击培养了 15 000 名懂得各种语言的军人。在战争期间，语言学家编出了大批语言教材与工具书，使听说法广为流传。

（八）视听法

视听法（Audio-Visual Method）是通过视觉感受和听觉感受相结合来教学外语的方法。视听法首创于法国，原先由学者古布里纳（Petar Guberina）在 1954 年提出，后在法国教育部领导下由法语研究推广中心进行实验。负责人为古根汉（G. Gougenhein）。他们编写了视听教材《法国的声音和形象》，在教学中充分利用电化视听设备，取得了良好的教学效果。视听法迅速推广到一般学校，到了 20 世纪 70 年代已普及世界各国。

视听法不仅强调听，还强调看，听录音，看画面；继承了结构法，注重结构；着眼于整体（holistic）。该法借助情景把图像与词语结合起来，构成一个言语行为的整体，帮助培养听说读写的全面技能或整体语言能力。

（九）认知法

1957 年，乔姆斯基（Noam Chomsky）提出转换生成语法，大大动摇了结构主义语言学的地位。同时，布鲁纳（J. S. Bruner）的课程论、教学论和皮亚杰（Jean Piaget）、奥苏贝尔（D. P. Ausubel）等的认知心理学的兴起，催生了认知法（Cognitive Approach）。虽然很少有以认知法来编写的教材，但很多教材编者将认知法的原则贯彻到自己的教材中。

认知法有异于结构法的观点有：认为语言学习是形成规则而非形成习惯，要依靠分析进行学习，不鼓励重复操作；不强调语音，但强调交际使用能力；认为读写与听说同等重要，不认为要先听说后读写；认为语言错误不可避免，要进行系统的教学和解释，并对错误进行必要的矫正；不把教师看作是绝对的权威，把教师看作是学生学习的促进者，并鼓励学生进行小组学习；允许使用母语和进行翻译。认知法也提倡使用视听教具进行情境化教学。

（十）功能法或意念功能法

功能法（Functional Approach）是从语言信息和交际功能出发组织教学的方法，重视语言所能做的事，即传达信息和表达思想的语言行为（speech act），主张以语言功能项目为纲进行训练，而不是只从语言形式入手进行训练。20 世纪 60—70 年代，欧洲共同体国家原有的外语教育体系已不适应形势的需要，为了解决共同体内部的语言障碍问题，需要培养大批称职的外语人才。1971 年 5 月，欧洲共同体文化合作委员会在瑞士吕施利孔（Rüschlikon）召开座谈会，会议由特里姆（John L. M. Trim）负责。会后发表了一批有影响的功能法文章，并形成了论文集[23]。这些论文阐述了外语习得的许多方面的问题，为 20 世纪 80 年代语言课程和语言教科书设计奠定了理论基础。

功能法的理论基础主要是语言学，特别是社会语言学，其中有弗斯（John Rupert Firth）和韩礼德（M. A. K. Halliday）的功能语言学、威多森的功能教学法、海姆斯（Dell Hymes）的社会语言学等。1972年，威尔金斯（David A. Wilkins）提出了意念大纲。1974年，范·埃克（Jan A. Van Ek）与亚历山大（L. Alexander）合编了《现代语言学习入门》。这些为20世纪80年代的教科书与外语教学提供了研究基础。

功能法的教学原则主要有：综合利用言语交际的8个要素，即功能，意念，场景，社会、性别、心理作用，语体，重读和语调，语法和词汇，体态语；教学过程交际化，以学生为中心，创造真实的交际环境进行活动；将真实的语言材料编进教材或用其进行教学；采用分级的方式安排教学内容，同样的场景由易到难分步循环出现；采用接触—模拟—迁移（自由表达）的教学程序。

运用功能法编制的教材大体有4个类型：纯功能组织，如亚历山大的 *Survival in English*（《生活英语》）；结构—功能组织；功能—结构组织，如阿诺德与哈默著的《高级口语技巧》；"题材范围"编排系统，如亚历山大的 *Mainline*（《主线》）和 *Follow Me*（《跟我学》）等。

（十一）交际法

交际法（Communicative Approach）是更注重交际操作的一种功能法，也可称为"交际教学途径"或"交际语言教学"（communicative language teaching）。1978年，蒙比（John Munby）发表《交际大纲设计》，威多森发表《作为交际的语言教学》，标志着交际法的正式确立。理查兹和罗杰斯认为这是一种多元理论的联合体。约尔登（Yalden）于1983年曾把交际教学归纳为6类，后来豪厄特（Howatt）又将其分为强式和弱式两种。出现分歧的原因，主要是受了多种理论与实践的影响，有功能意念论、认知论、语言习得说和人文主义论。从实践方面看，由于各地情况不同，学习者千差万别，因此，在教学目标上出现了能力（competence）、熟练（proficiency）和效率（efficiency）的分歧，在教学方式上产生了任务（task）、活动（activity）和练习（exercise）的不同主张。

交际教学的原则有：学习者通过运用语言于交往中学语言，学习者必须参与语言交往活动，分享和传递信息；真实的有意义的交际是课堂活动的目的，重视信息的共享与传递；语境、语言的意义和语言流利性处于重要地位；交际需要不同技能的整体训练（holistic practice）；学习是一种创造性建构的过程，必然涉及尝试和犯错，需注意语言习得认知过程，并学习使用交际策略；要求学习者与人互动，开展两人或多人小组合作学习；认为审慎地使用母语与翻译是可行的。

（十二）折中法

折中法（Eclectic Method）又称为"妥协法"（Compromise Method）。严格来说，这不是一种教学法，只是一种灵活的操作方式。早在 19 世纪末 20 世纪初就有人提出了综合性的、折中性的教学方法。1921 年，帕默在《语言学习诸原则》里提倡外语教学采用"复线法"（multiple line of approach），把每一种能达到教学目的的主义和方法都运用于教学，不带偏见。这种观点得到了英国中学教师协会的呼应，美国教学法专家柯里曼（Algernon Coleman）认为这是一种理想的教学法。20 世纪 80 年代，布朗（H. D. Brown）等也主张把未来的教育改革建立在明智的折中主义的基础上。

理查兹和罗杰斯曾列举了一些别的教学法，如全身反应法、沉默法、社团语言学习法、暗示法、沉浸法、词汇法、合作学习语言法、内容型教学法、任务型教学法等。确实，几百年来，世界上语言教学方法，繁花似锦，争奇斗艳，花开花落，此起彼伏。马克沃特（Markwardt）形容它们是"变化的风，移动的沙"[24]。

经历了漫长的语言教学历程，面对众说纷纭的教学流派，人们逐渐明白了一个事实：没有一种方法是放之四海而皆准且能治百病的灵丹妙药，仅选择一种方法来解决众多复杂的问题是不可能的。必须针对学生的实际需求从各种方法中取其所长综合运用方能切实解决问题[21]。哈默认为在选择方法时要考虑 6 个因素：①学生的情感（affect）、态度和经历；②可理解的语言输入（input）和语言学习，特别在低年级要注意语言形式的学习；③通过有意义的任务型活动（说写或听说）产出语言（output）；④鼓励学生观察、发现和认知（cognitive effort）语言规律；⑤词汇和语法（grammar and lexis）同等重要，因为如何组词表达语义、构件语法是语言学习中重要的部分；⑥在何处、为何目的、如何教学（how, why and where），不论在哪个学段都需要清楚自己为什么用某种方法在进行教学。[25]

这就意味着，如今已经进入了"后方法时代"（post-methods era）。

二、我国历史变迁下的英语课程、教材、教法的发展途径

笔者在《百年沧桑与辉煌——简述中国基础英语教育史》一文中简要地介绍了我国150多年近代史上英语教育的发展历程。现在，为了深入研究教学资源的开发，吸取历史的经验与教训，有必要在这里对我国外语教育学制、课程、教材的变化与发展做一回顾。

（一）英语课程的变化与发展

（1）20世纪初，清政府委任张百熙等拟定的《钦定学堂章程》（又称"壬寅学制"）和1904年发布的张之洞等拟定的《奏定学堂章程》（又称"癸卯学制"），开始了全国统用的学制。这个学制是模仿日本的学制，分初、中、高三段七级，长达20年。中学设外语科，课时多达每周6~10课时，约占总课时的四分之一。1915年以后，新文化运动给教育带来了教育观念的变革。教育界批评清末以来仿照日本的学制"不管社会的需要，不管地方的情形，也不管学生的个性"，"不胜其弊"。而且，小学时间过长，中学年限不够；普通中学4年不分文科和实科，缺少职业技能训练。

（2）民国初期，政府和民间的国际交流密切，中方人员赴欧美考察教育，留学归国人员的影响力凸显。以蔡元培、胡适、蒋梦麟、陶行知等为代表的留欧美归国学者取代留日学者在教育界发挥引领作用。人们具有开放的眼光，开始从全球文化和中西文化比较的视野来审视和思考中国教育的问题。就在那时，蔡元培提出了"以西方文化输入东方""以东方文化传布西方"的东西文化结合的观点，这完全否定了清王朝的"中学为体，西学为用"的论调，指明了现代研究教育的方向。自1919年至1922年，全国教育会联合会及各省教育会多次开会，讨论学制改革。其间，美国教育家杜威、孟禄参与了学制改革的研讨。1922年9月，教育部召开全国学制会议，由蔡元培主持会议，制定新学制草案，经数次修改，于同年11月正式发布《学校系统改革案》，史称"新学制"，又称"壬戌学制"，仿照美国"六三三"学制，小学6年，初中和高中各3年。1923年制定的新学制课程纲要，是我国第一次以现代教育科学为理论依据的、

体系较为严整的中小学各科课程标准。这标志着我国现代教育的开始，这个时期重视外语，外语教学又以英语为主，是我国英语教育早期发展的重要阶段。[26]

　　1923年至1948年由政府颁布的中学英语课程标准主要有以下6套（见表2.1），每一套包括初中和高中的课程标准。[27]

表2.1　1923—1948年的课程标准

时间	课程标准	课时	学分	词汇要求
1923年	新学制课程纲要初级中学外国语课程纲要（暂以英文为例）	每周6小时	初中36学分	要求识字1 600~1 700字
	新学制课程纲要高级中学公共必修的外国语课程纲要	每周4小时	高中16学分	未提词汇要求
1929年	初级中学英语暂行课程标准	每周5小时	初中20/30学分	约1 500字
	高级中学普通科英语暂行课程标准	高一每周5小时，高二、高三每周4小时	高中26学分	约4 000字（连初中的1 500字）
1932年	初级中学英语课程标准	每周5小时		约3 000字
	高级中学英语课程标准	每周5小时		约8 000字（连初中的3 000字）
1936年	初级中学英语课程标准	每周4小时		约3 000字
	高级中学英语课程标准	每周5小时，高三甲组5小时，乙组8小时		约8 000字（连初中的3 000字）
1941年	修正初级中学英语课程标准	每周3小时		约2 000字
	修正高级中学英语课程标准	甲组高一、高二、高三每周分别为5小时、5小时、6小时；乙组高一、高二、高三每周分别为5小时、6小时、7小时		约7 000字（连初中的2 000字）
1948年	修订初级中学英语课程标准	初一、初二每周各3小时，初三每周4小时		约2 000字
	修订高级中学英语课程标准	每周5小时		约6 000字（连初中的2 000字）

从表2.1所列举的课程标准可以看出，民国初期非常重视外语学科，但因外语课时与国语课时同样多甚至超过国语课时而遭到颇多质疑。不少人认为，对于不愿升学或升学有困难的初中生来说，与其修满外语学分，不如修习别的学科。因此有人提议，初中外语改为选修，增加国语和本国历史、地理科学时，但高中英语仍为必修课程。结果，初中英语课时明显减少，高中课时有所增加。

关于教学目标，这6套课程标准多有重复之处，这里仅以1923、1932、1948年高中英语课程标准为例做一比较。

表2.2 1923—1948年的高中英语课程标准教学目标

时间	教学目标
1923年	养成学生欣赏优美文学之兴趣，增进其阅读书报杂志等能力，如复述，分解，摘记，领受，能自评其所讲所述之内容。 养成学生通常会话的优良习惯，练习其口才，使其听讲均能晓畅，并使其能与外国人谈论日常生活之事件，而不感言语上之困难。 鼓励学生自行表演的能力，使其能写日常应用的简短信札，能作简明通顺的有兴趣的短篇文字。（说明的，或辩论的，或描写的，或记载的。） 使学生摘读有系统的文法纲要，或参考较为详细的文法，授以修辞学和作文法的智识，养成正确清顺的翻译作文能力。
1932年	使学生练习运用切于实用的普通英语。 使学生略见近代英文文学作品的一斑。 使学生对于内容方面需要英语的专门学术建立进修的良好基础。 使学生对于工具方面需要英语的专门学术开辟进修的良好途径。 使学生从英语方面发展他们的语言经验。 使学生从英语方面加增他们研究外国文化的兴趣。
1948年	练习运用切于实用之普通英语。 就英文诗歌散文中增进其语文训练。 从英语方面加增其对于西方文化之兴趣。 从语文中认识英语国家风俗之大概。 从英美民族史迹记载中，激发爱国思想及国际了解。

从以上这些课程标准的目标简述中不难看出，当时很重视语言的基础知识（文法、日常会话、翻译），重视培养对外国文学、文化的兴趣等。

（3）1949年新中国成立到1977年，我国外语教育走过了一条迂回曲折的道路，大致可分为三个阶段：新中国成立初期（1949—1958）、调整与发展时期（1959—1966）、"文化大革命"时期（1966—1976）。

新中国成立初期，百废待兴，新的教育体制还来不及建立，一切都在摸索中前进。而外语教育方面有三个"不确定"：一是学制不确定，中小学实行十年、十二年还是九年制一直有争议；二是语种比重不确定，"向苏联学习"的热潮一度使俄语升温、英语降温，后因中苏关系恶化又使俄语降温、英语升温；三是外语起点不确定，小学不开设，1954—1956 年曾停设初中外语课，仅从高中起开设外语课，后又恢复初中外语课。

在这一时期，教育部曾发布三个课程方案：1951 年的《普通中学英语科课程标准草案》、1956 年的《高级中学英语教学大纲（草案）》和1957 年的《初级中学英语教学大纲（草案）》。1956 年的草案虽然是高中大纲，但也是从零开始的，每周 4 课时，三年仅要求学会 1 500 个单词。1951 年的课程标准草案要求较高，可是没有得到很好的贯彻。

20 世纪 60 年代初，我国教育进入调整与发展时期，结束了极左思潮影响下的"教育大革命"，开始强调发展教育，提高教学质量。外语教育也受到了重视。1959 年，教育部深感培养高级建设人才和科学技术人才以适应社会主义经济建设是一项迫切的重要任务，因此针对中学的外语教学情况，于 1959 年 3 月 26 日下达了《中华人民共和国教育部关于在中学加强和开设外国语的通知》。1960 年 5 月，北京景山学校开始了从小学一年级起教学外语的试验。同时，北京外语学院附属外语学校和北京外国语学校先后建立，先从初中后从小学三年级开始教授外语。1961 年 4 月，教育部向中共中央提出"关于设立外国语学校的初步意见"，建议在几个大城市筹设外国语学校。1961 年 12 月，中宣部部长办公室会议决定，责成教育部提出方案尽早部署。1963 年 4 月，周恩来总理对教育部《关于筹备外国语学校问题的请示报告》做了批示："请教育部将高、中、小三级各语种衔接的安排，包括学校、班数、学生人数、教师、教材和教学计划，订出五年进度计划送阅。"1963 年 7 月，教育部又发出《关于开办外国语学校的通知》，得到了各地积极响应，到 1964 年全国开办了 11 所外国语学校。至此，各类学校的外语教育呈现令人欣喜的上升趋势。

1960 年 10 月，中共中央文教小组在陆定一直接领导下召开了全国中小学文教工作会议，会后成立中小学教材编审领导小组。为了满足十年制学校教学的需要，教育部决定由人民教育出版社编写十年制中小学教材。1963 年，教育部颁发《中小学全日制十二年制新教学计划》和教学大纲，责成人民教育出版社编写十二年制中学教材。当时英语教材的编制工作是在总结新中国成立前后的经验教训，比较英国、美国、日本、苏联英语教材的基础上进行的，并做了大量调查研究。这套十二年制学校的初中英语教材从 1963 年秋季开学起在全国普遍使用，受到了好评。可惜好景不长，到 1966 年高中三册尚未出版，"文化大革命"开始，全套教材就此夭折。

1966 年开始的"文化大革命"使外语教育遭受了重大挫折。外语教育战线受到的破坏程度空前绝后。1972 年后，外语教育才再开始受到重视，不少省、市、自治区相继编写了中小学教材。特别在我国重新加入联合国和中美恢复外交关系以后，政治形势的发展对外语人才产生了迫切的需要。1972 年，在周恩来的指示下，国务院口头发布了毛主席"外语还是从小学学起好"的语录，全国各地掀起了一股在小学开设外语课的热潮。不过，当时中小学所使用的外语教材质量低下，很难帮助学生有效地学好外语。

1978 年后，改革开放的中国迎来了英语教育跨越式的发展。关于这个时期的课程、教材、教法的详细情况将在本章第二节中阐述。

（二）英语教材与教法的历史沿革

近几年，我国学者对教材，特别是对各历史时期教科书的研究越来越重视，取得了丰硕的研究成果。除石鸥主编的《新中国中小学教科书图文史·外语》外，课程教材研究所 2010 年完成了《新中国中小学教材建设史（1949—2000）研究丛书》，笔者曾参与了其中英语卷的编著工作。后来，课程教材研究所又接受了"十二五"国家社科基金重大项目"中国百年教科书整理与研究"，研究包括外语在内的 10 个学科，共 48 卷。人民教育出版社图书馆还创立了第一个中国百年中小学教科书全文图像库[28]，便于快捷有效地检索清末以来至今出版的教科书。李良佑等编著的《中国英语教学史》[29]曾对清末和民国时期的英语教科书做了调研。陈自鹏著的《中国中小学英语课程教材教法百年变革研究》[30]对百年来英语教材的调查与分析极为详细。2004 年，张英著的《启迪民智

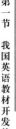

第一节　我国英语教材开发的历史沿革

的钥匙：商务印书馆前期中学英语教科书》[5]对商务印书馆前期中学英语教科书做了一番研究和梳理。笔者试图在这些先行者研究的基础上，简要地勾画出百年来英语教材和教法的变化与发展的历程。

1. 教材发展历程

（1）清末时期（19 世纪末及 20 世纪初）

清末时期，学堂使用的英语课本多为国外引进的版本，加以编译后出版。1898 年，商务印书馆出版了谢洪赉注译的《华英初阶》，这是我国第一本英语教科书，使用甚广。1904 年，伍光建编写的英文读本很受欢迎。邝富灼编著的英语教科书最多。

表2.3　1911年以前出版的有影响的英语教材

出版时间	书名	主要责任者
1898年	华英初阶（初集）	谢洪赉编
1898年	华英进阶（共6集）	谢洪赉编
1872年	英华初学	（美）E. A. Spencer著（学部审定）
1904年	帝国英文读本	伍光建编（学部审定）
1904年	英文汉诂	严复编（学部审定）
1905年	英文初范	商务印书馆编
1908年	中等英文典	商务印书馆编（学部审定）
1908年	英语会话教科书	邝富灼编
1909年	初学英语教范	邝富灼、徐铣编（教育部审定）
1909年	初级英语读本（初集、二集）	商务印书馆编
1909年	增广英文法教科书	（美）基特里奇·阿诺德著，徐铣译
1910年	简要英文法教科书	（美）纽森著
1910年	新世纪英文读本（全6册）	邝富灼、袁礼敦等编（教育部审定）
1911年	英文益智读本	邝富灼编（学部审定）
1911年	英文新读本	（美）安迭生著，邝富灼校订（学部审定）
1911年	英文范纲要	伍光建编
1911年	英文范详解	伍光建编（学部审定）
1911年	英语作文教科书	邝富灼编（学部审定）
1911年	初学英文轨范	邝富灼、徐铣编（学部审定）
1911年	新法英文教程	邝富灼著（学部审定）

1906 年，学部设立图书编译局，负责编审教科书，并公布审定的书目，于是便有了学部审定的"国定教科书"。书目公布后，由学校自行选择教科书。

（2）民国时期（1912—1949年）

民国年间，全国各地学校使用的教科书并不统一。英语教育处于发展时期，英语教学用书名目繁多。据统计，到20世纪30年代，仅商务印书馆编辑出版的外语书籍就有400余种。

1912年9月，教育部公布《审查教科书规程》；1915年，设立教科书编纂处；1923年，撤销编纂处，另设图书审定处；1925年，又改审定处为编审处，另设编译处。1937年，教育行政委员会设立教科书审查委员会，并公布教材图书审查条例，各出版社根据课程标准争相编辑出版教材。

表2.4　审查通过的中学英语教科书

时间	书名	主要责任者
1929年	新学制初级中学英文读本文法合编	胡宪生等
1929年	新学制初中英文法教科书	胡宪生
1929年	新中学教科书高级英语读本	朱友渔
1929年	英文修词学	林天兰
1929年	新中学教科书英语读本	沈彬等
1930年	初中直接法英语教科书	张士一
1930年	英语模范读本	周越然
1930年	开明英文读本	林语堂
1930年	现代英语初中教科书	周越然
1931年	英语标准读本	林汉达
1931年	新中学高级英文典	王昌社
1931年	高中英文选	苏州中学教员英文研究会
1931—1935年	开明英文读本1～3册	林语堂
1947—1948年	国民英语读本1～3册	陆步青
1934年	英语标准读本	林汉达
1933年	新标准初中英语第一册	赵廷为
1934年	综合英语读本	王云五
1935年	初中英语读本1～4册	李唯建
1935年	初中英语第一册	薛俊才
1935年	新标准初中英语第三册	赵廷为、戚叔含
1935年	高中英语读本	林汉达
1935年	高中英语读本	李儒勉

在表2.4所列的中学英语教科书中，以张士一、周越然、林语堂、林汉达的英语教科书影响最大。英语教材除了教科书，还有大量教学辅

助读物和教学参考书，如学习法、语音、词语用法、文法、造句、作文、会话、修辞、翻译、英语正误、词汇及各种辞典等。林语堂的《开明英语文法》和《纳氏英文文法》（*Nesfield's English Grammar Series*）一直影响至今。

抗日战争爆发后，教材供应不足，普遍出现书荒。许多地方甚至让学生抄书使用。1942年，供书单位由正中书局一家改为由商务印书馆、中华书局、正中书局、世界书局、大东书局、文通书局等出版机构联合供应才缓解了书荒。政府虽然力图控制教材的编审权，但由于政局动荡，局势混乱，教材使用始终失控。教会学校和大城市的一些学校根本不受教育行政机关的管束，但内地省份及农村学校多用部编教材。[29]

（3）中华人民共和国成立初期（1949—1966年）

1950年8月，教育部颁发了《中学暂行教学计划（草案）》，规定中学开设英语或俄语课，小学不开设外语课。1951年，教育部发布了《普通中学英语科课程标准草案》，但没有编写统一的教材。教材由各地自行决定采用。当时中学采用的英语教科书有丁秀峰编的《新编初中英语课本》和北京市中等学校教材编选委员会编的高中英语课本，还有经过修订的新中国成立前出版的英语课本，如《标准英语读本》（林汉达编）和《标准高级英文选》（李儒勉选辑）等。

1954年4月，教育部下发《关于初中不设外国语科的说明的通知》，加之"俄语热"，英语落入低谷。但是，1956年出现了转折。1956年1月，中共中央号召大家向科学技术进军，提出了"必须扩大外国语的教学，并且扩大外国重要书籍的翻译工作"的要求。由此提高了对外语课的重视程度。1956和1957年，教育部先后颁布了《高级中学英语教学大纲（草案）》和《初级中学英语教学大纲（草案）》。根据大纲精神，教育部责成北京外国语学院英语系组织教师编写了供全国使用的高中英语课本和初中英语课本，由人民教育出版社出版。

1958年，教育界掀起了"教育大革命"，计划实施九年制教育。教育部委托北京师范大学外语系师生用一周时间拼凑了18册课本。这套课本根本不符合教学规律，结果成了一堆废纸。20世纪60年代初，中共中央扭转了极左思潮，"教育大革命"随之结束，开始强调发展教育，提高教学质量。外语教育也受到了重视。

　　为了满足十年制学校教学的需要，教育部从北京外国语学院和上海外国语学院等处借调教师编写十年制中学英语课本。1962 年，人民教育出版社成立外语编辑室（包括英语、俄语两个组），张志公任外语编辑室主任，应曼蓉任英语组组长，英语组组员有冯伴琴、吴道存、唐钧、寿纪瑜、陈国芳、孔昭棣、刘平英、周礼芹。1963 年，教育部颁发《中小学全日制十二年制新教学计划》和《全日制中学英语教学大纲（草案）》，责成人民教育出版社编写十二年制中学英语教科书。当时英语课本的编制工作是在许国璋、刘世沐等专家指导下，在总结新中国成立前后经验教训、比较国外英语教材的基础上进行的，并做了大量调查研究。这套十二年制学校的初中英语教材曾在北京景山学校试教，1963 年秋季开学时在全国范围普遍使用。这套教科书在当时被认为是新中国成立后最好的英语课本，可惜只用完了一轮，高中课本还没有启用，1966 年"文化大革命"开始后，教学大纲和教材都被废弃了。

　　人民教育出版社（以下简称"人教社"）在这一时期出版的各套教科书见表2.5。[31]

表2.5　1956—1966年人教社出版的中学英语教材

出版时间	教科书名称	主要责任者
1956—1958	高级中学课本英语 6 册	周谟智、刘承沛、夏祖煃、应曼蓉、吴千之等
1957	初级中学课本英语 2 册	应曼蓉、范瑛、杨树勋、张冠林
1960	初级中学课本英语 3 册〔本套教材于 1963 年修订出版，名为《初级中学课本 英语（暂用本）》〕	上海外国语学院与北京外国语学院英语系教师，参加修订的还有复旦大学教师和中学教师等
1960—1962	高级中学课本英语（代用课本）（与 1957年初中课本衔接）	北京外国语学院教师
1960	九年一贯制试用课本（全日制）英语 18 册	北京师范大学外文系
1961—1962	十年制学校初中课本（试用本）英语 3 册	人教社英语教材编写组
1963—1964	十年制学校高中课本（试用本）英语 2 册	人教社英语教材编写组
1963—1966	初级中学课本英语 6 册	人教社英语教材编写组

（4）"文化大革命"期间（1966—1976 年）

1966 年 6 月"文化大革命"开始，所有的学校一律停课。以前出版的教材不予使用。1967 年，中央号召"复课闹革命"，没有外语教材，上课时学生只学翻译成英语的毛主席语录，唱革命歌曲。1969 年以后，几乎每个省、自治区、直辖市均开始自编外语教科书。由于受极左思想的影响，当时的外语教科书以毛泽东语录或政治口号为主要内容，严重违背了语言学习的规律。

1972 后，外语教育才再次受到重视。1972 年，在周恩来总理的指示下，国务院口头发布了毛主席"外语还是从小学学起好"的语录，全国各地瞬间掀起了一股小学开设外语课的热潮。小学不但开设英语课，有的学校还开设了日语、俄语、法语、德语，以及西班牙语或阿拉伯语等其他语种。各地也自编了小学外语教科书。

"文化大革命"后期出版的英语教科书减少了突出政治的内容，增加了符合语言规律的材料，如加强了音标教学、句型教学等，沿袭了"文化大革命"前教科书所用的方法。当然，课文的题材基本上都是反映中国的现实生活，仍然强调政治，几乎都是中译英的文章，很少有反映西方文化的材料，如 "Never Forget Who Dug the Well"（《喝水不忘挖井人》）、"The Cock Crows at Midnight"（《半夜鸡叫》）、"The Red Flag Canal"（《红旗渠》）。选用的少量童话故事也往往含有阶级斗争的意思，如 "A Wolf in Sheep's Clothing"（《披着羊皮的狼》）、"The Farmer and a Snake"（《农夫与蛇》）。还选用了许多革命领袖和英雄的故事，如 "Chairman Mao and the Wounded Soldier"（《毛主席和伤员》）、"Doing Physical Labour with Lenin"（《同列宁一起劳动》）、"A Model for Revolutionary Youth"（《革命青年的榜样》）等 [31]。

2. 在中国历史环境下，英语教科书所遵循的教学法体系简析

（1）1862—1921 年

1862 年成立的京师同文馆使用的教材大多是英文原版教材，前两年完全以外国语言文字为主，随后逐渐增加自然科学课程，翻译课贯穿始终。在外语教学中遵守循序渐进的方法：采用讲解发音部位，让学生学习语音，再以"字母—单词—句子—文章"的顺序进行教学。在教学的过程

中非常重视基础语言知识的掌握，十分突出文法和翻译的重要性。翻译成了核心课程，由句子翻译到文章翻译，最后到书籍翻译。据统计，从洋务运动开始到中日甲午战争，京师同文馆师生共翻译了包括外交、法律、政治、天文、历史、医学，以及数学、物理和化学等自然科学在内的书籍29部，其中一半的书籍由学生翻译。例如，中国第一部中文编译的英文文法书《英文举隅》就是同文馆的高材生汪凤藻翻译的。这部文法书分22节，前9节分别讨论用语的静字（Noun，名词）、代静字（Pronoun，代名词）、区指字（Article，冠词）、系静字（Adjective，形容词）、动字（Verb，动词）、系动字（Adverb，副词）、绾合词（Preposition，介词）、承转词（Conjunction，连词）、发语词（Interjection，感叹词），从第10节开始分别讨论用字之法、造句之法、章句条分、同字异用、标点符号的使用、拼音简例、略语和倒句等。该书在英语语法词汇术语的创造、文法书编写的结构等方面，都对后来的英语语法书的编排产生了很大的影响。同文馆除了要求学生大量阅读与翻译原版文章和书籍，还组织学生参加外交谈判、出国交流或直接担任驻外使馆的翻译工作，以提高口头翻译能力。同文馆的考试内容也是以汉译英为主。[32]

1895年，甲午战争的失败使洋务运动遭受了重大挫折。随后，轰轰烈烈的维新运动虽遭镇压，但对传统封建教育的冲击是深刻的，废科举、废八股、兴学堂、开民智、办学会、办报纸十分盛行。[33]兴办的中西学堂也重视外语，采用的教科书多用原版编译的，但越来越多由中国本土的出版社出版。这一时期的英语教科书大多也是采用语法翻译法编写。

晚清时期的学堂，特别是教会学校鼓励学生阅读大量英文课外文学作品，如《外国人物传》（*Big People and Little People of Other Lands*）、《泰西五十轶事》（*Fifty Famous Stories*）、《美国伟人与平民》（*Stories of Great Americans for Little Americans*）、《伟大的冒险和发现》（*Great Discoveries and Explorers*）、《金斯利英雄》（*Kingsley's Heroes*）、《莎氏乐府本事》（*Lamb's Tales from Shakespeare*）、《东方旧事》（*Old Stories of the East*）、《美国人生活和冒险故事集》（*Stories of American Life and Adventure*）。文学熏陶对人的思想情感的形成有重要影响，这些文学作品隐含对西方生活的思考、价值取向和特定的意识形态。

在教学方法方面，大多数教会学校采用传统的语法翻译法，个别学校开始引进"古安系列"直接教学法，弥补语法翻译法的不足。

（2）1922—1949年

民国初期正值五四运动后西学输入的旺盛时期，外语的重要性不言而喻。学校英语课程学分高、课时多，要求高。当时，受欧美直接教学法影响，语法翻译法遭受抨击，加上1923年的《新学制课程纲要初级中学外国语课程纲要（暂以英文为例）》明确规定了教学方法：①应注重反复练习，使能纯熟；②多用直接会话，减少翻译；③在学生已经学习的范围内鼓励学生自由应用；④耳听，口说均须注意；⑤随时提示文法，使能切实应用；⑥并随时指导学习方法。高中英语课程对学生口、笔语的应用能力要求更高。为了使英语教学达到课程纲要的要求，以张士一为首的外语教育家积极宣传直接教学法，并编写教材推行直接教学法。

张士一教授早在1922年就在《新教育》杂志第5卷上发表文章传播直接教学法。他在1922年编写的《英语教学法》一书中进一步介绍直接法，之后又不断研究，并在《教育杂志》《英语教学》等刊物上发表过多篇文章。他用直接法亲自参加编写教材的工作，亲自搞教学实验，亲自培养新的教师。他曾应教育部聘请参加草拟初、高中英语课程标准，之后编著了《初中直接法英语教科书》。他在大学教学，培养中学英语教师，进行语言技能的训练，也重视传授教学法理论，他的学生遍布全国。不仅如此，他还在中学亲自教过一个实验班。他的理论与教学实践是我国英语教学中宝贵的学术遗产。

与张士一先生大力推广直接法的同时，周越然、陆殿扬等也都宣传并推广直接教学法。

周越然早年毕业于上海广方言馆，曾在上海大学任英国文学系主任，后任商务印书馆编辑。他编著的《英语模范读本》和《初级外国语科教学法》在当时颇有影响。他主张采用帕默的直接法，认为教外语要唤醒学生的天赋，要多说，而不要多分析；要先训练耳听，再训练流行的读音；要达到能听懂外国人流利的谈话，能明白外国人所写的字，能写外国人常写的句子。

陆殿扬是南洋公学的第一届毕业生，曾任东南大学英语教授，是《教与学》杂志的编者，曾连续编辑发表过帕默的直接教学法理论。他的《英语教学言论选集》一书和《排除对外国语直接教学法的误会》等文章，提出了自己的理论要点：不先教字母，从耳听入手，不从眼看入手；先教整句，由句子分析出单词，再教书法；先教音，再教义，后教形；采用直接法可用国语，当解释词句非用国语时才用，而且只可用一次；教文法时不教定义，教形式与用法，通过大量练习养成习惯。陆殿扬的教学思想也有新的发展，1948 年，他在《英语学习》杂志创刊号上发表的《英语教学的最高准则——知难行易》一文中提到了以结构主义理论为基础的"情景教学法"。他说："所谓'情景教学法'就是说明在何种情景下应用何种言词来表达思想。"他要教师注意：在第一次教学时，教师不妨用母语说明情景，以后遇同样情景时，不可再用母语说明，以免养成学生依赖母语的习惯；用情景教学法，教师设法创造同一情景，令学生对某种言词反复练习，使刺激与反应的联结稳固。他认为，语言材料经过情景教学以后，再加以机械性的复习，以后在同一情景下可脱口而出，才可算得上是学会了这些语料。

说到直接法的倡导人，不可忘记一位"中国人民的老朋友"，那就是文幼章（James Gareth Endicott）博士。他于 1899 年出生在我国四川乐山一个加拿大传教士的家中，并在四川度过了童年。1925—1946 年，他在成都、重庆等地传教和从事文化教育工作。1927 年夏，他在日本拜访了帕默之后，热心宣传与推广直接法。他还编写了《初中直接法英语读本》，也是当年颇有影响的中学英语教科书之一。

直接法在民国时期宣传了二十多年，但除了有外国人任教的少数学校外，大多数学校在实际教学中采用的仍是语法翻译法。不过，直接法合理的部分当时被不少教师采纳，并为后人所继承。1929—1930 年，艾伟教授等专家曾就这一时期的英语教学情况进行了规模较大的调查。被调查的有北京、天津、湖北、安徽等省市的 20 所学校的高中和 13 所学校的初中，其中包括省立、县立、私立、教会学校等。从他们的调查报告来看，在初中英语教学中，英语与汉语兼用，注重翻译的多，而高中基本上用英语讲课，注重翻译的少。[34]实际上，不少教师采用的既非纯粹的直接法，也非一成不变的语法翻译法，而是折中的方法。

语言学家吕叔湘先生在回忆自己的教学体会时说道：

"士一先生提倡直接教学法，自己在江苏省第一中学（后来的南京中学）教一个实验班。我间接听到有些家长的反映，说是学生学了一个学期，全是练'Open the door, close the door'，书上的字一个也不认得。我对这些家长的埋怨还真有几分同情。后来我在苏州中学教英语，教的是高中，课文比较深，很难不用中文讲，连士一先生的得意弟子沈同恰先生也不例外。然而同恰先生教学效果比我好，因为他跟士一先生学习教学法。后来在抗战时期，我在成都一个初级中学兼课，教的是初二英语。前任教师教的效果不太好，我接手之后试着用点直接教学法，活跃一下学习空气，效果不坏，这才相信直接教学法有道理。"[35]

（3）1950—1977 年

中华人民共和国建立以后到"文化大革命"开始这段时期，由于学制、外语起始阶段和语种开设比例变化不定，教学大纲难以顺利贯彻，教材频繁改变，可以说是十年九变。1956 年以前，各校教材基本上是自由选用。1956 年以后逐步推行统一教材。每套教材的编写时间都很紧迫，除 1963 年的教材以外，几乎没有时间开展调查研究。当时，编写人员多为高校教师，缺乏中学教材编写经验，因而各册之间、初高中之间不衔接，分量、内容也不完全合适。最令人揪心的是，往往一套教材还未用完一轮就又要改编或重编，结果是边编边用边改，很难积累教材编写和教学的经验。

从当时的各套教材中很难找到这些课本编排的理论依据，张正东先生对这个阶段的英语教材和教学所使用的方法做过评论。他认为："这个时期的教学方法从理论上讲，一般都归属为语法翻译法，因为它的教材是严格按照语法的学习顺序编写的，它的原则含依靠本族语进行对比。"[36] 20世纪 50 年代，我国学习苏联，批判了直接法，在一定程度上接受了苏联自觉对比法的影响。然而，纵观课程教材研究所编的《新中国中小学教材建设史 1949—2000 研究丛书·英语卷》介绍的教材编写原则，可以大体分析出"文化大革命"前人教社自编教材所遵循的教学方法。这里将以编者曾经教过的十年制初、高中英语课本为例，图 2.1 为部分课例。这套英语教材内容健康，语言地道，比较适于教学，是中华人民共和国建立后比较好的英语课本。这套教材的编写指导思想归纳起来有以下几点：

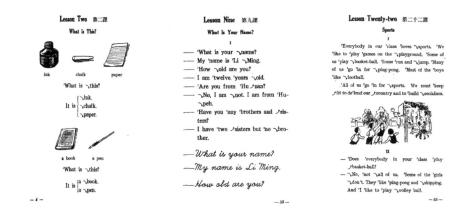

图 2.1　十年制学校初中课本（试用本）英语第一册课例

① 在全面培养听、说、读、写能力的要求下，低年级侧重听说，重视语音、语调、音标拼读规则和书写的教学，高年级侧重读写，特别注意朗读和背诵课文。

② 语法知识严格按照由易到难、由简到繁的原则有计划地安排到各课里。例如，先出现 be 动词，后出现 do；先出现肯定句，后依次出现否定句、疑问句等。课文题材须紧密结合这些语法项目。

③ 课文是每一课的中心，是词汇和语法的综合体现，所有朗读、背诵、问答、抄写、听写、翻译等练习都围绕课文进行。

④ 课本中编有许多对话，会话用语要求学生能听会说，要求教师课内课外多说英语，让学生有多听多说的机会。开始教会话用语时，教师可以说一遍英语，再说一遍汉语，等到学生听过几次以后，就不必再用汉语解释。

⑤ 课文的题材根据由近及远的原则逐步扩大，开始时主要反映学校和家庭生活，后有寓言故事、书信、诗歌、短剧等，到了高中增加了反映社会生活、科学常识的内容及浅易的文学作品。例如 "Something About Karl Marx" "The Drumhead" "Bruce and the Spider" "The Last Letter of Patrice Lumumba" "The Air Around Us" "The Wind" "About the Sun" "What Is Heat？" "The Blind Men and the Elephant" "Oliver

Wants More""Golden Trumpets""The Nightingale"等。这些作品内容健康，没有政治口号和生硬的中文译作；语言文字质量比较好，低年级的课文虽多为自编或原著改编，但经过英国专家柯鲁克（David Crook）对语言文字的润色，比较地道。

据笔者分析，1960年以前特别是1958年以后编写的教科书强调突出政治，因而存在违背语言教学规律、忽视外国文化和语言不够地道等问题。这突出地反映在九年一贯制试用课本（全日制）英语18册的课本中。该套课本是在"教育大革命"的影响下，由北京师范大学师生用一周的时间东拼西凑而成，其中大量课文都反映政治生活。虽然1960年出版了全套课本，但仅有个别学校用了前三册就将其否定了。[31]不过，这套书中许多课文在"文化大革命"期间被各地自编教材采用。1961年以后，人教社出版的英语课本比1960年以前的课本有所进步。首先，否定了"教育大革命"的极左思潮，出版的十年制和十二年制的中学英语教材系统较完整，比较尊重英语教学的规律。其次，从这些英语教科书可以发现，尽管受了传统的语法翻译法和自觉实践法的影响，然而，结构主义的听说法的影响也较明显。这在下一部分介绍1963年的初中英语课本时将进行详细分析。

图 2.2　中国英语教材所遵循的教学法体系的演变

三、中国近现代史上有影响的英语教材

自19世纪末至今100多年里，我国出版的具有较大影响的英语教科书不计其数，笔者认为谢洪赉、张士一、林语堂、林汉达、李儒勉编著的课本和人教社1963年的初中英语最具典型性，代表着各个历史时期的不同教学法流派。谢洪赉等人编著的书较多，这里仅选其中的代表作来做较为详细的分析。

（一）谢洪赉的《华英进阶》第二集[37]

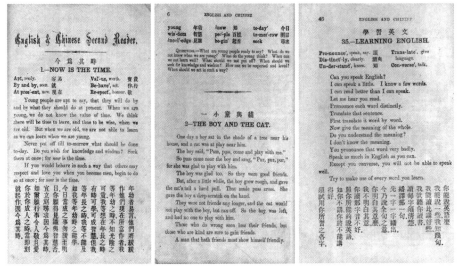

图 2.3　《华英进阶》第二集课例

谢洪赉（1873—1916）出生于浙江绍兴，是我国早期著名的翻译家和作家。从1897年商务印书馆创建时，他就参与商务印书馆的工作，编辑、译注了英语、代数、物理等教科书16本。

1898年商务印书馆出版的《华英初阶》和随后出版的《华英进阶》，是谢洪赉根据原印度版本加中文注释，并做适当修改而成。张英的《启迪民智的钥匙》一书对《华英初阶·初集》做了详细介绍。这里将以《华英进阶》第二集为例（图2.3为部分课例），着重分析课本的编排体系和教学原则。

《华英进阶》第二集共90课，其中75课均由生词、课文、课文译文、词语注释和有关课文的问题五个部分构成，另有15课为"字语功课""文法功课"教学词汇和语法，以及"读书功课""写字功课"指导读书和写字的方法。该书原本并非为我国学生编写的，所用语言文字艰深。可以想象，当时的学生借助中文翻译理解课文意思之后只能死记硬背。

在书中，每隔几课便插入文法或词语的内容，主要是通过单句翻译练习。语法先归纳词法，后归纳句法，但并没有像后来的教材那么严格地按照难易程度循序渐进地安排。有趣的是，词表中保留了英语注释，而且双音节以上的单词划分了音节，标注了重音。由此可见，该书相当重视语音和拼读。

　　值得注意的是课本的选材原则，该书的"序"写明："如首二三集中各课之所载，则著名之格言、习用之物语为多，学者读之，足以养道德而启知识。四五两集中各课之所载，则或为西哲所阐发之学理，或为彼都名人之传记，而遗闻野史亦采辑一二，以助学子之兴趣，资课余之研究。"与现代教材不约而同的是，该书也注重思想性、知识性和趣味性。第二集全册书中，寓言故事占 22%，富有伦理道德教育的课文占 18%，科学常识占 17%，指导学习方法的占 20%，小诗 5%，对话 5%，还有 13% 的宗教课文。谢洪赉的这套课本不断再版，使用时间达数十年，影响很大。其中有些课文成为经典，至今仍被选用，如 "The Hare and the Tortoise" "The Bat" "The Beasts and the Birds" 及小诗 "The Stars" 等。

　　由于该书使用的是语法翻译法，具有其固有的弊病：依赖"目治"而忽视口耳练习，依赖翻译而忽视用外语思维。这必然使学生靠死记硬背学英语，使教师靠用翻译"满堂灌"教英语，师生都很苦，效率却不高。

（二）张士一的《初中直接法英语教科书》第一册[38]

　　张士一（1886—1969），名谔，字士一，1886 年生于江苏省吴江县。1901 年考入上海南洋公学。1907 年到四川成都高等师范学堂教英语。1908 年到南洋公学教英文，兼任英文秘书。1914 年任上海中华书局编辑，后赴美国哥伦比亚大学学习，获得硕士学位。回国后曾任南京高等师范学校、东南大学、第四中山大学、中央大学教授，以及南京师范学院英文系、教育系教授，曾兼任系主任等职。1949 年新中国成立后，除任南京大学、南京师范学院教授外，历任南京市人民代表、江苏省政协委员、南京市监察局副局长。1969 年 4 月 2 日在南京逝世[29]。

　　《初中直接法英语教科书》共有 6 册，张士一在第一册前言里详细地介绍了这套书的编排体系与所用的方法。1~2 册侧重口头训练，3~6 册主要是精读与泛读的材料。配合课本还有 6 本辅助读本，帮助教学语音、文法、语义（semantics）和正字法（orthography），6 本教师参考书，6 套教学图片和 1 套供起始阶段用的语音、拼读、书法图表。

　　就第一册课本而言，可以清楚地看出这套教科书所遵循的直接法的特点（图 2.4 为部分课例）。

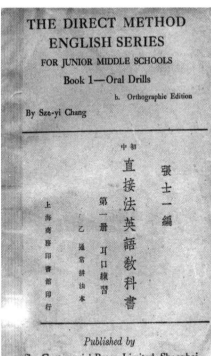

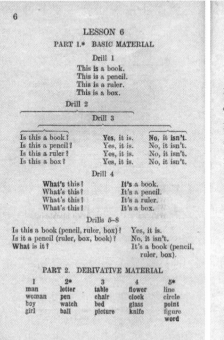

图 2.4 直接法英语教科书第一册课例

（1）严格按照听、说、读、写的顺序教学，即先听，理解了便反复说，能独立说后才读（从第 5 课后开始认读），最后学习书写，主要是抄写。

（2）这册课本共 23 课，每一课由两部分句型操练构成，第一部分为基础句型（Basic Material），列举了若干组句子供操练（Drill），第二部分为模仿替换练习（Derivative Material）。所用的 92 个句型选自帕默的《行动英语》（*English Through Actions*）一书。句型的编排顺序是从祈使句（动作指令）开始，接着教 be 动词和名词单复数（指物说话），继而教学动词进行时和完成时（描述动作）等的肯定句和疑问句。

（3）这册所用的 300 个单词中有三分之二是从桑代克的《教师词汇手册》（*Teacher's Word Book*）一书中选来的。前五课中的单词包含英语的所有的单音素和重要的双元音及辅音连缀。教学辅助材料提供语音音标和正音材料，足见课本对语音的重视。

（4）虽然这册课本没有插图，但是另配有图片。而且，前言也特别强调教学中要使用实物、图画和动作，不用母语，只有这样才能培养学生的语感（language feeling）。这是极为重要的一条原则。

直接法曾风行一时，因为它对语法翻译法来说起到了变革的作用。语言不只是一种符号，更是一种习惯。正如吕叔湘先生所说："习惯是经过多次反复而后成功的，所以要多多练习。光是知道乒乓球该怎么打没用，要天天拿起球拍来打才会打。"[39]学习语言不能光靠眼，"该有'四到'的功夫，就是：耳到、眼到、口到、手到"。他说得很幽默，"念书要熟，必须能一面设身处地地想，嘴里念到 kick 这个词，不妨提起脚来踢一下，念到 catch 这个词，不妨伸出手抓一把。读《卖火柴的小女孩》的时候，您不妨设想自己就是那瑟缩街头的苦孩子；读《丑小鸭》的时候，您也该想象自己就是那蹒跚学步的丑东西。这种读法，用英语说，这就叫'read dramatically'，能这样读书，自然容易读熟"。的确，学习外语就得实践，就得通过听说读写才能掌握，这和杂技演员每日苦练功夫一样，光看语法书上的规则是学不会的。

张士一认为用直观教具和动作把英语与实物和情景直接联系起来，对学生发展英语直接思维有益，并且以句子为单位进行口笔头操练，能使学生迅速开口说英语。这些做法无疑体现了直接法的优越之处，有力地促进了英语教学,故流传至今仍具有生命力。然而,不许用母语,不讲语法,反对英汉比较,机械操练脱离语境的句型等主张显然绝对化了,并不符合学习者的认知规律。到了20世纪50年代,直接法与苏联提倡的自觉对比法针锋相对,当时后者大行其道,直接法被批为资本主义产物,主要"罪状"是反对人的理性认识。现在,人们运用历史唯物辩证法的观点来分析直接法,便可取其所长,避其所短,为我所用了。

(三)人教社1963年十二年制初级中学英语(1~6册)

1962年,人教社成立了外语编辑室,任命张志公为编辑室主任,应曼蓉为英语组组长,编辑队伍稳定,力量加强。他们研究总结了我国自1902年至1962年编写英语教材的经验教训[40],曾代教育部草拟了《全日制中学英语教学大纲(草案)》,并依据大纲用三年时间编写了十二年制初级中学英语课本。在编写期间,选定了一些学校试教,征求教师意见后修改定稿。这套教材于1963年开始在全国范围使用,受到了师生的欢迎,在当时被认为是新中国成立后最好的一套英语教科书。

笔者当时正在北京外国语学院和北外附校教学,对这套教材及其所主张的教学方法有一定的了解。现对这套教科书的特点做一简要分析。

(1)高度重视语音语调的训练,以保证学生能够开口说英语。第一册教学字母后,通过符合拼读规则的单词教授音素和拼音,第二册教国际音标和简要的语音知识,并系统地归纳拼读规则。朗读技巧的训练一直延续到第三册。语音严格按照英国丹尼尔·琼斯(Daniel Jones)的《英语发音词典》的注音,遵循的是英国英语语音(Received Pronunciation)。

(2)基础语法知识以句法为主,从容易上口的简单句起步,开展大量的句型操练,强调正确习惯的养成。从be动词单数第三人称开始,到复数和其他人称,后由祈使句引出行为动词和have/has的肯定句、否定句、疑问句等,非常细致地、由简到繁地安排。每一课都以一两个句型为重点编对话或短文。句型的选择主要依据20世纪中叶霍恩比(A. S. Hornby)的《牛津词典》(Oxford Advanced Learner's Dictionary,1948)。每到一个阶段,要做适当的语法归纳,不反对汉语与英语做比较。而语法主要参考叶斯柏森（O. Yesperson）的《英语语法纲要》（*Essentials of English Grammar*，London，1933）和埃克斯利（C. E. Eckersley and J. M. Eckersley）的《综合英语语法》（*A Comprehensive English Grammar for Foreign Students*，Longman，1960）。

（3）从这套课本开始，英语书法教学不再用圆体行书，而是改用北京外国语学院英国专家陈梅洁（Margaret Turner）推荐的英美国家流行已久的斜体行书。这种字体与印刷体相仿，易辨认，也容易写。

（4）课文的选材以反映学生日常生活为主，其中也有一些对话，着重用来讲解与练习语法。课文的题材逐渐展开，有反映体育、劳动、革命领袖和模范人物的故事、童话、寓言、科普文、诗歌、书信等。此时，虽也选了一些外国作品，但作者显然很小心，非常注意其思想性，如："The Nightingale"（一个俄国小男孩学夜莺叫，帮助俄国士兵放哨，打击德国侵略者），"Mother"（俄国工人母亲帮助儿子与沙皇斗争的故事），"Robin Hood and His Merry Men"（英国草莽英雄劫富济贫的故事），"Joe Hill"（工人运动领袖）等[31]。

（5）为了加强学生直接用英语理解和思维，书中的课文与练习中的指示语全用英语，并配有大量插图，使句型与情景相结合。但是，每课的练习题都不乏英译中或中译英的题目。

（6）从这套英语教材开始，有计划地配上了教师指导书和录制的教学留声片。但由于政治形势的变化，第五、第六册没有配备完整，而且这套教材中途夭折，与之衔接的高中教材虽已编成，但没能出版。

笔者认为，这套教材汲取了历史上多种教学方法，并非严格遵循某种方法来编制，而是集多种教学法为一体。除了翻译练习，书中没有中文，教师指导书也鼓励教师用英语授课，这与直接法要求一致。但是，它不否定母语的作用，教学语法时允许用汉语，而且不时地进行英汉句子结构比较。这符合认知法、自觉对比法和自觉实践法的原则。语言知识的编排顺序明显是由语法结构的难易来决定，而且课文与对话往往是为教授语法句型服务的，加上翻译练习贯穿始终，这又像是语法翻译法的特点。然而，从整体来看，该书更多地接受了以结构主义理论为基础的听说法或结构法的影响。第一，重视语音语调的训练，配有标准语音的留声片，鼓励学生听，并开口大声说话；第二，通过反复操练句子学习语法句型，通过归纳法讲解语法，而不单纯靠背记语法规则；第三，运用图画和动作等创造情景，使语言教学初步有了情境；第四，通过大量句型操练，"大声读，反复读，读得熟练，能够背诵"，养成正确的语言习惯。

　　这套教材及与之衔接的未正式出版的高中教材成了 20 世纪 80 年代教材编写的重要参考。它与当代教材相比，主要差距在于过分重视语言形式，对语言的意义和运用重视不够，因此，书中不乏一些脱离语境的语料或课文。例如，第一册[41]把日常用语（good morning、goodbye 等）插入各课，与课文毫无联系（见图 2.5 "Take out your notebooks. Copy the text."），学生很难明白在什么场合说这些话。又如第 16 课的对话充斥了明知故问的问答，没有真实性，很难引起学生的兴趣。这些都反映了结构法的弊病。

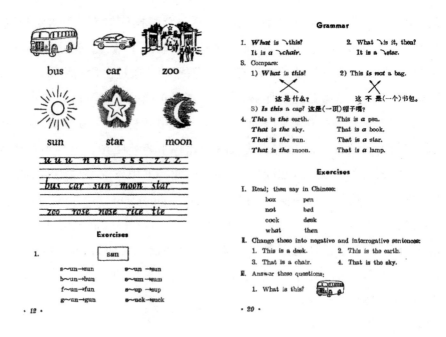

Grammar

1. **What** is `this?        2. **What** `is it, then?
   It is **a** `chair.          It is **a** `star.
3. Compare:
   1) **What** is **this?**   2) This **is not** a bag.

   这是什么?   这不是(一个)书包。
3) **Is this** a cap? 这是(一顶)帽子吗?
4. **This** is **the** earth.   This is **a** pen.
   That is **the** sky.   That is **a** book.
   That is **the** sun.   That is **a** star.
   That is **the** moon.   That is **a** lamp.

Exercises

I. Read; then say in Chinese:
   box   pen
   not   bed
   cook   desk
   what   then

II. Change these into negative and interrogative sentences:
   1. This is a desk.   2. This is the earth.
   3. That is a chair.   4. That is the sky.

III. Answer these questions:
   1. What is this?

· 20 ·

· 12 ·

Exercises

1.   sun

   s~un→sun   s~un →sun
   b~un→bun   s~um→sum
   f~un→fun   s~up→sup
   g~un→gun   s~uck→suck

Lesson 17 (Seventeen)
Where?

1. What map is that?
   It is a map of China.
   Where is the map?
   It is on the wall.
   It is beside the blackboard.
   Where is the portrait of Chairman Mao?
   It is over the blackboard.

2. Are your pencils here?
   No, they are not.
   Where are they?
   They are in my pencil-box.
   The box is in my bag.
   And the bag is on the desk in my room.

3. Where is my cap? Where is it?
   It is not in my room.
   It is not on my bed.
   Where is my cap? Where is it?
   Why, it is there!
   It is right on your head.

4. Where are my glasses? Where are they?
   They are not in my hand.
   They are not on the table.
   Where are my glasses? Where are they?
   Why, they are there!
   They are right on your nose.

Take out your notebooks.
Copy the text.

Grammar

1. **Where** is the `book!  **Where** `is it?
   It is **on the** `desk.
   Where are **the** `pencils?
   They are **in the** `pencil-box.
2. Is your book /here?
   Yes, it is.
   No, it is not.
   Are the pencils in the /pencil-box?
   Yes, they are.
   No, they are not.

· 51 ·

· 52 ·

Lesson 16 (Sixteen)
Who Are You ?

Teacher : Who are you ?
Pupil : I am John Green.
T : Are you a schoolboy ?
P : Yes,I am.
T : Who am I ?
P : You are Miss White.
T : Am I a schoolgirl ?
P : No,you are not a schoolgirl.
    You are a teacher.
T : Am I your teacher ?
P : Yes,you are.You are my
    teacher. And I am your pupil.

图 2.5 十二年制初中英语课本第一册课例

第二节　当代英语教材所遵循的教学途径和原则

1978 年，中国实施改革开放政策以来，外语教育得到了前所未有的重视，英语热不断升温。英语教育经历了振兴发展期，英语教材建设也经历了变革发展期。随着对外开放政策的贯彻，中外文化交流日益频繁，大批外国书商出版的教材和辅助教学材料，以及语言教学理论书籍源源不断地涌入国内市场。近几十年来，风行于欧美的各种语言教学法迅速传入我国，促使我国外语课程、教材与教学不断改革创新，并促使从业者们更深入地探索符合我国国情的外语教学之路。近 40 多年里，英语教育改革的步子迈得比较大，而教材可以算作是改革的晴雨表。分析英语教材的变革便可看出英语课程与教学改革的路线。

一、20世纪末以来的英语课程、教材与教法变革的历程

从 1977 年至今，我国中小学英语教材的建设大体可分为三个阶段。第一阶段是 1977 年至 1990 年，为稳定教学秩序阶段；第二阶段是 1990 年至 2000 年，为有序推进改革阶段；第三阶段是 2001 年至今，为深化改革创新阶段。这部分重点分析这三个阶段的课程，以及课程影响下的教材与教法。

（一）中小学英语课程发展

1.稳定教学秩序阶段（1977—1990 年）

1977 年秋季，教育部从 18 个省、市、自治区选借了 200 名大中小学教师（其中包括笔者在内的 10 多位英语教师），会同人教社编辑，以全国中小学教材编写工作会议的形式，于 9 月起开始编写教学大纲和教材。为了能在 1978 年提供新编教材以逐步替换"文化大革命"期间各地编写的质量低下的教材，会议要求各学科迅速编写出教学大纲和教材。

1977 年 9 月 19 日，邓小平指示："教材非从中小学抓起不可，教书非教最先进的内容不可，当然，也不能脱离我国的实际情况。"[42] 1978 年秋，教育部在北京召开了全国外语教育座谈会，会后发表了《加强外

语教育的几点意见》，提出各级教育行政部门和学校领导必须充分认识外语教育的重要作用，要采取有力措施，加强对外语教育的领导。要努力创造外语学习的条件……努力在三五年内改变外语教育的落后面貌。[43]当时，教育部的领导和参与课程设计的知识分子一心想尽快弥补"文化大革命"十年给教育造成的损失，有些设想超过了现实的条件，因而不得不调整方案和降低要求。从 1977 年到 1990 年，共出现了四个正式发布的大纲和一个非正式发表的大纲（见表 2.6）。

表2.6 1978—1990年英语教学大纲

时间	文件	课时	词汇要求
1978年	全日制十年制中小学英语教学大纲（试行草案）	小学三、四、五年级分别为每周4课时 初中一、二、三年级分别为每周5课时、4课时、4课时 高中一、二年级分别为每周4课时 8年（含小学3年）共1 080课时 5年共656课时	8年/5年学习要求掌握2 800个/2 200个左右的单词和一定数量的惯用词组
1980年	全日制十年制中小学英语教学大纲（试行草案）	同上	同上
1982年	全日制六年制重点中学英语教学大纲（征求意见稿）（未正式公布）	初中和高中文科每周5课时 高中理科/选修高一、高二分别为每周5课时，高三为每周4课时	学习2 700~3 000个单词和一定数量的习惯用语
1986年	全日制中学英语教学大纲	初中起始 初中3年每周5课时 高中一、二、三年级分别为每周5课时、5课时、4课时 6年共932课时	要求学会1 800~2 000个单词和一定数量的短语和习惯用语
		高中起始 高中3年每周6课时 3年共552课时	

续表

时间	文件	课时	词汇要求
1990年	全日制中学英语教学大纲（修订本）	初中起始 初中3年每周5课时 高一每周5课时，高二每周4课时，高三选修每周5课时 5年共806课时 6年共926课时	初中起始5年应学会1 800个单词，6年应学会2 000个单词，高中起始3年要求学会1 800个单词
		高中起始 高中3年每周6课时 3年共552课时	

根据大纲编写的中小学英语教材在实施的过程中，编写组不断征求各地意见，发现实施难度大。主要原因是：教学时间少，教学内容偏多偏难；师资水平低；教学条件差。1981年4月教育部修订了教学计划，由十年制改为十二年制，小学6年，中学6年，恢复了"六三三"学制。为了解决初中师资奇缺与小学英语教学质量低的问题，教育部动员全国各地区小学停设外语课，以便集中外语师资加强中学的外语教学力量。个别有条件开设英语课的城市小学仅在最后两年开设。

1981年，教育部发布了《全日制六年制重点中学教学计划（试行草案）》，并责成人教社草拟了《全日制六年制重点中学英语教学大纲（征求意见稿）》[44]，编写了初中6册、高中3册英语课本（试用本），要求在中学切实打好英语基础。大纲要求从初中一年级开始学习英语6年，词汇量需达到2 700~3 000个。这个大纲与教材原本应限于重点学校实施，但实际上在全国所有学校通用，于是引起了强烈反响，认为"深、难、重"。结果，这份大纲仅仅在1982年第4期《中小学外语教学》上发表征求意见，没有正式颁布。国家教育委员会于1985年发出了《关于印发调整初中数学、物理、化学、外语四科教学要求意见的通知》，提出从实际出发调整教学要求，以减轻学生的负担。同时，国家教育委员会组织力量调整、修订了教学大纲。

这就形成了1986年的《全日制中学英语教学大纲》，其框架结构与1978年和1980年的大纲基本相同，所不同的是没有小学部分，但是增加了"全日制中学高中一年级起始英语课的教学目的、要求和安排",附上了中学要求掌握的 2 000 个单词的词汇表。与以往的大纲相比,1986年的教学大纲的目的要求更符合实际、更科学,特别是词汇表的制定是在分析 16 个中外英语词表基础上完成的[45]。教学原则部分明确提出,遵循语言教学规律,寓思想教育于语言教学之中;精讲语言基础知识,着重培养学生运用语言进行交际的能力;综合训练,阶段侧重;尽量使用英语,适当使用母语;发挥教师的主导作用,调动学生的积极性等具有改革思想的教学原则。

1990 年,国家教育委员会了解到当时许多地方,特别是农村初中学生课业负担过重,不少学科的内容仍然偏多,教学要求偏高,因此对中学语文、数学、外语等 8 科教学计划和大纲提出了调整意见,印发了《现行普通高中教学计划的调整意见》,要求将普通高中课程分为必修课和选修课两部分,英语学科的课时有所减少。1990 年的《全日制中学英语教学大纲(修订本)》教学要求略低于 1986 年的大纲。大纲规定的高中必修课要求是必修课教学、教学评估、会考的依据,高中选修课要求则是选修课教学、教学评估、高考命题的依据。此大纲规定,高中二年级(必修)与高中起始学三年的学生应学会 1 800 个单词,高中学三年的学生要求学会 2 000 个单词。依据此大纲培养出来的高中生进入高等院校已有英语的基础,从此结束了大学英语必须从 ABC 学起的现象。

这一阶段的中学英语教学大纲是新中国成立以来第一个自始至终被完整实施的大纲,其使用结束的时间是 1998 年秋,即最后一批使用根据这一阶段的教学大纲编写的高三教材的学生毕业。20 世纪 80 年代的教学大纲与教材,对纠正不顾外语教学规律、以政治为主的错误倾向,对稳定教学秩序,逐步提高英语教学质量起到了功不可没的作用。

2. 有序推进改革阶段(1991—2000 年)

1985 年,中央公布了关于教育体制改革的决定。根据这个决定,国家教育委员会制定了义务教育阶段的教学计划。1986 年 4 月 12 日,第六届全国人大四次会议审议通过了《中华人民共和国义务教育法》。国家教育委员会基础教育司启动了新的课程改革,首先展开九年义务教育教学大纲的研制工作,接着又研制了高中英语教学大纲。这个阶段的教学大纲随着改革开放形势的发展，在已取得的成绩基础上，有了较大的进步和较多的创新。

大纲编写者把大纲的编制和实施作为一个研究项目。他们认真学习和借鉴了外国及我国香港和台湾地区的课程研究资料，特别汲取了欧洲共同体国家语言学和语言教学研究的成果，引进了交际语言教学的思想。在制定大纲的过程中，注意对实际教学的观察、调查、测量，注意定性定量的分析，编写者反复征求一线教研人员的意见。尤其对教学的要求与教学原则的制定非常慎重，唯恐做出脱离我国实际的决定。

恰好此时，一项大规模的中学英语教学调查刚结束，这为英语课程的教学目标和要求的制定提供了依据。1985 年，国家教育委员会高教一司与中学教育司联合组织开展了针对全国 15 个省市中学英语教学的调查研究工作，历时一年零七个月，调查选定了 105 所重点中学和 35 所普通中学的 5.8 万名学生和 1 000 多名教师。这在当时是新中国成立以后规模最大的一次学科调查。从中央到地方成立了严密的组织机构，以华东师范大学为基地，24 所师范院校、教育学院、教育科学研究所和省市教研部门配合，采用了科学的测试和现代化数据处理方法，有步骤、有计划地开展了调查工作。调查表明，中学外语水平近年来有明显的提高。经测算，重点高中学生掌握的英语词汇量由 1984 年的 1 600 多个，增加到 1986 年的 1 800 多个，即每年以 100 个左右的词汇量递增。学生的语音和语法较好，但是听、说、读、写的应用能力较差，中学生的英语总体水平低下。此次调查通过测量获得了大量数据，为大纲设计提供了科学的依据[13]。这个阶段的大纲对词汇量的要求一再降低，但是提高了对语言运用的要求，特别是听说能力，另外根据调查定出了听说读写的速度、数量等具体要求。

与 20 世纪 80 年代初期的大纲设计相比，这一轮课程研究明显的进步在于更加开放，更为科学了。这主要是指从调研、编制到大纲的实施、试验、评价、审查、试用、再评价到修订等一系列的环节中，有自上而下的领导，也有由下而上的发动，组织有序，逐步推进。另外，因为初中英语课时减少，要求有所降低，但为了提高学生的语言运用能力所使用的教学方法变化很大。为了解决初高中衔接问题，高中英语没有等待与其他学科一道，而是提前于 1993 年单科编制了教学大纲（初审稿），与义务教育初中教学大纲相衔接，保证了中学英语课程改革完整、顺利进行。遗憾的是，这个阶段缺少对小学英语课程的研制。

表2.7 1988—2000年英语教学大纲

时间	文件	课时	词汇要求
1988年	九年制义务教育全日制初级中学英语教学大纲（初审稿）	每周4课时 三年制400课时 四年制536课时	三年制/四年制掌握700/800个左右常用词，200条左右习惯用语及固定搭配；还应分别认读300/400个左右单词及与之有关的习惯用语和固定搭配
1992年	九年制义务教育全日制初级中学英语教学大纲（试用）	三年制400课时 四年制536课时 （学两年为一级，学三、四年为二级）	三年制/四年制掌握600/700个左右常用词，200条左右习惯用语及固定搭配；还应分别认读400/500个左右单词及与之有关的习惯用语和固定搭配
1993年	全日制高级中学英语教学大纲（初审稿）	高一、高二必修共306课时 高三选修120课时 共计426课时	高二和高三分别累计要求掌握1 100和1 200个左右常用词和一定数量的习惯用语及固定搭配；还要分别学习500和800个左右单词和一定数量的习惯用语及固定搭配，只要求理解
1996年	全日制普通高级中学英语教学大纲（供试验用）	一级目标 高一、高二必修245课时 二级目标 高三选修104课时 共计349课时	一级词汇要求掌握500个词，再学习500个词加上初中掌握的600个词，共1 600个词。二级词汇要求掌握1 200个词，再学习740个词，共1 940个词。除课文外，补充阅读量一级应达到10万字左右，二级应达到20万字左右
2000年	九年义务教育全日制初级中学英语教学大纲（试用修订版）	与1992年大纲相同	学三或四年的为二级，要求掌握800个左右单词，200条左右习惯用语及固定搭配，还要求扩大400~500个左右的认读词汇。此外，泛听总量不低于40小时，课外阅读量不低于10万字

续表

时间	文件	课时	词汇要求
2000年	全日制普通高级中学英语教学大纲（试验修订版）	高中三年每周4课时共384课时	一级为较低要求，二级为较高要求，都要求掌握累计1 200个词和一定数量的习惯用语和固定搭配，要求能在口笔语中运用，还要学习750个左右的单词和一定数量的习惯用语及固定搭配，仅要求在语篇中理解其意义

这一阶段的中学英语教学大纲的进步与发展，主要表现在以下几个方面：

（1）教学目标。明确提出了"提高中华民族的思想道德素质，文化科学素质和身体心理素质"的要求。

（2）教学要求。为了解决地区发展不平衡的问题，提出培养"在不同程度上（通晓或掌握）一些外国语的各方面的人才"。大纲有一、二级和必修、选修的要求，其目的是让学生各尽其力，"下要保底"，达到一级或必修的基本要求，"上不封顶"，允许条件好的学校和班级达到较高水平。

（3）教学观念和方法。明确英语教学的目的是培养学生运用语言进行交际的能力。语言知识是为言语能力服务的。教英语是为教会学生用英语，而不是教有关英语的知识。大纲吸收了交际教学思想，参考了威尔金斯的《意念大纲》[46]和范·埃克与亚历山大合编的《现代语言学习入门》[47]，编选了功能意念项目，并将其改称为通俗易懂的"日常交际用语"，编入大纲的附录，以保证教材和教学内容紧密结合生活实际，开展具有信息差的、具有真实情景的活动，把语言形式和意义联系起来，学用结合。

教学大纲在"教学中应注意的几个问题"中特别强调以下几点：

（1）听说读写4项技能综合训练，阶段侧重。起始阶段教学从视听说入手，听说比重大些，到了高中侧重读写。大纲指出，听和读是理解和吸收信息的手段，是输入，只有达到足够的输入量，才能保证学生具有较好的说和写的输出能力。为此，大纲规定了泛听和泛读的量，以确保能够培养学生的语感。

（2）强调处理好语言教学和文化的关系。跨文化交际的意识首次出现在 1993 年全日制高级中学英语教学大纲（初审稿）中，把"增进对所学语言国家的了解"当作一个重要的教学目的。

（3）为了改变"以教师为中心"和学生被动学习的局面，1992 年大纲提出发挥教师的指导作用，充分调动学生的学习主动性和积极性。为此，要求教师善于根据学生的生理和心理特征，认真研究学法，面向全体学生，因材施教，排除学生心理障碍，耐心帮助后进生，鼓励进步，使他们树立信心；对学生在口语实践中的小错误采取宽容的态度，使课堂氛围轻松活泼起来；发挥不同学生的特长，组织小组活动，开展合作学习。

（4）重视利用直观教具和现代化教学手段，努力创造英语环境。自此以后，教学不再只靠孤立的教科书加教学参考书，而是一套系列配套的教材，其中有纸质的，也有多媒体教学辅助材料，形成了丰富的教学资源。

（5）从 1988 年的大纲开始，就加上了有关"测试方法"的内容，1992 年的大纲中专设了有关"考试、考查"的部分。由于大纲强调"交际运用语言的能力"，因此"考试、考查内容应单项和综合相结合，注意考查学生为交际综合运用语言知识的能力"。大纲还规定"既要有笔试，也要有口试和听力测试"。

3. 深化改革创新阶段（2001 年至今）

1999 年，教育部正式启动新一轮基础教育课程改革。这是"跨世纪素质教育工程"中的重点项目，是基础教育改革的重大举措。1999 年 6 月，《中共中央国务院关于深化教育改革全面推进素质教育的决定》提出，要"调整和改革课程体系、结构、内容，建立新的基础教育课程体系"，随即教育部组织制定义务教育阶段课程计划，并研制新的义务教育阶段各学科的课程标准。

2001 年 6 月，教育部印发了《基础教育课程改革纲要（试行）》，纲要指出基础教育课程改革的六项目标[48]。基础教育课程体系的突出特点是：全面贯彻国家教育方针，以提高国民素质为宗旨，以培养创新精神和实践能力为重点，促进每个学生健康发展，培养良好品德，培养终身学习的愿望和能力。

为了加速提高外语教学水平，教育部于 2001 年 1 月印发了《关于积极推进小学开设英语课程的指导意见》，决定把小学开设英语课程作为 21 世纪初基础教育课程改革的重要内容，文件后还附上了《小学英语课程教学基本要求（试行）》。文件要求各地积极推进小学开设英语课程，其基本目标是：2001 年秋季始，全国城市和县城小学逐步开设英语课程；2002 年秋季，乡镇所在地小学逐步开设英语课程。小学开设英语课程的起始年级一般为三年级。此后，全国小学开设英语课程出现了跨越式的发展。

2001 年 7 月，教育部颁发了《全日制义务教育普通高级中学英语课程标准（实验稿）》（简称《义务普高课标》），2003 年又颁发了《普通高中英语课程标准（实验）》（简称《普高课标》）。教育部决定从 2001 年秋季起，开始进行义务教育新课程试验推广工作。2004 年秋季开始，广东、山东、宁夏和海南等 4 省（自治区）开始普通高中新课程实验。以后，其余省、自治区、直辖市在自愿申请的基础上，由东部沿海地区向西部逐年推进普通高中新课程，到 2012 年全国所有省、自治区、直辖市都进行普通高中新课程实验。

与以往的英语教学大纲相比，此阶段的课程标准在框架结构、课程目标、理念、标准、教学实施建议等方面都有很大的变化，体现了这一阶段课程的深刻变革的精神。课程标准标志着基础英语课程发展进入了一个新的阶段。义务教育小学和初中实施课程标准与教材实施 10 年后，通过大量调研，听取了一线师生的意见，教育部修订了课程标准，发布了《义务教育英语课程标准（2011 年版）》（简称《义教课标》）。接着，2014 年 12 月，教育部开始修订《普通高中英语课程标准（实验）》，并于 2018 年 1 月颁布。表 2.8 是 2001 年至 2017 年版英语课程标准的部分信息。

表2.8　2001—2017年版英语课程标准

时间	文件	课时	要求
2001年	全日制义务教育普通高级中学英语课程标准（实验稿）	小学每周2~3课时中学4课时	分九级要求：小学达到二级；初中达到五级；高中必修达到七级，选修达到八级，任意选修达到九级
2003年	普通高中英语课程标准（实验）	同上	高中同上

续表

时间	文件	课时	要求
2011年	义务教育英语课程标准（2011年版）	同上	小学、初中同上
2018年	普通高中英语课程标准（2017年版）	同上	高中必修达到六级，选择性必修达到七级，选修达到八级

这一阶段英语课程发展的主要表现如下：

（1）明确了英语课程的性质不仅具有工具性，而且具有人文性，彻底扭转了外语学科仅具有工具性的片面看法。《义务普高课标》写明："英语课程的学习，既是学生通过英语学习和实践活动，逐步掌握英语知识和技能，提高语言实际运用能力的过程，又是他们磨砺意志、陶冶情操、拓展视野、丰富生活经历、开发思维能力、发展个性和提高人文素养的过程。"[49]《普高课标》提出："高中学生学习外语，一方面可以促进心智、情感、态度与价值观的发展和综合人文素养的提高；另一方面，掌握一门国际通用语种可以为学习国外先进的文化、科学、技术和进行国际交往创造条件。开设英语课程有利于提高民族素质，有利于我国对外开放和国际交往，有利于增强我国的综合实力。"[50]可以看出，课程标准从民族素质教育的高度和国家发展的角度明确了外语教育发展的重要意义。

（2）统筹考虑义务教育小学和初中与高中课程设置，提出了一至五级的目标体系，并与高中课程的六至八或九级相衔接。2003年版高中课程标准规定七级为所有高中学生的毕业要求，八到九级供有兴趣和有潜能的学生选修。2017年版的高中课程标准根据实际教学情况，降低了要求，规定必修课程为高中毕业的基本要求，完成选择性必修课程方可参加高考，选修课程为学生自主选择修习的课程[51]。这进一步体现了课程的基础性、多样性和选择性，体现了以学生为本和以学生的发展为本的课程理念，为学生实现个性化的选择创造了条件。

（3）规定课程目标是通过英语学习使学生形成初步的综合语言运用能力，并且对形成这一能力的语言技能、语言知识、情感态度、学习策略和文化意识等方面提出了具体的描述性的各个级别的目标要求。小学二级要求学生学习600~700个单词和50个左右的习惯用语，并能初步运用 400 个左右的单词表达二级规定的相应话题。初中五级要求学生学会使用 1 500~1 600 个单词和 200~300 个习惯用语或固定搭配，课外阅读量达到 15 万词以上。高中八级要求学生学会使用 3 300 个单词和 400~500 个习惯用语或固定搭配，课外阅读量达到 30 万词。2017 年版普高课标必修课程要求累计掌握 2 000~2 100 个单词，学会使用一定数量的短语；选择性必修课程要求累计掌握 3 000~3 200 个单词，学会使用一定数量的短语；选修课程要求累计掌握 4 000~4 200 个单词，学会使用一定数量的短语。初高中课外阅读总量不少于 30 万词。这是新中国成立以来最高的要求。

（4）这一阶段的英语课程标准带来了一系列新的教学理念，例如突出学生自主性学习、探究性学习、合作性学习，采用"任务型"活动、形成性评价、开发课程资源等形式，强调语言学习的实践性与应用性。倡导在教师的指导下，学生通过感知、体验、实践、参与、探究和合作等方式进行学习，改变传统"读、译、背、记"的学习方法和"讲、析、译、测"的教学方法。这反映了知识观的重大变化。过去，许多人以为外语学习仅能培养记忆力，而难以培养思维和创造力。英语课程标准倡导学生利用自己已有的知识和经验去实践，亲身参与和感受，发现和探究新的知识和经验，通过实践、体验、思维和创造，构建新的知识，并形成能力，充实丰富自己的经验[52]。这样一来，就必然要求学生在真实而富有实际意义的任务活动中去学习、体验和运用语言知识，要求学生使用认知、调控、交际和资源等策略提高自己的学习效率，还要学会在学习与评价中与人合作。课程标准指导下的教学更加重视学习的过程和方式，以及正确的情感态度和价值观的形成。这样的教学必然会使教师教学更加民主，学生学习更加自主，使学生学会如何学习，培养终身学习的能力。

基础教育课程是国家意志和社会主义核心价值观的直接体现，承载着教育思想、教育目标和教育内容，在立德树人、人才培养中发挥核心作用。2017 年版的高中英语课程标准为贯彻这个精神，提出发展学生的语言能力、文化意识、思维品质和学习能力等英语学科素养，落实立德树人的根本任务。同时，还提出了"实践英语学习活动观，着力提高学生学用能力"，"完善英语课程评价体系，促进核心素养有效形成"，"重视现代信息技术应用，丰富英语课程学习资源"等具有改革创新意识的课程理念。

2017 年版高中英语课程标准在"课程内容"部分也有一些新的规定和要求。这个部分由六大要素组成，即主题语境、语篇类型、语言知识、文化知识、语言技能和学习策略。主题语境指围绕人们生活、学习和工作相关的某一范围展开的话题类别，大致分为"人与自我""人与社会""人与自然"三个主题范围。语篇类型指记叙文、议论文、说明文、应用文等不同类型的文体，以及口头、书面等多模态形式的语篇，如文字、图示、歌曲、音频、视频等。语言知识除了语音、词汇、语法，特别加上语篇和语用知识。文化知识涵盖物质和精神两个方面，通过中外优秀文化的比较，拓宽学生的国际视野，理解和包容不同文化，传播与弘扬中华优秀文化。语言技能包括听、说、看、读、写等方面的理解性和表达性技能。学习策略包括常用的元认知策略、认知策略、交际策略和情感策略等。课程标准对每一个要素的学业质量标准都制定了具体的要求。在确定质量标准时，既参考了《欧洲语言教学与评估共同纲领》[53]和《澳大利亚课程》[54]，也充分考虑了我国中小学的教育教学实际。

改革开放以来，三个阶段课程发展的走向清楚地表明，我国英语教育和教学已完全结束了封闭的状态，开始走向世界。一方面，不断吸收国外的语言教育研究成果，"他山之石，为我所用"；另一方面，加强自身的研究，针对国家大、底子薄、不平衡、语言环境差、师资水平低等问题，努力在中国的语境中探索出一条符合国情的可持续发展的路子。近几年，越来越多的中国学者用英语向世界各国介绍中国基础英语课程与教材的发展，以增进与世界各国的交流。

（二）中小学英语教材、教法的变革

自 1978 年国家实施改革开放政策至今已有 40 多年，人们回望过去这段历程的中小学英语教材和教法的变化，仿佛经历了一场"和平的革命"[55]。这一点在上一部分"中小学英语课程发展"中已有所阐述。现在将就这段时期中小学英语教材所遵循的教学途径和改革开放后三个历史阶段的英语教材建设的变革做一简单分析。

图 2.6　1978 年以来英语教材所遵循的教学法体系

从图 2.6 可以看出，我国改革开放后的中小学英语教材所遵循的教学途径的变化，由以结构主义理论为基础的教学法，向功能法 / 交际法及"任务型"教学法发展，并继承了传统有效的方法，探索出一条比较适合我国国情的路子。而这条路子并非基于一种方法，而是综合了各家所长的方法。

1. 改革开放初期英语教材所遵循的教学途径

1978 年到 1990 年的课程设置以及在这个时期的教学大纲指导下编写的中小学英语教材主要参考两个方面：一是 1963 年大纲和人教社编写的初中英语课本及未正式出版的高中英语课本，二是当时从西方国家购买的英语教科书及教学参考书。

那时引进的教科书很多，其中有英国亚历山大编著、朗文出版集团出版的 *Look，Listen and Learn*（《视、听、说》）和 *New Concept English*（《新概念英语》），美国麦克米伦出版公司出版的 *English This Way*（《这样学英语》）和 *English 900*（《英语九百句》），英国牛津大学出版社出版的 *New Active English*（《新活用英语》）和 *Access*（《捷径英语》），美国拉多编的 *Situational English*（《情景英语》），以及日本的中学课本 *New Prince English*（《新王子英语》）等。美国杂志 *Reader's Digest*（《读者文摘》）也是教材编者选材的来源之一。

1978 年到 1990 年的教科书从旧教材和外国课本中选入了不少经典作品。例如，"The Blind Man and the Elephant""The Last Lesson""Portrait of a Teacher""Robin Hood and His Merry Men""The Gifts""Perseverance""From the Jaws of the Death"等。

小学和初中英语课本沿用了 1963 年教材的编写体系，使用的是以结构主义理论为基础的教学方法——听说法。每课由 Drills（句型操练）、Text（课文）、Words and Expressions（词汇及表达）、Grammar（语法）

和 Exercises（练习）组成。高中不再设句型操练。全套课本以语法结构由易到难的顺序安排，句型操练与课文是为呈现和练习语法结构服务的。因此，这套课本既具有 1963 年初中课本的特色，带有听说法的特征，也带有语法翻译法的痕迹。

1978 年至 1990 年，因为学制由十年制改为十二年制，英语教学起始阶段由小学改为初中，课程的变化致使人教社教材不断修订，形成了以下各套教科书（见表 2.9）：

表2.9　1978—1986年出版的英语教材

时间	教科书名称	依据的文件
1978—1980年	全日制十年制学校小学课本（试用本）英语（6册）	1978年大纲
1984—1985年	小学课本英语（4册）	十二年制教学计划
1978—1980年	全日制十年制学校初中课本（试用本）英语（6册）	1978年大纲
1979年	高中代用课本英语（替代各地自编教材）（2册）	
1981年	全日制十年制学校高中课本（试用本）英语（2册）	1980年大纲
1982年	高级中学三年级暂用课本英语（全一册）（1册）	1982年重点中学大纲
1982—1984年	初级中学课本英语（1986、1990年微调）（6册）	1982、1986、1990年大纲
1984—1986年	高级中学课本英语（1990年调整）（3册）	同上
1982—1985年	高级中学课本英语（供高中开始学习英语的班级用）（6册）	（1982）教普一字013号

虽然这个时期教材套数不少，但是教材内容和编排体系并无很大变化，主要是根据大纲要求一再降低难度，教材编者"以不变应万变"，通常从初、高中课本的最后一册开始减少课数，各册做相应的微调。

2. 20 世纪末的英语教材与教法变革

1985 年至 1986 年中学英语教学调查既肯定了当时的英语教学和教材所取得的进步，也指出了问题：学生的语言应用能力较差[56]。同时，随着开放的政策深入贯彻，外语教学人员出国交流的机会增多，引进和翻译的语言教学理论书籍和教学资料源源不断。发达地区学校、重点中学和外国语学校不满足现状，渴求新的教材和教学方法，外语教育改革的呼声越来越高。

笔者得益于赴英学习出版和赴澳学习应用语言学，接触了 20 世纪西方语言教育和教学理论，如拜耳[57]、韩礼德[58]、海姆斯[59]、威尔金斯、范·埃克、威多森[60]和克拉申[61]等人的学说，并结识了韩礼德和亚历山大，聆听过他们的教诲。笔者对比了国内外的英语课程与教材，渴望结合中国的国情，吸收现代语言教学方法的优点探索改革中学英语教材的路子。1986 年笔者从悉尼大学进修结束回国后，撰写了《香港的英语教学改革》、《中学外语教学的目的和方法》、《中学英语教材的现状与未来》（与张志公先生联名），对语法翻译法、结构法和功能法进行了分析与比较[23]。

1988 年 11 月初，亚历山大先生应人教社邀请来华访问，并以中英合作编写义务教育初中英语教材高级顾问的身份举行了学术讲座，题为《80 年代欧洲关于语言教科书设计的观点》。他在介绍以功能 / 意念大纲为基础编写教材的几种方法时，提到了"结构 / 功能编排系统"。他说：

"用这种方法设计教材，效果最明显，马上可以引起人的兴趣。用这种方法设计出来的教材既可以适合某种循序渐进和按照难易程度划分等级的需要，又可以在主要方面达到功能 / 意念大纲的要求。…… 例如，许多传统教材都以这样的句型结构开始：'This is…'接着要学生学习一系列完全凭经验想象出来的句子（'This is the window.''This is the door.''This is my head.''This is my nose.'等）。为了取代这些为练习而练习的句型（总是荒谬可笑的和不能交际的），我们可以教这样的句型，例如介绍人物：'This is Mr X and this is Mrs Y.'……例如在教识别事物的名称时可说：'What's this in English？—It's an envelope.'……教识别技术术语时可以问：'What's this？—It's the ON/OFF switch.'在这里，学生模仿的是一些简单的句型结构，但他们能够意识到这些句子在社交活动中的交际价值。"[62]

亚历山大先生认为，用结构 / 功能编排体系组织教学可以立见成效，但要学生成功地运用语言并不容易，因为用此法教学时，句型结构的编排顺序必然要处于支配地位，其结果是换一个名称的结构法教材，这种方法不能被看作真正的功能法。

张志公先生与笔者在《中学英语教材的现状与未来》一文中，分析了语法翻译法、结构法与功能法的利弊。关于功能法或交际法，文章列举了一些优点：以交际功能为主线，同时考虑意念、情景、话题、语音语调、词汇和语法结构，以及语体，而不以语言形式（如句型）为线索设计教学，这样可以培养学生的交际能力；运用功能法可使教学过程交际化，在适当的情境中恰当地使用语言，使学生感受到运用语言成功达到交际目的后的愉快，改变完全或主要从语言形式出发，句型机械、生硬、乏味的弊病，有利于激起学生的兴趣和调动他们的积极性；鼓励学生多接触和使用外语，特别是真实的语言材料，而不是某种人为造出来、生活中并不存在的语言；学习语言必须经过一个中继语言阶段。显然，功能法或交际法能够抓住语言的本质职能，掌握语言发展的规律，而且善于发挥学习者的主观能动性。因此，功能法在全世界受到重视。

文章继而提出"功能法应当重视，应当参考，但是不能照搬；对结构法不宜全盘否定"，原因有三：①我国中学外语教学是基础教育的一部分，不具有专用性质，学生需要的是基本技能，而对实际交际能力的需求有限。②教学条件的限制（主要指环境、师资、大班授课、教学设备），不可能使功能法全面推行。③首先，功能法本身也存在难以解决的问题，如以功能项目为纲编排势必会出现难易程度不等的语言结构，会影响教学循序渐进原则的贯彻；其次，功能法既以实际生活语言为基础，就不得不容忍语言运用中出现的各种错误，语言学习往往是在不断出错、不断改正的过程中逐步接近于完善，然而，听之任之、放任自流也是不可取的。基于这样的分析，得出的结论是，以结构主义为理论基础的教学方法需要改革，需要引进功能法所长，补其所短。

于是，1990—2000 年的中小学英语教材采取了语言结构与语言功能相结合的途径编写。笔者在《中英合作编写义务教育初中英语教材——适应我国社会发展的需要》[23]等文章中关于那个时期的英语教材的特点有详细的说明。张正东先生将这种方法称为"华氏结构·功能法"，认为这"是在改革开放中不断总结我国外语教学实践的积极经验以及中国人学习外语的认知规律并结合实践，运用结构和功能语言观指导教学的基础上，提出的基础外语教学以英语作为第一外语的教学观念"[63]。

20世纪末，英语教材开始出现了"一纲数本"的局面，以适应不同地区的需求。除了人教社出版的英语教材，还有上海版、沿海版、北师大版、内地版英语教材，见表2.10。

表2.10　20世纪末我国不同版本的英语教材

时间	教科书名称	主要责任者	出版社
1992—1994年	九年义务教育小学教科书（实验本）英语（4册）	刘岩	人民教育出版社
1991年	九年制义务教育小学课本英语（6册）	戴炜栋	上海外语教育出版社
1991年	九年义务教育沿海版英语教材（6册）	方淑珍、鲁中干等	广东教育出版社
1990—1992年	义务教育三年制、四年制初级中学教科书（实验本）英语（3/4册）	乃威尔·格兰特（N. Grant）、刘道义	人民教育出版社
1990—1996年	义务教育四年制初级中学英语（8册）	戴炜栋、张慧芬	上海外语教育出版社
1990—2001年	九年义务教育四年制初级中学课本 英语	马俊民、胡铁成（修订本主编 马俊民、高洪德）	山东教育出版社
1990年	九年制义务教育三年制初中试验课本（内地版）英语	江家骏	西南师范大学出版社
1992—1997年	九年义务教育三年制、四年制初级中学教科书英语（3/4册）	乃威尔·格兰特、刘道义	人民教育出版社
1993年	高级中学课本英语（6册）	戴炜栋、李珮莹	上海外语教育出版社
1993—1995年	高级中学教科书（实验本）英语（3册）	C. 杰克斯（C. Jacques）、刘道义	人民教育出版社
1995—1998年	高级中学教科书英语（3册）	同上	人民教育出版社
1996—1998年	高级中学教科书（试验本）英语（供江西省、山西省、天津市使用）（3册）	同上	人民教育出版社
2001年	九年义务教育三年制、四年制初级中学教科书 英语	刘道义	人民教育出版社
2003年	全日制普通高级中学教科书 英语	刘道义	人民教育出版社

　　虽然 20 世纪末有了不同版本的英语教科书，但各家在介绍自己的课本时都声称，采用结构 – 功能法或"折中主义"的教学方法编写[31]。大家的共识是，语法翻译法和以结构主义为基础的听说法的弊病应该克服，应吸收功能法 / 交际法的优点，将语言功能与结构有机结合起来，从语言表达的实际意义出发来教语言形式，从而达到初步运用语言进行交际的目的。

　　可见，国内研究外语教学法时，学术界已逐渐形成一个共识：各种方法的产生有其历史原因和社会需求，每一种方法是在以往的方法基础上发展演变而成，因而不同的方法之间有异也有同，往往是"你中有我，我中有你"。因此，教学法的变化是渐进的（evolution），而非剧变（revolution），不宜"大破大立""先破后立"。有了这种思维，就可避免极端化、绝对化，做到实事求是、讲求实效。

　　3. 21 世纪初的英语教材、教法的创新

　　2001 年至今，英语课程的进一步改革使教材和其他课程资源的开发发生了深刻的变化，真正形成了教材多样化的局面。教育部审查通过的课程标准实验教材中，小学英语约有 30 套，由 20 多家出版社出版；初中英语约有 10 套，由 9 家出版社出版；高中英语约有 7 套，由 7 家出版社出版[13]。这些教科书约有一半是在引进版教材的基础上根据中国国情和课程标准的要求改编的。有一部分教材是由中外专家合作编写的，还有的是由中国专家编写、聘请母语为英语的专家审定的。由此可见，这个阶段的教材建设更为开放。

　　大多数教材都采取了功能、结构、话题和"任务型"活动相结合的教学方法。教学单元以话题（topic）或主题（theme）为中心开展视或看（viewing）和听、说、读、写的活动。将功能意念项目与语法结构有机结合并由易到难地安排在各单元。尽量创设真实而生动的情景和"任务型"活动，以激活学生的思维，调动他们的积极主动性，促使他们提高获取、处理和使用信息，以及用英语做事和解决实际问题的能力，同时使其获得并积累经验，逐步培养综合运用英语的能力。

　　实际上，在当今"后方法"时代，多数教材已不拘泥于一种教学方法，而是采取了综合的、折中的方法，取长补短，兼收并蓄。许多教材几乎同时包含有结构法、视听法、听说法、全身反应法、认知法、交际法和"任

务型"教学法等教学方法。例如，小学英语教材普遍运用了视听法和全身反应法，设计了形式多样、生动活泼的活动，有看、听、说、读、写、唱、游、演、做、画等。中学教材在设计交际性的活动时，既要保证语境真实生动，有助于语言运用能力的培养，又要注意语言结构安排的渐进性，使其符合学生的认知规律，有助于准确地掌握语言。在实际利用教材教学时，矛盾时有发生，因而教材、教法一直成为外语教学研究的重要焦点。

尽管如此，将这一时期所运用的方法归为结构 – 功能法或功能 – 结构法、交际教学或任务型教学，甚或统称为折中法或综合法，还是比较符合实际情况的。

二、当代中小学英语教材建设

近 40 多年来，中小学英语教材建设成就突出表现在四个方面：多元化、系列化、科学化、数字化。多元化，是指由统编的单一化教材走向多家编制的多样化教材，英语教材由自编走向中外合作编写；系列化，是指由单独的课本加教参发展为系列配套的教学资源；科学化，主要是指教材编写需要建立在理论与实践研究的基础上，因外语教材的学科融合性逐渐加强，格外需要注意科学性；数字化，是指为满足当今社会发展的需求运用信息技术使教材数字化，以便适应"互联网＋"时代的要求，求得自身的可持续发展。

20 世纪 80 年代、90 年代和 21 世纪初的英语教材可谓"三代"教材，也可称为 G1、G2、G3。这三代教材各具特色，分析其特色，可以充分了解我国改革开放时期的英语课程与教材的变革。

（一）改革开放初期的英语教材特点

G1 中小学英语教材比较单一，除少数学校使用引进版或自编的教材外，全国各地都使用教育部组织编写的、由人民教育出版社出版的教材。这套英语教材采用以结构主义理论为基础的听说法编写而成，有以下特点。

1.重视英语基础知识的传授和起始阶段的口语训练

当时，对语言知识的界定，仅限于语音、语法和词汇。每一册课本各课都严格按照语法结构由易到难的顺序安排，从小学、初中到高中，各课都安排一个新句型或语法项目。语音知识也做了细致的编排。在起始的字母教学阶段，通过教字母和单词，教学 5 个元音字母的读音。这个阶段的课文编写，不仅要充分考虑语法教学的需要来选择句型，也要根据语音教学的需要选择符合拼读规则的单音节词，以便学生在初中第一册课本结束时可接触到英语绝大部分音素和最基本的拼读规则。第二册第一、第二课集中教学国际音标，以后又不断反复进行拼音、辨音和拼读规则的练习。初一至初三教材专门安排了语音和语调的练习，后 3 册教材也编有语音练习。如此重视语音训练正是听说法所要求的。

　　结构主义语言理论倡导者认为，口语是第一性的，文字是第二性的，在外语教学中应当先听说，后读写。教材编者在教师教学用书中写明："语言首先是有声的语言，书面语言是在口头语言基础上发展起来的。听说是读写的基础。"[64]因此，在小学和初中阶段必须重视听说训练，贯彻"听说领先，读写跟上"的原则。口语训练主要通过句型操练、阅读句型式的对话和含有语法结构的课文来进行（见图 2.7）。教材编者认为，典型的句型练习有助于学生模仿和掌握句子结构，使其更容易说出完整的句子，表达思想。

图 2.7　20 世纪 80 年代初级中学教材中的句型教学[65]

2. 采取句型操练和语法知识归纳相结合的方法

结构主义语言学派认为，语言是一种线性结构，是由不同层次的小的结构一层一层地组成的，而句子是基本的结构，因此句型是语言教学的基础。语言材料的安排和语言技能的培养都要以句型为中心来进行，句型操练是主要的教学形式。通过句型操练，让学生确立句子的观念，学习和掌握简单句与复合句的结构与用法。在学生有了一定的感性认识后，及时进行语法小结。一个语法项目有计划地分布在一课或几课，甚至几册中逐步归纳总结。

3. 重视模仿、记忆，强调语言的准确性

结构主义语言理论认为，语言教学过程是一种新的习惯形成的过程，语言习惯形成的过程又如动物的习惯行为一样，是"刺激—反应"的过程。因此，弗里斯主张把85%的时间运用在反复模仿、记忆、重复、交谈等实践练习上，以使语音、词汇、语法结构达到不假思索脱口而出的境界，形成自动化的习惯。为此，教材编者精选句型和词汇，让学生做句型转换和替换句型练习，注意语言的准确性，并以少而精、短小的原则选编课文，便于学生朗读与背诵。事实上，学过这套教材的人的确非常熟悉书中的一些课文，甚至几十年后还能记忆犹新，例如高中课文"Karl Marks"（《卡尔·马克思》）、"The Blind Men and the Elephant"（《盲人和象》）等。

4. 注意中国学生学习外语的认知特点，并适当进行英汉之间的比较

G1 教材编者熟知中国学生学习西方语言的困难，吸收了历史上已积累的许多针对中国学生学习英语语音、词汇和语法的教学经验。前面已提到语音教学的安排，这里仅以语法教学为例。教材的语法安排十分细致，从单词开始，如 pen，到短语 a pen，到句子"This is a pen."；从单数名词到复数名词；从 be 动词开始到 have/has，再到行为动词；从行为动词的第一、第二人称到单数第三人称；从祈使句到行为动词的现在进行时，然后各种时态逐个展开；从简单句到复合句等。与语法翻译法不同的是，教材强调从实例出发积累感性知识后进行归纳，而不是从演绎出发，先传授语法规则后进行实践练习。

G1 教材提倡尽量用英语进行教学，但不同于早期的直接法那样完全

排斥母语。教材编者认为，在学习外语的过程中，外语与思维要经过一系列复杂的变化。学生已充分掌握了母语这个思维工具，运用它已经成为习惯，因而，初学外语时，学生不可避免地会将外语通过母语的中介作用（心理活动）与思维联系起来。学生习惯于用母语思维，学习英语时必然受母语的影响。因此，如何利用母语的正迁移并克服其干扰，是英语教学中的一个重要问题。课本根据英语和汉语的异同，确定了语音、词汇和语法教学的重点和难点，并在课本中有意识地对比英汉句子的语序（见图 2.8）[66]。此外，各课还编入了英译汉或汉译英的练习，便于进行两种语言的比较。

图 2.8　20 世纪 80 年代中学课本中的英汉句子语序比较

5. 利用直观教具和录音带加强视听说教学

这个阶段的教科书仍然是黑白版，但比以往教科书增加了许多插图，如初中 6 册课本共有 428 幅插图。图文并茂可以帮助学生不经翻译直接理解英语词语、句子和课文的意思，使英语的文字同图中的形象所代表的语义和概念直接联系。这有利于英语视听说实践，而且也易于吸引学生的注意力和兴趣。

此时，盒式录音磁带较为普及，所有的英语教科书都配有录音带，由英籍人士朗读。标准的原声带有力地改善了语言教学环境，促进了听说教学。

G1 的中小学英语教材既具有结构法的优点，也有明显的缺陷，主要表现在以下几方面。

（1）忽视语言的交际功能，不利于学生综合语言运用能力的培养。学生尽管学习了语言知识，也背记了句型与课文，但是在现实生活中运用英语进行听、说、读、写的能力较差。

（2）过于强调语言知识的传授和句型的操练，对语言的内容和意义，特别是对语言的运用不重视。更为严重的是，缺乏对学生的心理和生理发展的特征的研究，课本充斥了机械性的句型练习，缺少生动鲜活的、有交际意义的、有助于发展能力的语言材料，难以调动学生的学习兴趣和积极性。高中课本的课文虽不乏经典的文学作品，但脱离现实生活，学生难以运用。

（3）阅读量小，语言输入量不足，生词率高，复现率较低，而教学要求又较高，致使教学难度偏大。

为了加大语言输入量和语言的复现率，人民教育出版社编写出版了与课本配套的同步教材，如阅读训练、听力训练、练习册等，还编辑出版了50本《中学生英语读物》，填补了新中国成立以来英语简易读物出版的空白，接着又组织编辑出版了"英语教学丛书""中级英语学习丛书""中学生英语课外活动丛书"等。最具影响力的是北京海淀区教师进修学校编写的习题集、练习册，由重庆出版社出版发行，风靡全国。由此，配合主教材的教学辅助材料如雨后春笋，层出不穷。这标志着中小学已不再单靠教科书教学，而是用成套的教材来进行教学。

（二）20世纪90年代的英语教材特色

20世纪90年代，"一纲多本"已见端倪，形成了"一纲数本"的局面。这是改革开放后的第二代教材。G2教材虽出自不同的出版社，供不同地区使用，在程度、分量、难度和编排体系上有所区别，但都是采取了结构与功能相结合的方法或综合法、折中法编制的。这里就以当时使用最广的人民教育出版社与英国朗文出版集团有限公司合作编写的初高中英语教材为例，剖析G2教材的特点。

1. 采取语法结构与功能意念项目相结合的体系编排教学内容

中英合编的初中英语教科书 *Junior English for China*（缩写为JEFC）不像G1的教材那样单纯按照语法结构的脉络组织和安排教学内容，而是根据交际目的的需要和语言教学的规律，既考虑语言的功能意念和话题，也考虑语音、词汇和语法结构等因素，使它们有机地结合在一起。例如，在入门阶段就让学生开口说话，彼此用英语交流，展现书中的人物，但同时穿插字母和语音教学。这就打破了从单词到短语、再到句型的束缚，孩子们迅速用英语交谈，兴趣油然而生。他们模仿力强，"Hello! How are you?""I'm fine. Thank you. And you?""I'm fine, too."之类的短句对他们来说就像一个个多音节词，脱口而出。开始时，他们仅知道整句的意思，并不知道（也不要求他们明白）每个单词的意义及其读音。字母教学完成后，语音和语法教学的呈现仍然由浅入深，用循环式编排（cyclical organization），即一个语法项目有计划地分布在不同的单元，逐步加深。语音的音素、音标、拼读规则、朗读技巧的训练经过三轮，从初一安排到初二上学期。教学大纲中的日常交际用语，即功能项目也由易到难地编入教材。表2.11展示了JEFC第一册前10个单元（除第8复习单元以外）的话题、功能项目、结构与语音的编排，可以看出功能与结构是如何交织在一起的。[67]

表2.11 JEFC第一册部分单元功能与结构结合的编排情况

单元	话题	功能项目	字母、句型结构	语音
1	Hello! What's your name?	Greetings	English letters A-N	Song: Good morning to you!
2	Nice to meet you!	Introduction	English letters O-Z My name is... It is... I am...	Sing the ABC song!
3	Can you spell it?	Identifying people and objects	What's this in English? It's...	
4	Numbers in English	Numbers	Be: I am（I'm），You are（You're）	a name Ann
5	What's this in English?	Identifying objects	Using *this*, *that* and *it*（questions & answers）	i bike in
6	How old are you?	Talking about people	Using *he*, *she* and *it*（questions & answers）	e he egg

续表

单元	话题	功能项目	字母、句型结构	语音
7	Is this your pencil-box?	Identifying possessions	Using *my*, *your*, *his*, *her* & *its*; *these*, *those* & *they*; numbers & plural nouns	o n**o** n**o**t
9	The new students	Identifying people	Plural forms of *be* Possessive Pronouns	/eɪ/ a, /æ/ a, /p/ p, /b/ b, /t/ t, /d/ d
10	Where is it?	Talking about spatial relationship	Using the Prepositions: *in*, *on*, *under*, *behind*	/iː/ e, ee; /e/ e; /k/ k; /g/ g; /s/ s, ss; /z/ s, z

下面的课文（图 2.9）选自 JEFC 第一册第 7 单元，内容与 G1 的课例（图 2.7）相同，都是询问物体的所属关系，但 JEFC 的对话加了日常交际用语："Excuse me. I think it's..." "Here you are." "Thanks!" "That's all right."。情景设置较为自然真实，不再显得机械、干巴。学生不用死记硬背句型，可以通过角色表演对话，课外便可实际运用。

图 2.9   JEFC 第一册第 7 单元课例

JEFC 结合学生的生活实际，提供真实语言材料，以利于在课堂上开展各种交际性活动，如信息交流、扮演角色、猜谜、做游戏、打电话等。尽可能把语言形式与实际意义联系起来，使学生感受到"学了就能用上"的乐趣。[68]

图 2.10　JEFC 第一册第 5 单元课例

2. 教学内容贴近学生生活，重视培养思想情感和提高文化素养

G2 教材选择的话题具有时代感、知识性、思想性和真实性，不像 G1 课本中的大部分课文与现实生活相距甚远，学了以后难以在实际生活中运用。JEFC 考虑到初中生的生理和心理特点，设计了一群中外青少年形象及其家庭，如 Li Lei、Han Meimei、Jim Green 和 Uncle Wang 等。这些人物富有个性。作者以故事的形式讲述了他们有趣的经历。书中的插图和配置的录音录像，生动活泼，引起学生极大的兴趣。书中人物礼貌待人、助人为乐，具有良好的道德素质和积极向上的精神，也给学生留下终生难忘的印象，对他们的思想情感起到潜移默化的作用，在润物细无声中提高学生文化素养。随着语言的提升，反映中外文化差异的课文逐渐增多，如中外的饮食、节日和不同的习俗等，学生在学习英语的

同时，了解异国的文化，有了跨文化交际的意识。例如，知道了英语人名的名在前姓在后，与中文名正好相反；知道了西方人忌讳别人问有关他们的年龄、收入等隐私的问题。

中英合编的高中英语教材 *Senior English for China*（缩写为 SEFC）围绕 16 个话题编选材料，虽然关于中国文化的语篇较少，但大多数文章反映的是人类共同关心的问题，如生态平衡、环境保护、妇女权利、饮食卫生、体育、音乐、自然灾害、航天技术等。与 G1 教材相比，G2 教材内容与现实生活联系紧密，真正是"厚今薄古"。这十分有利于学生联系实际运用所学语言，例如：介绍了描述英国飓风（"The Hurricane"）和美国旧金山大地震（"Earthquakes"）的文章后便引导学生讨论台风和地震给我国带来的灾害；讲述了拯救阿斯旺高坝（"The Rescue of Aswan High Dam"）的故事后，就让学生联系我国三峡工程对古建筑的保护。SEFC 中还编有揭露资本主义社会金钱至上的弊病的文章（如"At the Tailor's Shop"），以及反映美国人权斗争的文章（如"A Freedom Fighter"）。这些课文不仅反映了西方文化，还帮助学生正确认识世界，鉴别良莠，提高文化鉴赏能力。

3. 综合训练听、说、读、写四项技能，培养学生为交际初步运用英语的能力

G2 教材进行听、说、读、写全面训练。书中口语和书面语两个部分紧密联系，融为一体。四项技能的训练相辅相成。说有赖于听、读，听、说有助于读、写，写又可巩固听、说和读。

JEFC 从视、听、说入手，听、说比重较大。听说训练主要通过新语言材料呈现和操练、语音和听力练习，及各种口头信息交流活动来完成。在发展听说能力的同时，逐步培养读写的能力。系统地安排阅读和写作的训练，从拼读、朗读、阅读对话开始，进而阅读短文和各种体裁的语篇；从抄写、填空、完成句子、组词成句、写短文过渡到有指导的写作。教材不再是仅要求学生单纯地重复语言，记住一些孤立的、机械性的句型，而是要求学生把这些词语和句型变为自己语言机制的一部分，能够运用所学知识来行动和表达。课本设计了较多的交互性的活动，提供机会让学生结合实际运用语言，使言语技能发展为能够表达思想、进行交际的

能力。

SEFC 仍然重视口语训练，除了第三册（下），各册每个单元都有对话和听力训练，就连写的练习也常常需要经过口头练习，然后书面完成。高中教科书如此重视听说训练，这是过去的高中教材里少见的。由于 G2 课程与教材的重视，才促使中考和高考增加了听力测试，部分地区实施口试，从而有力地促进了外语听说能力的提高。

高中侧重阅读，阅读技能是通过学生用书和练习册中一系列的练习和活动来培养的。阅读技能主要是指通过读能够抓住课文的要点，理解各种文体的内涵和特点，吸取书面信息等。教师教学用书特别提倡学生自己使用词典阅读，根据上下文猜测词义，并说明怎样进行朗读与默读、精读与泛读等，帮助学生培养独立阅读的能力。

SEFC 比起以往的教科书更加注意写作的训练，安排了一系列写作的训练材料，按句子、段落和成段文章三个层次来练习。表 2.12 列出了学生用书第二册(上)的各种写作任务[69]。练习册也提供了大量的写作练习，大致有三类：巩固语言练习、有指导的写作和自由命题写作。教师教学用书主张程序性写作，写作训练一般经过构思、起草、校订、修改等步骤。

表2.12　SEFC第二册（上）程序性写作安排

练习	命题作文	文章类型
The Object Clause 1 Noun Clauses 2 Infinitives 3 The-ing Form 4 Attributive Clauses 5 Agreement 7 Modal Verbs 8 The Past Participle 9，11 The use of *as if* and *no matter* 10	A visit to a local place of interests 1 A notice 2 Body language 3 My favourite newspaper or magazine 4 A famous singer or actor 5 Differences between China and Canada 7 A letter to a friend 6，8 Saving the Earth 9 At the tailor's shop 10 Describing a picture 11 Zoos 12	Short passage 1，4，9 Notice 2 Biography 5 Article 3，7，12 Letter 6，8 Narrative 10 Description 11

注：表格中的数字代表所在单元。

4. 要求区分层次，富有弹性

根据教学大纲的分级要求，G2 教材对词汇和语法知识分为理解和掌握等不同的要求，用加注星号（＊）表示理解即可，用三角符号（△）表示不要求掌握。例如，SEFC 中的进行时和完成时的被动语态、动词的 -ing 形式和过去分词、倒装句、省略句、主语从句、同位语从句、非限定性定语从句等，仅要求理解。书中超出大纲要求的虚拟语气通过课文注释加以解释，学生懂得意思就可以，不必做考试的要求。SEFC 的弹性还表现在特意吸收了高考英语科说明中的部分词汇。这样，有利于因材施教，发挥个性，既能保证大多数学生达到基本要求，又可以发挥优秀学生的潜力，保证他们的英语在中学阶段基本过关，即"下要保底，上不封顶"。

5.以教科书为中心系列配套，初步形成教学资源

G2 教科书不但有教师教学用书和录音带，还配有练习册、抄写本、教学挂图、投影片、简笔画、词汇手册、听力训练和阅读训练材料、录像带等。书中对话由中外演员以话剧形式演出，Lucy 和 Lily 由一对外国孪生姊妹出演，演得十分可爱。图 2.11 选自录像带中 Miss Gao 介绍新学生孪生姐妹 Lucy 和 Lily 以及一个生日聚会的场景。

图 2.11　JEFC 第一册录像片段

教学大纲要求学生课外要达到一定的阅读量，所以必须为学生提供辅助读物，这促使许多出版机构出版了听力和阅读训练的材料，以帮助学生培养听说和阅读的兴趣和技能，扩大视野，复习巩固所学语言，并能扩大词汇量。

这个时期，涌现了大批教育集团和民办培训机构，围绕教学需要，编制发行了大量的习题集、练习册和考试辅导材料。与此同时，各地电化教学馆也积极配合中小学外语教学制作了幻灯、投影、录音、录像、

VCD、CD-ROM、DVD 等。这些多媒体教学资源对于改善外语教学生态环境发挥了很大作用，使外语教学超越时间与空间的限制，变得立体化。

至此，教材的概念已发展成为"教学资源"（teaching resources）。

1999 年，全国各地使用中英合编的初、高中英语教材的第一批学生高中毕业。西南师范大学外语教育研究中心张正东等开展了一项调研活动。他们在 30 个省、自治区、直辖市部分重点学校和一般中学通过测试和问卷调查，了解教学的效果。[70]结论是，此次测试的成绩与 1985 年的全国中学英语教学调查相比有了明显的提高，增加了 10~20 分；大纲和教材对教学质量的确起到了促进的作用，主要表现在六个方面。

（1）更新观念，重视培养语言实际运用的能力

使用中英合编的教材，人们不仅在理论上承认中学英语课是一门注重实践的工具课，而且在课堂教学中重视语言的实际运用；在教学过程中注意言语行为的训练，而不是单纯操练语言形式；更重视语言的意义，重视培养学生使用语言知识和技能解决问题的能力。因此，教师们努力利用教材所提供的，并辅以自己创设的情景，让学生在做中学（learning by doing）。全国各地课堂教学出现了可喜的趋势：开始让学生从生硬的单词记忆、烦琐的语法分析和死板的课文翻译中解放出来，逐渐使课堂成为师生间和学生之间思想情感交流的场所。

（2）话题、结构和交际功能相结合，体现了素质教育的思想

SEFC 围绕 16 个话题编写了丰富的语言材料，在这次调研中普遍受到好评。大家认为，课文内容有意义，题材广泛有趣。教材体现了中外文化，有利于培养学生跨文化交际意识和增进国际理解。大量经过优选的语言材料赋予学生高尚的思想情感，净化和美化他们的灵魂，帮助他们培养良好的品格和社会交往的能力。

教材提倡的不是纯结构，也不是纯交际，而是两者的结合。结构和交际功能相结合是符合中国国情的做法，容易为广大师生所接受。学生既学到了语言知识，又能在教材设计的活动中运用所学知识表达思想，实现初步交际的目的。

（3）进行听说读写的综合训练，提高了听说能力，又侧重培养阅读技能

六年的训练使学生在听说能力上有了明显的提高，从 1998 年全国中学生口语竞赛可以看出，学生的语音语调、语言的流利程度，以及学生的自信和创造性都比过去有了显著提高。阅读教学中开始强调用眼扫视、用脑思考，能够根据语篇的上下文猜测词义，理解文章内涵，把握主要逻辑线索、时间和空间的顺序，并能根据语境理解作者的态度、观点和文段的寓意，推断出文段未直接写出的意思。写作开始有了系统的练习，主要训练有指导的书面表达，按照句子、段落和成篇文章三个层次来练习。

（4）促进了教法与学法的研究

JEFC 和 SEFC 有助于改变过去沉闷的、封闭式的课堂教学，抛弃"注入式"，采用"启发式"，实现生动活泼的开放式课堂教学。教师教学用书介绍的五步教学法（Revision、Presentation、Drill、Practice、Consolidation）主张控制无意义的或缺乏意义的机械性语言形式操练，重视和加强有意义的交际性活动，但绝不忽视操练。教师在教学的过程中需要不断变换角色，从教授者变成示范表演者、指挥者、组织者、帮手和监督者，学生不再只是被动地听讲，而要主动积极地参与教学活动，在"学中用""用中学"，学用结合，真正体验语言的功能。

（5）推动了测试和评估的改革

教学大纲对考试、考查做了规定，要求既要考查学生的基础知识，又要考查学生运用英语进行交际的能力。测试的形式要包括笔试、听力测试和口试。JEFC 和 SEFC 的教学加速了我国中学英语测试与评估的内容和形式的变化：由过去的知识型逐渐转变为能力型测试，并自下而上地加进听力测试，由中考发展到高中会考，进而发展到部分省高考加听力测试，到 21 世纪初全国各省普遍在高考中加听力测试。

（6）促进了中外语言教学的交流

英语作为外语或第二语言的教学研究是具有国际性的。中英合作编写教材一直受到国际关注，对中外交流起到了促进的作用，从此结束了我国中学英语教学与科研的封闭状态。联合国教科文组织、国际英语教师协会、英国文化委员会和海外志愿服务社、美国英语学会等组织，以

及一些国家的学者对我国基础外语教学改革产生了兴趣。中国教育学会外语教学专业委员会也不断派出教师和教研人员出国考察学习、参加国际学术会议，并在国内召开国际研讨会等。

实施大纲和中英合编教材的成绩确实很显著，但也存在严重不足之处：基础英语教育不能满足国家对外语人才的需求；学习时间投入多，所学词汇量少，运用能力局限于教材范围；准确表达的能力不足；基础知识不牢，不利于持续发展。

教师在教学中存在的问题也很多，主要有以下几点：①使用 JEFC 和 SEFC 在教学中最大的问题是课时少，难以完成教学计划；②教材中的语法缺乏系统性，教学费力；③教材中的语言真实，但不够规范；④相当多的教师还不适应教材的教学要求和教学方法。

（三）21世纪英语教材与其他教学资源的发展

21 世纪初的课程改革集中体现在义务教育和普通高中英语课程标准和教材上，由此引发了教学方法和教师功能等的变化。这里重点讨论依据课程标准编制的多样化教材的特色与其他教学资源的发展。

1. 以课程标准为依据编制的英语教材特色

这个阶段的中小学英语教材出自20多家出版单位，真正实现了多样化。笔者把这个时期的教材统称为 G3 教材。虽然教科书多种多样，但由于各家教材必须符合课程标准的要求，因此可以找出它们的共同特点。[71]

（1）重视学生的发展，注意提高学生的全面素质

课程标准提出，"学生的发展是英语课程的出发点和归宿"。实验教材的编制就是以学生的发展为其出发点和归宿的。这些教材的内容、结构体系、程度与分量、理论与实践、活动与任务的设计等，都力求符合学生生理和心理发展的特点，符合他们的年龄特征，能够激发其兴趣。教材内容贴近学生的生活和现代社会生活，如友谊、旅游、语言、音乐、卫生、体育、文化、戏剧、幽默、娱乐、节日，以及对未来的幻想等都易于引起学生的思想共鸣，具有较强的感染力。教科书中的语言材料富有时代的气息，话题范围广泛，视野开阔，信息量大，有助于提高学生的人文素养，帮助他们树立正确的人生观、世界观和价值观，培养他们高度的社会责任感，提高独立思考和判断的能力，培养创新精神和实践

能力，发展与人沟通和与人合作的能力，增进跨文化理解和提高跨文化交际能力。

（2）采取功能、结构、话题及"任务型"活动途径相结合的教学方法

G3 的大部分教材都遵循"功能—结构—话题—任务"相结合的途径进行设计。与 G2 教材相比，更加突出了语言的功能，在提倡用任务型教学法设计教学活动的同时，依然注意根据学生的认知规律科学地安排语言材料，以利于学生构建知识，提高技能。教学单元以话题为中心开展听说读写的活动，设置真实而生动的情景和"任务型"活动，调动学生的积极性，促使他们获取、处理和使用信息，用英语交流，提高用英语做事和解决实际问题的能力，同时可以获得和积累经验，使他们逐步形成综合运用英语的能力。（见图 2.12）

G3 教材多数不拘泥于一种教学方法，而是采取综合的教学方法，帮助学生发展多元智能。这一点在小学英语教材中表现得最为突出。仅仅依据某一种教学方法编写的教材是不受欢迎的。现在从通过审查的教材中几乎都可以发现结构法、视听法、交际法、认知法、全身反应法、暗示法等倡导的方法，可谓兼收并蓄，集各家所长。设计的活动形式多样，活泼有趣，有视、听、说、读、写，又有唱、游、玩、演、画等。教材中的这些活动彻底改变了课堂上"教师讲，学生听"的模式，在静动结合、基本功操练和自由练习结合、单项和综合练习结合的活动中出现了师生之间和学生之间情感交流的活跃场面。学生多种感官并用，积极思维，通过感知、实践、体验和参与，大量接触英语，习得语言，培养感性知识，逐步理性地学习和掌握语言。在这一过程中，学生不再被动地接受知识，改变了死记硬背的习惯，更自由地发挥潜能和个性。

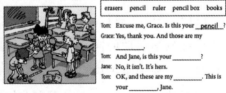

这 3 页选自人教版七年级上册英语课本。1a~3c 设计了 10 个活动，形成了一个"任务链"。1a~1c 设置了外国课堂的情景，彼此询问，弄清一些东西的所属关系，通过让学生看图、听对话录音，呈现生词和有关的词语。接着，逐步引导学生练习对话，由模仿所听到的对话到根据自己周围的实际情况编对话。2a~2d 通过听输入的新词语，加进复数名词和有关句型。2d 提供比较真实的对话示范如何有礼貌地交谈，询问物品所属关系。然后，学生便可进行角色表演活动，实际运用语言交流。Grammar Focus 归纳了本单元目标语法结构，3a~3c 设计了由形式到有意义的练习，最后通过猜物品主人的游戏，学生在真实的情境中较自然地运用所学语言，体验学以致用的乐趣。与 G1 和 G2 相比，便可看出 G3 教材在活动设计方面的进步。

图 2.12　人教版七年级上册第 3 单元课例[72]

（3）充分重视以学生为主体，促使学生学习方式的变革

课程标准进一步改变过于注重知识传授的倾向，强调培养学生形成积极主动的学习态度，使获得基础知识与基本技能的过程成为学会学习和形成正确价值观的过程。课程标准强调引导学生学会学习，学会生存，学会做人，因此强调学生学习的过程和学习的方式。教材努力贯彻课程标准的指导思想，在引导学生自主学习、探究式学习和合作学习方面迈出了可喜的一步。

G3教材已不再像过去那样把学生看作"空的容器"，对学生灌输知识以填塞容器，而是认可和尊重学生已有的知识、经验和见解，引导他们自主学习。譬如，教科书的目录就向学生展示了教学的内容、教学的目标，以帮助学生确定学习目标，制订计划，设定评价指标，发展学习策略和自我导向。在学习的过程中，每个单元的最后要求学生自己小结学习的内容，并提出启发性的问题（learning tip）或自我评价（self-assessment），引导学生主动学习，自我激励、自我监控。

有些教材已注意到学生具有构建知识的重要基础，即他们已有的生活、学习经验，甚至英语语言基础，尝试着使用探究式的方法呈现新的语言材料，主要的做法有热身（warming up）、引入（introduction）、读前提问（pre-reading questions）、发现有用的结构（discovering useful structures）、调查（survey）、动脑思考（brainstorming）、采访（interview）、实验（experiment）、智力小测验（quiz）、探索（exploration）、讨论（discussion）、辩论（debate）等。探究式学习能使学生通过学习过程获得理智和情感体验，从而建构知识，掌握解决问题的方法，这是传统的接受式的学习所难以做到的。部分中学英语教材在创设探究学习的情境方面已有了突破，为学生主动参与教学活动及自主学习提供了空间，如让学生看图编故事、读故事想象结局、根据情景编对话、解决难题与猜谜等。学生可以从中感悟和体验英语，进而激活思维，开启心智，大胆想象，敢于批判，发挥创新精神。这样的教学方法可以点燃学生心中的火花，使他们发出灿烂的智慧光芒。

教材普遍运用两人小组（pair work）和小组（group work）活动的形式，来解决因班级大而导致学生言语实践量不够的问题。这种合作学习不仅是提高课堂教学的效率、增加学生活动频率的好办法，而且对于提高学

生的素质有着重要的意义。外语教材中有形式多样的小组活动，如角色表演（role play）、做游戏（play games）、做手工（making things）、任务（tasks）、项目（projects）、演剧（drama），以及讨论、辩论等。这些活动要求学生在独立思考的基础上，小组分工负责，互相支持、信任、帮助、配合，还要相互沟通、解决矛盾，从而加强团队意识和集体观念。这样就可以改变因长期处于个体的、竞争的学习状态而可能形成的冷漠、自私、狭隘和孤僻的性格，增强集体荣誉感和合作意识。在合作学习的过程中，加强不同程度的学生的交往和互相帮助，不仅可以帮助教师解决班级差异的难题，而且还可以增强学生的情感和责任感，甚至可以培养学生的领导意识、社交技能和健康的价值观。这些难以用笔头测试测量的素质，却可以在合作学习的过程中悄然形成。而这种素质是终身受用的，是一种可持续发展的能力。

（4）注重学科融合

语言是文化的载体，是交流的工具。学生学习外语最终是为了用语言吸取和处理信息。因此，外语教材应具有较强的跨学科的性质。目前，不仅中学英语教材，甚至小学英语教材也已突破了日常交际活动的范畴，渗透着其他学科，如思想品德、自然、体育、音乐、美术、医学、历史、地理、环境保护、法制教育、信息技术、航天技术、天文气象等。具有学科融合特点的教材可以开阔学生的视野，满足他们求知的欲望，而且能够引导学生面向社会、了解世界、增强国际意识。学科融合也体现了外语课程的拓展性和开放性。

（5）增加了评价的机制

评价是英语课程的重要组成部分，科学的评价体系是实现课程目标的重要保证。但是，长期以来，教学与评价脱节，而且评价重视结果不重视过程。G3教材已注意扭转这个倾向。为了体现学生在评价中的主体作用，为了帮助学生反思和调控自己的学习过程，教科书与其配套的评价手册提供了质性评价的样本和行为评价的方法。教材中的评价可以帮助学生学会自我评价的方法，学会分析自己的成绩和不足，激励自己，有效地调控自己的学习过程，增强自信心，培养合作精神；同时，也使教师更好地获取教学的反馈信息，帮助他们不断改进自己的教学。由于近来信息技术发展迅猛，催生了大批网络公司创建了作业、测试与评价平台，师生的教学评价变得简便易行。

（6）教材的版式设计质量有了明显提高

多年来，中小学教科书印刷质量低劣、纸张粗糙、字体不清晰、版面不规范、插图丑陋，严重影响学生的视力和审美观。现在，多种英语教材的竞争促进了教材的版式设计，英语教材普遍采用四色胶印，版面设计新颖，插图精美，足以引起中小学生的兴趣。

G3 教材在实施的过程中存在的主要问题有以下几方面：

①教材的信息量和活动量大，教师普遍感到教学时间不够，难以完成教学计划。

②虽然教材多样，但课程要求统一，因此各家教材大同小异。尽管有不同级别，但是在实施中大家只认中考五级和高考的级别要求。而且，教材的选择权在各地教育部门，教师并无权选择，很难做到根据学生的情况教学。实际教学中存在两极分化的问题。

③有些引进版教材不够接地气，强调真实活动和运用，忽视中国学生的认知特点和学习困难，致使教学效果不佳。

2. 系列配套发展成为丰富的教学资源，增强了课程的选择性、拓展性和开放性

作为英语课程资源重要组成部分的教材已不再仅仅是纸质的教学材料，必须包括运用光电技术和信息技术所制作的教学材料。因此，受欢迎的英语教材必定包括学生用书、教师用书、练习册、活动手册、配套读物、挂图、卡片、音频和视频资料、多媒体光盘等丰富的教学资源。这些资源大大加强了教材的弹性，为教师灵活地、创造性地使用教材，拓展教学内容提供了条件。如今许多教材的出版单位还设置了网站，提供数字化教学资源。学生运用互联网可以自学，没有了课堂上紧张、焦虑的情绪，使学习个性化。教师利用网站帮助备课和开展教研活动。有些电教部门特邀小学和初中英语教师录制示范教学的视频，并通过电视台播放，或在网上提供微课、慕课，为师生展示优秀的课堂教学，弥补了英语师资力量不足的缺陷。

当代，教材建设已发展到了必须运用信息技术开发教学资源的地步，否则不能满足教学需求。这标志着外语教学资源发展的方向，即进一步改革开放，进入了"互联网＋外语教育"的时代。

第三节 英语教学资源的开发过程

在中国，英语教学资源的开发历经了 100 多年，从最早用外国课本加译注的简单方式到自编教科书，从编写单本教科书到系列配套教材，从系列配套教材发展到今天的英语课程资源，这三个阶段说明教学资源的开发是一个不断变革的过程。

有观点认为，编写中小学英语教科书似乎很简单，"ABC 排列组合而已""不过是小儿科"。而笔者用了 40 多年方悟出这"小儿科"的学问真是深不可测。本章前两节分别介绍了我国英语教材和教法的历史沿革及当代英语教材所遵循的教学途径和原则，仅从这两节也可发现，英语教学资源的开发是一门科学，一门高深的学问。教材编者绝非传统观念中的"编书匠"，而应是科学研究者，正如约翰森（E. B. Johnsen）所说，教材开发"能使教材编者成为研究者，也可使研究人员成为教材的编者，他们的研究贯穿于教材开发和利用的过程之中"[73]。

20 世纪 90 年代初，国际教材发展协会（Materials Development Association，简称 MATSDA）创始人汤姆林森（Brian Tomlinson）主张把教材开发列为大学的一门学科。他认为，过去人们仅仅把教材当作教学法的实例介绍给教师，教材研制只是教学法理论下位的一个部分，如设有"教学法与教材""教材评价"等课程，但是没有通过教材探索和研究其开发的原则和程序的课程。而现在，开发教学资源已不再只是专家的事，教师不再只是教科书的使用者，他们也开始参与教学资源的开发，因此教师需要具备研制教学材料的技能；有了这种技能，他们能更好地理解教材和有效地使用教材，进而提高教学能力，甚至使他们的教学上升到理论的高度。[74] 在我国，已有一些师范院校开设了研制教学资源的课程。但是，无论在国外还是在国内，这样的课程尚处于起步时期，需要通过自身的努力来提高，也需要多方的支持与帮助。

这一节将在总结已有的英语教学资源开发的经验基础上，着重说明其研究的价值。

一、英语教学资源开发是一个系统工程

笔者曾经在《新中国中小学教材建设史 1949—2000 研究丛书：英语卷》提出过，教材建设是一个系统工程，本书将"教材建设"的概念提升为"教学资源开发"，也可叫作"教学资源建设"。我国中小学教学资源开发必须依据课程标准，也就是要以国家课程为纲。然而，能否开发出优质的教学资源并加以有效利用，则取决于课程、教育科研、教师发展、教育技术与测试评价这一系列环节的协调配合。实际上，教材建设或教学资源开发在一定程度上就是与课程发展、教育科研、教师教育与发展、教学方法和技术的更新、测试评价体系的改革不断互动的过程。现以图 2.13 展示这个系统工程各环节之间的关系。

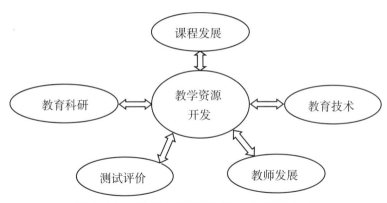

图 2.13 教学资源开发是一个系统工程

图 2.13 中所显示的六个部分是相互依赖、相互支持又相互制约的关系。课程发展，即国家制定的课程标准或教学大纲是纲，是基础；以教材建设为核心的教学资源开发是课程实施的具体体现；教育科研是动力；教育技术是条件；测试评价是保证；教师发展是关键。

教材必须符合课程标准或教学大纲的原则和要求方可通过国家审查。如果课程要求高了，教材势必"深、难、重"，受到批评；要求过低，会遭到"费时多，收效低"的诟病。课程设计再好，没有好教材保证实施，也是枉然。好教材可使课程或大纲精神得以贯彻，更新教师理念，改革教法，创新教学手段，促进教育科研，甚至推动测试评价体系的改革。以中英合编教材的使用为例，它自下而上地促成了中考和高考加试听力，促使测试由知识型向能力型转变。然而，即使教材编得好、理念新颖、方法先进，如果教师培训跟不上，课堂上仍然是"穿新鞋走老路"，满堂灌，课程目标也会落空。所以，教师是关键，教师转变观念，改进教法，把教材用活，不但能使教学质量提高，还能推动教学研究和评价体系的改革。20 世纪 90 年代至今，各级教育部门狠抓教师培训，提高教师英语专业水平，用英语授课，使用交际教学和"任务型"教学，提高教学效率，改革测试方法。通过国家"园丁工程"等一系列项目培养了大批骨干教师，在全国各地起着挑大梁的作用。与此密切联系的是教育科研，因为科研不再是"象牙塔"中专家们的事，需要广大中小学教师的参与。科研对教材建设具有引领、推动和定向的作用，如 1985 年的调查给 1988 年大纲的交际教学目标定了调，直接促进了教材的重大改革。每一轮课程设置是否符合中国实际，就需要像 1999 年那样的全国性调查方可得出结论。目前，外语界对许多问题（如知识与能力、习得与学得、"任务型"教学等）仍存在争议。在教学资源开发与利用方面，对于教学途径与方法、程度与分量也有分歧。其实，解决问题的最好办法应是组织教师开展科研，以实证性的研究成果来说话，同时还可提高我国的科研水平。

教育技术发展对英语教学资源开发的影响与作用是不容置疑的，它不仅创设外语语言环境，而且使教学资源多元化、数字化、立体化，发挥着史无前例的教育优势。然而，在资源开发的过程中，如何利用信息技术是极具挑战性的问题，关于这个问题，本书在后面的章节将有论述。

在以教学改革的精神开发和使用教材的过程中，最令人揪心的是考试对教改的制约。教材强调语言的交际功能，设计了多种活动，重在培养学生的能力，而考试仍主要考查知识。测试的改革滞后于教学改革，常常制约教材的使用。譬如，有的省自主命题，高考不考听力，于是，这个省的大部分中学就可能删去教科书中的听说材料，取消口语训练。再如，课程标准试验教材中编有"项目"（project），旨在培养学生综合运用语言的能力和创新精神，可是因为这不属于考试的内容，在日常教学中几乎无人问津。测试评价体系的改革仍是个瓶颈。可喜的是，国家考试中心一直努力改革试题的设计，命题尽量紧密联系社会实际与学生生活经验，在全面考查学生基础知识和基本技能的基础上，注重加强对能力的考查。坚持听力测试、增加口试、笔试加大主观试题比例，加强交际性和语境化，由知识型向能力型转化，能够切实考核学生的语用能力。[75]

二、英语教学资源开发的过程

目前在中国，个人、研究机构或出版社，如若想开发中小学教材及与其配套的教学资源，必须经过教育部教材审查机构对其资质进行审查并批准。因此，现在很少有过去单人或几个人闭门编写，甚至集体突击完成教材编写的现象。教学资源开发已越来越规范化，基本上都是以研究项目组织编写组，把编制教学资源的过程当作研究的过程。这里将详细阐述英语教学资源的开发过程。

（一）组建编写队伍，制订编写计划，确定工作流程

一般来说，当课程标准颁布后，就要组建教科书编写队伍。这个队伍由主编、副主编、编辑、审稿或顾问、设计与绘图等人员组成。为了保证外语的语言质量，中外人士或中外研究机构、出版机构合作编制英语教学材料已是常事，因而，多数英语教科书写作队伍都有母语为英语的人士参加。为了使教材符合各地教学实际，教材编写组通常聘请一线的优秀教师和教研人员参加。

所有编写人员不仅要有积极的工作态度和干劲，还要有勤奋学习的精神、精益求精的工匠作风。他们不但在编写教材中做出贡献，在教材使用的过程中，为宣讲教材和培训教师发挥不可或缺的作用。

编写组根据教育部的教科书送审要求，制订编写计划。计划应包括编写指导思想、教学途径、原则、编排体系、框架结构和各册工作流程时间表等。

（二）制定编写指导思想、教学途径和原则

1.编写指导思想

首先，要明确教材的学习者即教学对象，不同的教学对象有不同的教学目标和要求。我国普通中学英语教学目标与中等职业学校不同。中职教材带有英语专用性质，除了教学通用英语（general English），还需要增加有关职业的英语知识。普通中学英语教学是为"帮助学生打好语言基础，为他们今后升学、就业和终身学习创造条件，并使他们具备作

为 21 世纪公民所应有的基本英语素养"[50]。中国学生将英语作为外语来学习（English as a foreign language，EFL），与中国移民在英美国家学习英语不同，那是二语（English as a second language，ESL）。ESL 与 EFL 的学习目的和方法是截然不同的，ESL 对学习者来说是生活的必需，EFL 对学习者来说是素养，也可能是职业生涯的工具。ESL 的语言环境大大优于 EFL 的学习环境，当然，EFL 与 ESL 教学的方法迥然不同，前者重在"学得"，后者则强调"习得"。不同年龄段的学生生理和心理发展特征相差甚远，思维方式不同。10~11 岁以下的儿童形象思维发达，但抽象思维尚未完全形成[76]。许多小学生学习语法结构主要是靠在一定的语境中反复听说学习，把这些结构当作一个语块或一个单词学习的，不是靠语法规则讲解[77]，随着年龄的增长，学生学习逐渐理性化，不满足于囫囵吞枣，而要弄清来龙去脉，问个究竟。因此，小学、初中和高中教材所达到的目标和采用的方法应有所区别。

针对不同的教学对象，提出不同的教学目标和要求，这仅仅是近几十年逐步做到的。过去，教学目标和要求的制定主要是围绕语言知识和技能来考虑的，致使中小学英语教材的编写路子与大学低年级教材的相似，因为 20 世纪后半叶大学英语也多是从零开始教学的，大学教师编写中学教材时，关注的是基础知识与技能的要求，因此，教材的编排体系大同小异。现在，制定教学目标和要求时，一定要分析学习者的认知水平、情感因素、生理和心理发展特征等。2011 年义务教育英语课程标准和 2017 年普通高中课程标准就是在此基础上提出了不同阶段的课程目标，这为教材编者提供了较好的依据。

义务教育阶段英语课程的总目标是：通过英语学习使学生在语言技能、语言知识、情感态度、学习策略和文化意识等整体发展的基础上形成初步的综合语言运用能力。促进心智发展，提高综合人文素养。[15]

普通高中英语课程的总目标是全面贯彻党的教育方针，培育和践行社会主义核心价值观，落实立德树人根本任务，在义务教育的基础上，进一步促进学生英语学科核心素养的发展，培养具有中国情怀、国际视野和跨文化沟通能力的社会主义建设者和接班人。[51]

基于义务教育课程中的二级目标要求，对小学生的要求侧重在培养学生的学习兴趣；用英语进行简单的听说交流，读懂简单的故事，并能演唱简单的歌曲和歌谣、表演小短剧，能根据提示写出简短的描述；在学习中乐于参与、积极合作、主动请教，初步形成对英语的感知能力和良好的学习习惯；乐于了解外国文化习俗。

下面列举了一套教科书的编写指导思想。根据以上论点，相信读者一眼便可看出，这是为初中学段的教科书所编写的。[78]

> 一、坚持外语教学"工具性"和"人文性"的统一，以发展学生的综合语言运用能力为目标，重视培养学生积极的学习态度和情感，并以发展跨文化意识、促进心智发展、增强爱国主义精神、提高综合人文素养为主要任务。
> 二、充分体现"以人为本"的科学发展观，既面向全体学生，又关注并体现学生的个体差异。教材内容的安排符合学生的认知水平，联系学生的生活实际，注意激发学生的学习兴趣，促进学生综合平衡发展。
> 三、强调学习过程，体现语言学习的渐进性、实践性和应用性。教材通过创设具体语境，设计循序渐进的语言实践活动，让学生在"用英语做事情"的过程中获得语言知识、发展语言运用能力。
> 四、重视语言学习策略和教学策略的培养，帮助学生提高英语学习效率。首先，教材让学生通过体验、实践、参与探究和合作等方式感悟、发现并总结语言规律，有效学习语言知识，培养语言学习的策略和能力。其次，教材编写有利于引导教师教育思想和教学方法的转变，有利于促进教师专业发展。
> 五、体现时代发展新要求、社会新变化和科学技术新进展。教材内容的编写体现"贴近时代、贴近生活、贴近学生"的原则，密切联系我国初中学生的生活实际和语言学习的特点，将趣味性和教育性相结合。

2.确定教学途径和教材编写原则

（1）确定教学途径

在当今"后方法"时代，我国的英语教材编者不再依赖某一种途径或方法编写教材，而是根据实际需要，取各家所长，综合利用。在选择途径和方法时，必须考虑教学目标、教学对象、班级大小、教学条件和学习者的学习风格。关于教学目标和教学对象，上文已有说明，教学条件主要指语言环境、教学设备和师资水平等。学习者的学习风格指的是他们的认知特点，如善于模仿记忆或善于理性分析，习惯听说或习惯读写，爱安静思考或爱活动体验等。一般来说，东西方文化特点有所不同，学生的学习风格也有所差异。所以，在设计外语教材时，不能照搬国外的途径与方法，即使引进国外教材也必须"本土化"（localization），即根据中国国情加以改编，否则会使学生"食而不消化"，学起来困难重重。

本章第二节提到"华氏结构·功能法"是一个把功能法与我国传统方法相结合的成功案例。此处将以更多的例子加以说明。

第一个例子是我国近30年来的小学英语教材普遍采用了全身反应法（Total Physical Response，简称TPR）。这种方法是美国加利福尼亚圣约瑟大学心理学教授詹姆士·阿歇尔（James Asher）于20世纪60年代提出的。这种方法倡导把语言和行为联系在一起，通过身体动作学习外语。全身反应法主要是根据大脑两半球的不同功能，右脑主要是形象思维，左脑主要是逻辑思维，强调要在形象思维的基础上进行抽象思维的发展。TPR主张在情景中教学听说，逐渐发展读写。TPR强调要听一段时间，达到一定的基础后，小孩愿意说了，就水到渠成地开口说了。[79]语言习得的初期需要一段时间，孩子接触语言但处于沉默状态，不能产出真正有意义的语言。[80]这个方法被上海用于小学一年级英语教科书中，第一学期的课本只有图画，没有文字，学生仅听说、唱歌、游戏、表演，以此诱发孩子的兴趣，产生感性认识，为后来的学习打下基础。20世纪90年代，人教社小学英语教材（Primary English for China，PEFC，1993年第1版）用TPR与结构法结合教学，收到了很好的效果，就连教国际音标也趣味化了（见图2.14部分课例）。TPR能使儿童感受到快乐，因此几乎所有小学英语课本的编者都愿意采用这种方法。

TPR只适用于语言学习的初级阶段，抽象的单词和句子是难以通过游戏等活动教授的，到了高年级再让学生手舞足蹈反会使他们反感。

Lesson 31

1 🔊 **Learn to say**

Gao Wei: Hi! My name is Gao Wei.
What's your name, please?
Lisa: My name is Lisa. This is my brother, Dick.
Gao Wei: Nice to meet you, Dick.
Dick: Glad to meet you.
Gao Wei: How old are you, Dick?
Dick: I'm seven.

2 🔊 **Let's practise**

How old are you? I'm seven.

Ann (7) Zhou Nan (11) Miss Li (35) Mr Smith (48)

62

Can you spell them?

seven ['sevn]
old [əuld]
How old are you?

3 Let's play

Speak out the words quickly

63

2 A guessing game in pairs

I spy with my little eye something beginning with ....

Tree!

3 A riddle

When I'm young, I have no legs,
but I have a tail [teil].
When I grow [grəu] up,
I have no tail,
But I have four legs.
I can jump and I can swim.
What am I?

69

5 Let's play

97

图 2.14　PEFC 第一册、第二册与第四册运用 TPR 的课例 [81-83]

　　第二个例子是 21 世纪初在我国流行的任务型教学法（Task-based Language Teaching，TBLT）。2001 年课程标准强调从学生的学习兴趣、生活经验和认知水平出发，倡导通过任务型的教学途径发展学生的综合语言运用能力。任务型教学法成了一些英语教材遵循的教学途径，也引起了教学研究人员的重视，常常是示范课研讨的中心议题。

　　任务型教学法是由交际法（Communicative Language Teaching，CLT）发展而来的，其主张教师在课堂上开展具有意义的活动，要求学生积极参与，进行两人结对和小组活动，帮助学生通过示范（modeling）、体验（experiencing）、实践（practicing）、参与（participating）、合作（cooperating）和交流（communicating）等来完成这些活动[84-85]。这种以学生为中心、教师为促进者（facilitator）的教学模式挑战了中国传统的"师道尊严"和"唯师命是从"的理念[86-87]。用任务型教学法编写的教材在 21 世纪初的中国引起了很大的反响，出现了截然不同的三种态度：拥护、反对、茫然。前二者居少数。拥护者对任务型教学法的教学原则认识较清楚，既懂得它具有形式与意义结合、真实性、做中学、互动性原则，也知道其还具有循环性（recycling）、任务相依性（task dependency）和扶助性（scaffolding）原则[88]，因此，这些教师在教学时能够恰当地处理语言形式、意义和运用，同时也能处理好知识、技能与能力的关系，取得较好的教学效果。反对者则因不理解任务型教学法的特点和原则，囿于传统教法，难以接受新的挑战。为数众多的教师为"茫然者"。他们虽然能在理论上接受任务型教学法，但在实践中协调不好上述各项原则，往往顾此失彼，如满堂活动热闹非凡，却看不出教学目标，学生的语言质量并没有得到应有的提高。当然还有许多老师在大班难以开展活动，为此感到苦恼。

　　遵循任务型教学法编写的教材本身也存在缺陷，尤其是引进版的英语课本原本是为在英语国家的二语学习者提供的，到了中国如不大力加以"改造"，进入课堂后必然困难重重。例如，有的课本真实而生动的任务型活动很多，但基本上反映的是西方人的生活；词汇量大大超过课标要求，仅外国人名就有上百个，其中不乏难以发音的非英语人名；语法结构缺乏系统性，且归纳总结不够；会话偏多，缺少示范性强的阅读语篇等。

　　基于课标与教材实验的反馈，2011 年版课程标准不再倡导特定的一种教学法，而是强调学习过程，重视语言学习的实践性和应用性、渐进性和持续性。教材也有了很大的改进。例如，增加中华文化以帮助学生形成跨文化意识，减少超过课标要求的生词和结构以降低难度，循序渐进地安排语音和语法知识，增加语篇阅读和加强写作策略指导等。这样一来，课本保留了任务链，而且更有逻辑性了，既注意语言意义也注意形式，既有任务的真实性又有递进性，还提供必要的指导和扶助。第 86 页图 2.12 的课例与第 100 页图 2.15 中 3 页为一个教学单元，可以进一步说明，设计活动时不能只强调活动的真实性而不顾及学生对语言的认知规律。把传统但有效的语音、语法、词汇和听、说、读、写教学方法与任务型教学法相结合，才能顺利地达到教学目标和要求。

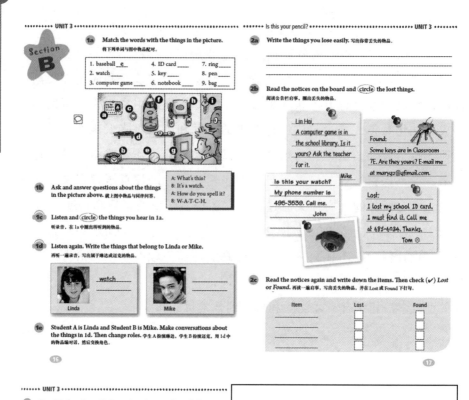

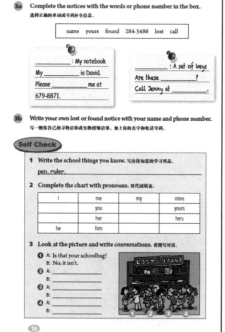

图 2.15　人教版七年级上册第 3 单元课例[72]

右侧栏文字：

　　Section B 在 Section A 的基础上拓展话题。1a~1b 以询问物体英语名称和拼法的方式输入更多的词汇，并自然地引出"How do you spell it？"句型。1c~1d 的听力对话设计两个学生在失物认领处认领物品的场景。2a 要学生写出自己常易丢失的物品，为 2b 阅读失物招领与寻物启事做铺垫。2b~2c 又为 3a~3b 练习写作做准备，直到学生能写自己的寻物启事或失物招领启事。从这 3 页各部分活动的设计也可以看出"任务链"的各个环节之间的联系，前一个环节为后一个环节做准备，后一个环节则是前一个环节的发展。这样的安排比较符合学生学习外语的认知规律。

（2）确定教材编写原则

笔者根据课程标准对教材编写的建议和亲身经历，提出六项原则。

① 思想性原则

教材对青少年的人生观、价值观的形成有着至关重要的作用，英语语言材料具有很强的人文性，因此，设计英语教材时，要把道德情感、文化品格、审美观点、思维品质等因素置于首要地位，并使其有机地渗透在教学内容之中，将立德树人的任务落到实处。教材在介绍外国文化精华的同时，要注意弘扬中华文化，使学生具有跨文化交际意识，提高他们的文化欣赏和鉴别能力，增强爱国情怀，树立民族自信心、自尊心和自豪感。

② 科学性原则

英语教材的设计必须遵循语言教学的规律，充分注意不同年龄段和不同语言水平的学生的认知特点和学习需求。编选的材料语言地道、语境真实。语言知识和语言技能训练由浅入深、由易到难、由简到繁地安排，循序渐进，循环反复。各教学单元的教学容量和重难点分布要均衡。在加强学科融合性时，还要特别注意学科内容的科学性和信息的准确性。

③ 整体性原则

当代英语教材的设计需要考虑多种因素。尽管途径不一，有以课文为核心的（text-based），有以话题或主题为中心的（topic/theme-based），也有以故事为主线（the storyline approach）设计的[89]，但至少要涉及以下 9 个因素：主题/话题/题材及其语境、各种体裁的语篇、学习活动、语言知识、语言技能、文化知识、学习策略、学习评价、辅助教学资源等。历史上的英语课本一般仅考虑课文的题材、体裁，语言知识教授和技能训练，对于其他因素则是近几十年逐渐认识并加以重视的。例如，把活动（activity）作为教学的基本组织形式设计单元的教学内容，通过活动将主题、语篇、知识、技能、文化、策略、评价等整合成为一体，并使各个部分互动，从而达到培养学科核心素养的目的。

④ 发展性原则

教材编写者要"以人为本""以学生为本"，设计教材时要注意学生的生理和心理发展的特点和需要。教材内容、呈现方式、活动形式都要符合小学、初中、高中各学段学生的兴趣和需求。要控制教材的容量和难度，体现教材的适切性。同时，还要注意学生个性的发展。教材设有必修与选修部分，或供选用的语言材料，满足学有余力的学生的需要。教材内容应具有开放性和时代感，能吸取富有创新意识的材料，但避免短时效、有争议的内容。英语教材的发展性还表现在先进教学技术的使用上，例如利用信息技术开发英语教学资源，促使英语教学不断创新和持续发展。

⑤ 实践性原则

我国自古以来就提倡"学以致用"的教育思想，贯彻学用结合、理论联系实际的原则在外语教材编写中尤为重要。英籍专家柯鲁克说过"语言是用来交流思想的。如果仅仅懂得有关语言的知识而不会使用是毫无益处的"[90]。为了学用紧密结合，选材要真实，贴近现实生活，"厚今薄古"，尽量从当代各种媒体鲜活的语料中选择，随着学生语言水平的提高，可逐步增加经典著作的比重。教材的单元教学活动的设计要尽可能有助于学生经历发现、感悟、体验、自主探究与合作学习的过程。语言知识采用归纳与演绎相结合的方法呈现，由实例和有语境的语篇引入，让学生观察语言形式，并通过有意义的言语活动，理解和建构语言，直到在一定语境中能够运用口、笔语，以表达自己的思想。

优秀的教科书不只是一个读本（reader），它也应是学生学习的指南（guidebook）。好的教科书从学生的实际出发，由浅入深地、细致地安排教学内容，把学生引进外语学科这个陌生的天地。在学习的过程中，教科书引导他们参与听、看、说、读、写、演、做事等活动，获取语言知识、文化知识、跨学科知识和生活经验。而内化这些知识的过程又能开启他们的心智，培养他们的理解、分析、联想、思辨、综合、批判、想象和创新的思维品质。总之，教材只有成功地引导学生通过实践，或者说通过"做中学"才能达到课程的目标要求。

⑥ 灵活性原则

编写教材必须考虑城乡和地区的差异，而且，学生的学习情况各不相同，例如英语学习起点不同，英语学习动机、态度、风格也存在差异，因此外语学习容易产生分化现象。针对这种情况，教材内容与活动的编排要具有灵活性，在保证实现课程的基本要求下，教材应有一定的弹性和伸缩性，既要提供必须完成的内容与活动，也要适当提供一些拓展性材料，并区分层次要求。这样，一方面可以满足学有潜力的学生的需要，另一方面也便于教师根据实际教学需要对教学内容和方法做适当的调整，灵活地利用教学资源。

（三）设计教科书及辅助教学资料的编排体系和框架结构

1. 设计教科书的编排体系和框架结构

教科书的编排体系和框架结构的设计主要取决于教学途径。早期依据语法翻译法编制的教科书大体是以语法结构为骨干，按照其难易程度排列，一课一个重点语法项目。起始年级通常要加上字母和语音教学的系统安排。然后，将根据语言知识点编选的对话或短文放入各课。这种编排基本是直线式的（linear organization）。20 世纪 80 年代的教材受结构主义教学思想影响，比较强调易于上口的句型操练，但并没有突破以语法结构为主的编排体系和框架结构。

20 世纪 90 年代，我国在设计英语教材时，受功能法的影响，有了较大的变化。一般是综合考虑话题、功能项目、语篇、语法结构、语音知识等各部分，即将每个部分由浅入深地安排，又把它们有机地结合在一起。

表2.13 JEFC第一册第26~28单元内容安排[31]

单元话题	功能项目	语法结构	语音
What do you like?	Likes and dislikes	Do you like...? Does he/she like...? He/She likes/doesn't like...	ch /tʃ/; sh /ʃ/; th / θ /, /ð/; wh /w/, /h/ Incomplete plosion Stress and intonation
People and work	Occupation	Statement and question forms of the present indefinite tense	ar /ɑː/; or /ɔː/; or, er, ir, ur /ɜː/ Stress and intonation
What time do you get up?	Habitual actions	What time do you/does he/she get up?	Liaison, Stress and intonation

从表 2.13 可以看出话题、功能、语法、语音之间的联系，也可以看出语法结构循环式的（cyclic organization）特点。循环式编排是基于以

下的认识：语言结构不可能一次接触就能学会，需要反复练习、体验和运用方能掌握。因此，行为动词一般现在时的基本用法通过 8 个教学单元介绍，交叉地分布在两册课本之中。

目前使用的教材在设计时，编写者要考虑的方面更多。除了话题、功能、结构、语音，还加上了词汇、听说读写的任务活动和策略、文化知识、项目、测评等。高中教材的设计还需要特别注意语篇类型（包括语言、图示、音频、视频等多模态形式）、语体（正式与非正式）和文体（记叙文、议论文、说明文、应用文等）。

高中是学生完成基础英语语法学习的关键时期。高中课程实验教科书不仅教学课程标准所规定的项目，还在八级教学结束前（即高考前）安排语法复习，除了循环复习高中所学的项目，有的教科书还通过句子成分（主、谓、宾、宾补、定、状）分析词性、短语、从句、动词非谓语形式，综合复习词法和句法。在任意选修阶段，还有针对性地介绍了一些较难的语法现象，如专有名词前的冠词用法、独立主格结构等。[91]

对于小学和初中的语音教学安排，英语教学研究者和教材编写者的看法有分歧。有的认为，小学生模仿力强，通过生动活泼的音频、视频材料的熏陶，儿童自然习得。有的主张就字拼读，如 b~a 自然拼读成 /beɪ/，b~e 读 /biː/……学了 bag、map，知道字母 a 的读音，就可以直接拼读 fat、dad、sad、flag 等。他们反对教国际音标，认为字母、音标符号和规则太多太复杂，不利于起始教学，不符合小学生的兴趣要求。[92]有的则认为必须重视拼读，应该教国际音标，主张"字母、音素、音标三位一体"教学[93]，认为这是多年来中国学生打好英语语音和词汇学习基础的成功经验。教材编写者所采用的语音教学途径不同，所设计的教材就会大相径庭。

2. 辅助教学资料的开发

20 世纪 80 年代，开始出现教学辅助材料，后来多为非教科书出版单位与各级教研部门合作编写出版。由于经济效益的驱动，配合主教材的学习辅导和考试辅导材料大量涌现，有"铺天盖地"之势，良莠混杂，造成学生过重的课业负担和家长的经济负担，因此不断遭到诟病。为清理整顿此种情况，2001 年 6 月，新闻出版总署、教育部制定了《中小学教辅材料管理办法》，规定"教辅材料的出版实行总量控制。教辅材料出版单位每年须向新闻出版总署提出选题计划，经批准后方可出版"[94]。

　　获得教育部审查通过的教科书出版社可以配合自家的教科书编制辅助教学资料。这部分资料是教学资源中不可缺少的，这是因为：第一，成功的外语学习者"需要接受大量丰富的、有意义的、可理解的应用语言（language in use）的输入，才能习得有效运用语言的能力"[95]，单靠学生用书那有限的语言输入量是远远不够的。为此，英语课程标准对小学、初中和高中学生均提出了课外视听活动量和课外阅读量，没有合适的泛听和泛读的材料，课程的要求必然落空。第二，外语学习者需要尽可能多地接触真实、鲜活的语言，并通过情感和认知体验语言的运用[96-97]。教科书的使用期一般是 10 年左右，较难跟上社会的发展与变化，难以及时提供真实、鲜活的材料，而教辅可以弥补教材的这个缺陷。第三，要培养学生的语感（sense of language），就要多听、多说、多读、多写、多查英文词典[98]，这就需要为学生提供易于激发兴趣的读本，尤其是经典著作，以及实用性强的各类工具书。

　　教辅材料主要通过两种形式呈现：一种是纸质的，另一种是网络的。当今开发的教辅材料种类之多史无前例，归纳起来大致有以下几类：

　　（1）紧密配合学生用书并与之同步的有教师教学用书、练习册、习字帖、活动手册、听说训练、阅读训练、同步解析、评价手册等。

　　（2）课外学习资料有分级简易读物、泛听材料、词汇手册、不同水平的词典、实用语法、作文辅导、中考和高考复习资料等。

　　（3）满足学生兴趣需要的学习资源，如英语影视、歌曲、诗选、话剧、谚语、谜语、游戏、演讲、辩论、文学欣赏等。

　　（4）适于高水平学生需要的拓展性资料，如报刊及有关英语国家社会、外国文化、中华文化、旅游、科技、外交、翻译等内容的语言材料。

　　（5）为愿意选修第二外语的学生准备的德、法、日、俄、西班牙等语言的教材。

　　现在，全国出版的教学辅助材料极为丰富，外语教学与研究出版社（以下简称"外研社"）、上海外语教育出版社和其他教材出版社所制作的外语教学资源，其种类和数量都超过了民国时期出版的外语教学材料。

（四）编写学生用书、教师用书及配套的纸质与音像教材

开发为学校提供的教学资源，一般从编写学生用书起步，其他与之配套的材料则在学生用书定稿后方可编制。

1. 设计学生用书的程序

（1）准备工作

编写组在设计学生用书前就需要做如下工作：

① 调查使用旧教材的反馈意见，并根据新的课程要求确定新编教材的编写原则和指导思想。

② 编写组分工负责教材所需要编入的内容清单，主要有话题/主题、功能项目、语法、语音、词汇（单词和习语），以及听、说、读、看、写的技能要求和学习策略等。

③ 研讨并制定整套教材的编写框架，并在此基础上设计每一册、每一课/单元的板块结构。每一课/单元的设计取决于教学途径。采用语法翻译法编写的教材通常是以课文为中心（text-based），课文加上词表、语法和练习。使用结构法编写的通常在课文前面必有句型操练（pattern drills）。使用功能法编写的常用"透明法"，用标题（如listen and speak，read and say）直接表明教学意图。按任务型教学法编写的则以任务链（task chains）编制。

（2）选材

选材是教材编写的一项重要的基础性工作。在起始阶段，需要自编的内容比重较大，随着年级的提升，从真实生活中选材的比例逐渐加大。材料主要选自图书、报刊、文学、影视和网络资源，然后根据教材编写的要求进行改编，放入课本。

图 2.16　外研版高中教材部分选材来源[99]

选材不是一件简单的事。叶圣陶先生曾说："……看到题目合适就选。可是题目合适不一定是好文章，这是'拉在篮里就是菜'。"[100]能被选中编进课本的"菜"需要符合一些标准：

第一，所选材料内容健康、积极向上，有助于达到育人的目的。

第二，选材能激发学习者的兴趣，引起情感共鸣。这就要特别注意不同年龄段的青少年的身心发展的需要。好课文会使学生终生难忘。

第三，所选材料贴近学生生活，能够吸引他们参与学习活动，有效地促进他们对语言的认知和体验。[101]

第四，选材要"厚今薄古"，保证多数材料贴近现实生活，语言符合现代发展的要求。但是，要注意材料的时效性，避免有争议的话题、评论不定的人物或事件等。因此，有关人物的主题多选有"盖棺定论"的，有关历史事件的则要选有一致公论的。

第五，要选一定比例的文学作品，具有经典性、人文性，感染力强，文字精当，利于诵读。可多选故事，故事是青少年较感兴趣的话题。好故事生动有趣，富有内涵，能满足学生学文化、启心智、养性情的追求[102]。

第六，有关中外文化的选材比例要恰当。外语教材介绍英语国家和其他国家文化比重大于中华文化的比重是无可非议的，但要不失时机地弘扬中华文化。

第七，所选材料要符合课程各级要求，难度、长度应适中。

第八，所选材料必须符合国家政策标准，还要符合国际版权公约，不可有侵权行为。例如，所选的地图必须经过权威机构审定，所选的影视、音乐作品应有版权许可。

（3）编写课文

学生用书中的核心部分是课文，特别是听力和阅读的语篇，因为每一课/单元中的其他部分听、说、读、写的活动基本上都是围绕课文开展的，所以编好课文非常关键。

经过精心挑选的素材可算是符合标准的"菜"，但还得经过细心的加工方能成为可口的佳肴，登上台面。也就是说，除了诗歌，所选的素材大多数要经过改编，或缩短，或化简，或改文体（如将叙述文改成对话）等，直到完全符合要求方可编入学生用书，用作主课文或语篇。这就要求编者语言功底深、文字能力强、知识面广，有丰富的语言教学和编写教材的经验。

低年级的课文，特别是小学阶段的学生用书和练习册大部分需要编写组创作。为儿童编写英语教材难度在于要用极为有限的词语和极为简单的结构编出生动有趣的语段，可以是对话，也可以是故事、儿歌、小诗、谜语、绕口令等，而且要按照课程标准的要求，循序渐进地编排。这就要求编者具有童心、匠心和丰富的想象力，要对音乐、美术、体育有爱好，擅长唱歌、舞蹈、绘画则更好。

（4）编写练习、活动、任务或项目等

配合学生用书的主课文或语篇需要设计练习、活动、任务和项目等。近几十年来，这方面的设计理念更新较快。老教材中的练习不外乎是语法句型、语音规则、词汇练习，围绕课文的问答题等，主要是为了巩固复习所学知识，便于学生反复记忆。依照布鲁姆教育分类学的观点，思维可分为记忆（remembering）—理解（understanding）—运用（applying）—分析（analyzing）—评价（evaluating）—创新（creating）六个层次[103]，而上述这种练习培养人的思维仅处于低端水平。今天，教材编者需要千方百计地设计多种形式的练习或活动来启发学生心智，使其积极参与，开动脑筋，进行分析、评估、推断、比较、综合，直至创新。练习与活动的焦点不再只停留在语言形式或知识的碎片上，而聚焦在语言的意义上。练习、活动、任务、项目，由较为机械，到较为自由，直到交际性较强的活动，形成一个连续的、递进的统一体（continuum）。

练习、活动、任务、项目的形式多种多样，除了传统的词形与句型转换、替换、填空、造句、听写、问答、翻译等，还有配对、选答、补全对话或语段、看图说 / 写话、角色扮演、解题、写作等。小学阶段的活动更加丰富多彩，有游戏、猜谜、听音做事 / 画画 / 写字等。设计的各种活动都要有助于学生参与课堂活动，改变传统课堂的管理模式（classroom management），开展小组活动，加强师生与生生之间的互动，促进学生自主学习，发展个性，加强独立性，使不同水平和能力的学生都能获得成就感，提高自信和自尊。[104]

（5）设计插图

如今的英语课本印刷质量良好、插图精美，非昔日的课本能比，就连其他学科的课本（除美术教材外）与之相比也显逊色。插图对于英语教材来说并非只起装饰作用，而是具有其特殊的用途，因为图片、照片在语言教学中具有表意的功能。这个功能在小学和初中阶段最为明显。

请看本书第 78 页图 2.10 的初中课本案例 "Play this game" 和第 97 页图 2.14 的小学课本案例 "Let's play"，如果这两个案例中没有图画示意，学生是无法懂得如何操作的。况且，在教学时，为了避免逐词翻译，必须用图画代替实物教学名词、数词、名词复数、动词、表位置的介词、形容词等，让学生把英语与实物、形象或动作直接联系起来。大量的英语教学活动，如看图问答、两图差异分辨、看地图找路线等，没有相应的图配合是没法进行的。所以，图文并茂是英语教科书的一大特色，可谓"文中有画，画中有话"。

插图不单是指绘制的图画（pictures），还应包括照片（photos）、连环画（comics）、地图（maps）、图表（tables，charts and diagrams）、广告（advertisements）、标志（signs）等。教材编者根据课文的需要设计插图时要写出详细的说明，让绘制人员画图，让编辑和设计人员找照片。由于绘图人员并不是英语教学专业人员，图稿必须经编辑和编者审校，否则会出现图文不符的情况。地图、表格和各种统计图表的设计在高中教材中逐渐增多，看图听或读，看图说或写。这些图表的设计要真实、科学、精确。

（6）设计目录和附录

早期教科书的目录极为简单，仅有各课或单元序号、课文标题及其开始的页码，后增加了各课的句型、语法和语音等。当前，各家教科书的目录包含的内容体现了教学的目标要求，其中有单元（Unit）序号和标题、话题（Topic）、功能（Function）、语法（Grammar）、听说读写技能（Skills）、文化（Culture）、词汇（Vocabulary）和学习策略（Learning Strategy）等。另外，目录一般都有附录（Appendices）。现在的教科书多采用详细的目录，这样可便于教师了解整本书的框架结构和教学内容，如果把每本书的目录集中放在一起，便可掌握全套教材的编排体系，利于教师根据课堂教学的实际调整教学计划和整合教材，灵活地使用教材。就学生而言，他们也可从目录中了解学习的内容和要求，制订和调控学习计划，从而提高学习的自主性。

附录部分通常有分课词汇表和总词汇表、课文注释、语法和语音材料、不规则动词表。有的小学教科书后还附有诗歌、活动图片等。

（7）版式设计

现代教科书每一课 / 单元 / 模块的版式设计十分讲究，越来越时尚、美观、大气。编者和编辑认识到"好的版式设计能够帮助教师明白教材的结构体系，顺利地按照教学程序进行教学"[101]。从本书有关英语教科书的历史沿革中列举的例子便可看出新旧课本的装帧设计有着天壤之别。

版式设计的变化表现在开本、字体、页面、图文分布、空间利用等方面。开本变大，过去的课本多为小 32 开本，自 1993 年以来多为 16 开本，便于图文并茂的设计。字体多样，20 世纪末铅字排版改为电子排版，字体选择范围大，学习者可见到各种不同的字体，其中也有各种书写体。变化最大的是页面的设计，过去是以作者提供的每一课文稿为一个整体，不管句型操练、课文、词表或练习都依次接排，结果，课文的开头会出现在一页的底部，结尾可能会在一页的顶部。一课的最后一页可能仅有少量文字，其余为空白。现在，编者和编辑在教材框架设计时，都必须明确每一课 / 单元 / 模块占多少页，每一页需要放什么板块（见图 2.17）。图 2.17 显示的是 JEFC 一个单元 4 课的板式，各个板块的标题"Read and act""Listen and read"等清楚地说明活动的目的和要求。随着印刷水平的提高，彩色版教材也很普遍。使用黑、斜、套色等不同字体还可凸显语言教学中的重难点。使用各种图标还可表明教学要用多种媒体，如录音带、耳机、光盘等。

Unit 3　Mid-Autumn Day

Lesson 9　The ninth lesson

1　Read and act

HAN MEIMEI: Hi, Lucy! Are you free tomorrow night?
LUCY: Yes. What day is it tomorrow?
HAN MEIMEI: It's *zhong qiu jie*.
LUCY: What's that?
HAN MEIMEI: Oh, we can call it Mid-Autumn Day. We eat mooncakes on that day.
LUCY: Oh! What are mooncakes?
HAN MEIMEI: You and Lily must come over to my house and see! I'd like you to meet my parents, too.
LUCY: OK. Thanks.

2　Read and practise

1　The blue box is big. The white box is bigger.
2　Ma Lili's ruler is long. Kate's ruler is longer.

3　Jim is young. Lucy is younger.
4　Mr Read is tall. Mr King is taller.

9

Lesson 10　The tenth lesson

1　Read and act

LUCY: Hi, Han Meimei!
HAN MEIMEI: Oh, good evening, Lucy. Come in. Nice to see you!
LUCY: Nice to see you, too!
HAN MEIMEI: Lucy, are you hungry?
LUCY: Yes, a little.
HAN MEIMEI: Would you like one of these mooncakes?
LUCY: Yes, please. But why do you call them mooncakes?
HAN MEIMEI: Can't you see? They're round, like the moon. Have one!
LUCY: Thank you very much!

2　Read and learn

Lily's cake is big.　Han Meimei's cake is bigger than Lily's.　Jim's cake is the biggest of all.

Li Lei's box is heavy.　Han Meimei's box is heavier than Li Lei's.　Jim's box is the heaviest of all.

3　Read and act

LUCY: This mooncake is very nice.
HAN MEIMEI: Good! Would you like another one?
LUCY: May I? Thanks. Oh, this one is nicer than the other one. What's in it?
HAN MEIMEI: Can't you see? Look! It has an egg in it.
LUCY: Mmm! It's great!
HAN MEIMEI: Now have one of these. It has nuts in it.
LUCY: Nuts? Delicious! This is the nicest of all!

10

Lesson 11　The eleventh lesson

1　Read and act

MEIMEI: Lucy, would you like another cake?
LUCY: Another one? They're delicious – but no, thank you very much.
MEIMEI: I'm hungry. I'm having another one.
LUCY: I'm not hungry. I'm full!

2　Listen and read

Read page two of Lucy's letter to her friend in the U.S.A.

Everyone in China likes Mid-Autumn Day. It usually comes in September or October. On that day everyone eats mooncakes. A mooncake is a delicious, round cake. It looks like the moon. There are many different kinds of mooncakes. Some have nuts in them, and some have meat or eggs. My friend Li Lei likes mooncakes with meat. But I think the ones with nuts in them are nicer. Han Meimei says the nicest cakes come from Guangdong.
At night, families often stay in the open air near their houses. There they look at the moon, and eat the cakes. Mmmm! How delicious they are!

11

Lesson 12　The twelfth lesson

1　Word families

[e]		[æ]		[ʌ]	
e	twelfth　second	a	land	u	sun　hungry
ea	heavy　breakfast		matter	o	son　another
a	any　many		family	ou	young

2　Stress and intonation

like the [ðə] ˈmoon
in the [ði] ˈevening
ˈCan't you ˈsee?

LUCY: ˈThank you for ˈhaving me.
ˈGood ˈnight.
MEIMEI: ˈGood ˈnight. ˈSee you toˈmorrow.

3　Listen and answer　Turn to page 12 in your workbook.

CHECKPOINT 3

● **Grammar**

Adjectives 形容词(原级)	Comparative 比较级	Superlative 最高级
She's old.	She's older.	He's the oldest of all.
He's young.	She's younger.	You're the youngest in the class.
I'm hungry.	She's hungrier.	He's the hungriest of all.
Jim is older than Lucy.	I am shorter than Wei Hua.	

● **Useful expressions**

There are many different
kinds of ....
I'd like you to meet ....
Are you free tomorrow?

a little
Good night!
Come over to....

in the open air
at night
on Mid-Autumn Day
on that day

12

图 2.17　JEFC 第二册第 3 单元版面设计 [105]

（8）设计教学辅助材料

一套教材的核心部分是学生用书，一旦学生用书定稿便递交教育部教材审查委员会审查，只有审查通过的教科书方可进入教育部的用书目录，发往全国供各地选择使用。教材出版社围绕学生用书编辑练习册、教师教学用书及其他纸质的辅助材料，如字母卡、识字卡、习字帖、活动手册、同步解析与测评、听说读写训练等。纸质的教学辅助材料，如图片、挂图等已逐渐被电子音像制品和数字教材代替。

练习册可单独出版，也可放入学生用书中，因为学生用书的语言信息量和练习量都不够。练习册主要补充了语言知识的练习和技能运用的活动，扩大学生目标语言的接触量和实践量，并提供拓宽视野的文化知识、泛读与测评的材料。练习册中部分材料供教师根据实际情况选择使用，往往标有星号。

教师教学用书供教师参考。教师教学用书通常在前言部分对全套教材的编写指导思想、编排体系和教材特色，以及教学方法、测评方法等做详细的介绍；然后分课/单元/模块分别用中英文对各个板块的教学内容、目的、要求和方法加以说明；给出练习答案、口语和书面语表达的示范；介绍文化背景或有关话题的补充资料；提供补充注释和练习或活动等以增强教材的弹性。

（五）利用信息技术开发英语教学资源

我国利用信息技术开发英语教学资源起源于 20 世纪末，在那以前，主要是录音带、幻灯片、教学电影与广播电视等以电化教学手段制作的教学资源。随着信息技术的快速发展，VCD、DVD、CD-ROM 等多媒体教学辅助材料陆续出现。但是，除了录音带与教材紧密配套，其他材料使用并不普遍。因此，电子影像材料成为教学中必备的教学资源是新事物。过去，教材投入使用后，中央和地方电教馆才酌情编制电子影像材料。而今天，教材出版社已将数字教学辅助材料的制作纳入教科书设计。由于市场的需要，网络教学公司层出不穷，利用信息技术配合教学开发的资源相当丰富。

1. 利用信息技术开发的教学资源是实施英语课程的重要保证

当代教育以人为本，面向全体学生，构建共同基础，满足学生个性发展的要求。然而，在中国这样人口众多、经济发展不平衡的大国，实现公平教育，使所有的学生均能享有优质的教育很难。利用信息技术开发教学资源能有效地促进这一难题的解决。

爱尔兰教育技术专家基根提出了"从远程学习到电子学习再到移动学习"的论述。他根据学习的形式与手段的不同，把远程学习分为三个阶段：①远程学习（distance learning）。其学习模式的基本特点是教与学的活动不再局限于同步实现。教师与学生时空分离的教学，为学习者提供了更方便的学习时间和空间选择的自由。同时，学习者能得到优质的学习资源。在教育技术和教育手段方面，主要是使用印刷材料、录音带、光盘等媒体技术。一般可以通过电子邮件、电话进行师生间的联系。②电子学习（electronic learning）。这实现了远程的面授教学，大大加强了教与学之间的互动。这类学习主要使用卫星电视、视频会议系统、计算机网络等技术。国外的开放大学、中国的电视大学，有条件的中小学都采用了这些技术，能及时和充分利用全球教学资源。③移动学习（mobile learning）。这是远程教育新的发展阶段，特点是：任何人可以随时随地进行自由的学习。它采用的技术是移动通信装备和蓝牙（BlueTooth）、IEEE 802.11 等无线通信协议。[106]

20 世纪末，电视大学曾针对中学教材教法培训英语教师；在 21 世纪初，英语学科曾利用卫星电视将小学和初中教材的优秀示范课向全国播放，便于中西部和农村地区学校收看。今天，数字网络教材和辅助材料日益丰富，移动学习方式日益普及。师生通过移动通信互动，教师布置、监督、批改与评价作业均可在网上完成，这使学生真正形成自主学习、个性化学习和终身学习的能力。此外，这种学习可使任何人都能得到最好的教学资源，并能加强与教师、同伴的沟通和交流，提高社会交流的能力。

2. 利用信息技术开发英语教学资源

在我国，利用信息技术开发英语教学资源已有半个世纪的历史，但以往都是先出教科书后制作电子影像材料，或直接引进国外的产品，如电子书、电子词典、语音或听说视频材料等。由于学校硬件设施欠缺，很多学校难以使用；引进的材料语言偏难，不适用，不好推广。但是，到了移动学习阶段，手机普及，经济实惠，使用便捷，数字网络教材容易被广大师生与家长接受。时至今日，教科书如只有纸质的而没有数字教学资源辅助必将失去竞争力。所以，网络配套教学资源的设计逐渐与教科书同步。

普通高中英语课程标准的修订参考了澳大利亚课程[54]，在语言技能中增加了"看"（Viewing），教材中除了纸面上的平面图表，还需要增加视频材料供学生观看。为此，教科书编写组在设计每一个单元/课/模块教学材料时都要考虑编入视听说的音像材料，其中包括图片、照片、地图，以及其他各种图表等，由专业人员绘制或摄制。但多数真实形象的材料需要从网络资源中收集、采购，如自然灾害、太空探索、体育赛事等，有的需从影视作品中选择，如话剧、名人传记、动物世界等，有的还需要聘请演员表演，由专人摄制而成。

以数字技术为基础的教科书可以集文字、图片、音频、视频等多种表达形式于一体，通过光盘、磁盘、网络空间等媒体传播，便于师生使用。教学资源媒体形式随着信息技术的发展不断变化，这种变化要求出版方式不断创新，在创新的基础上实现传统出版与新媒体出版的深度融合。

当前，有实力的教科书出版社和一些网络公司已进入了"互联网+教学资源"的开发时代。这里所说的互联网，不单是指桌面互联网或者移动互联网，更是指泛互联网，因为未来的网络形态必定是跨越各种终端设备的，如台式机、笔记本、平板、手机、手表等。英语教学资源的开发将处于无止境的变革和创新中。

第三章　英语教学资源的利用

英语教学资源发展到今天已不再只是"一本孤立的教科书"（a single textbook），也不是唯一的全国通用的教材，而是多样化的教材，是立体化、数字化的多媒体网络教学资源。使用者——教师与学生需要根据实际教学情况选择并整合教学资源，使之符合学生的身心发展的需要，以贯彻课程标准的要求，培养和发展学生的核心素养，即道德情感、语言能力、文化意识、思维品质和学习能力等。

经过教育部审查通过的教学资源质量固然好，但到了实践之中难免会有其局限性，这就必须要求教师发挥创造性，灵活地利用已有的教学资源，还要设法调动学生的积极性，使他们主动地参与学习活动，方能充分地发挥教学资源的效益。近几十年来，我国中小学英语学科在这方面的研究已积累了丰富的经验。本章将提供案例，以说明教师是如何在实际教学中利用英语教学资源培养学生的英语学科核心素养的。

第一节　选择与整合英语教学资源以满足教学需求

在中国，各省、自治区、直辖市的学校使用的教材一般由当地教育行政部门选定。教育部向各地颁布审查通过的用书目录，各地组织有关学科专家、教研人员（有的地区还邀请家长代表）听取教材出版社主编的介绍，经过研读不同种类的教材，选择其中适合自己地区需要的教材。与我们国家不同的是，有的国家（如英国）会在各地举办书展，教师可以从书展中寻找适合学生学习和适合自己教学风格的教学材料。

我国地域广阔，各地经济、教育和文化发展差异很大，尽管教材有了可选择性，但远远不能满足实际的需求，因此，在实际教学中，教师整合教学资源是必不可少的步骤。

一、教师、学生与教学资源的互动关系

在传统的英语教学中，教材被看作是教学的依靠，而且是自上而下指定的教学依据，也是评价教与学的依据，因此具有很强的权威性。学校领导要求教师必须"吃透"教材的内容和教法，不折不扣地按照教材的要求教学。那时，人们认为只有这样才能达到课程的要求。然而，随着教育改革的深入，教材观、教学观、教师观与学生观都发生了变化。

现在，教学不再以教材为中心，而是以学生为中心，无论是编教材还是用教材，都必须以学生的发展为出发点和归宿。教师不再把教教材当成目的，而是使用教材教学，利用教材帮助学生成长。教材能否在教学过程中被有效地使用，不仅取决于编者的设计，还需要一线教师的参与和学生的反馈。事实上，绝大多数教材的编者来自教学领域，或者正在从事教学工作，因为不懂或脱离教学的人绝不可能编出符合教学实际的材料。此外，当下教与学已不单纯依赖教材，还可以利用无所不在的网络教学资源，所以，"教材"的概念已显得狭隘，必然要以"教学资源"代之。

由此可见，教学资源、教师和学生之间存在着互动的关系。教学资

源的开发源自教与学，没有教师与学生的参与就不可能产出优质资源。优质教学资源为教师的教、学生的学提供了必要的基础，保证课程目标的达成。教学资源的价值体现又取决于教师和学生的有效利用和反馈。这样一来，教与学就是教学资源的"试金石"。教学资源的优与劣，最终要以学生的学习成果——他们的发展来评价，但是，教师如何利用教学资源进行教学又起着关键的作用。教学资源虽有缺陷，可到了优秀教师的手里也能加以改造，设计出优质课；而再好的教学资源落到缺乏经验的教师手中，上课也难免出现挫折。[107]善于利用教学资源进行教学设计的教师能够把课堂安排得自然顺畅、符合逻辑、层层递进，这样，学生就能按照教师的思路融入学习过程，课上得如行云流水般顺利。如果教师的英语说得地道、娴熟、流利，那么，可以说这样的老师就是最好的教科书。

二、灵活地、创造性地使用教学资源

本书在第一章中分析了教材在教学中的功能与作用，并指出了教材的局限性，结论是天下不存在完美无缺的教材。这个结论也适用于配合一定时期的教学需求开发出来的教学资源。教学材料难以与经典文学作品相媲美。尽管有些基于文学作品改编的语篇可以持久使用，如根据莎士比亚、狄更斯、马克·吐温、海明威等的名著改编的课文，但由于外语材料涉及的话题极为广泛，而且与现实生活紧密联系，随着时代的变迁，语言的变化，课程的发展，教学资源必然要随之变化。教材与其他教学资源基本上是"五年一小变，十年一大变"。实际上，运用信息技术开发的教学资源变化更快，网络教学资源应变能力强，具有很强的时效性。

教学资源的频繁变化，对于教师来说有很大的挑战性。教师希望教学具有稳定性，这对于他们积累教学经验有好处，可是，课程与教材的变化促使他们不断付出精力熟悉和研究新的课程理念、教学材料和教学方法。每一轮课程改革与创新都会带来教材的变革，假如教师不能更新理念和改进教法，就会感到难以驾驭新教材的教学。20世纪90年代，中英合编的初中英语教材（JEFC）刚投入使用时，曾引起很大的反响。课上要求教师尽量用英语不用母语教学，入门阶段学生就要开口说话用英语交流,课堂教师"一言谈"变成了学生"群言谈",课上要组织小组活动,封闭式课堂教学变成开放式教学……这一系列的变化使不少习惯传统教法的教师不知道如何教英语了。当时,有一位教师因不理解"五步教学法"而写信质问教材编者。经过10年的教师培训,新的教学方法深入人心,教学效果显著,新一代教师和学生也随之成长。可见,教学资源的开发不断改革创新固然重要,而教学资源的使用者更加需要学习,更新理念改进教法和学法,才能真正用好教学资源。

教学资源的改革和创新对教师和教学有着促进作用,但是,教学资源的作用是否能很好发挥,特别是其局限性能否得以克服,取决于教师的教和学生的学。这就要改变旧的教材观,不能把教材看作是神圣的,应该认识到,"教科书是服务于教与学的工具,绝非教与学的主宰"[108]。在实际的教学中,许多教师已经懂得这个道理,他们不再充当教科书的"奴隶",而是教科书的主人。他们正在灵活地、创造性地使用教学资源。

三、有效选择与整合教学资源的教学实践

(一)选择和开发教学资源

教材多样化以来,各地区对教材有了选择性,但是,教师仍然不可能根据自己教学班的需求灵活地选择教材。任何一套教材对教学内容、教学进度做了规定,灵活性不够,教师为了完成教材的进度忙于应付却顾不上特有的环境、条件和学生的基础。教材对于学生有时也是束缚,学习好的学生觉得轻松,没有把潜力发挥出来;学习后进的学生却觉得很困难、很紧张,甚至会丧失信心。如何克服教材的不贴切性始终是教师伤脑筋的事。[109]为了解决这个问题,可以采取以下措施:

第一,要求教材出版机构提供教材的配套教学资源,除了教师教学用书和练习册,还需要难易程度不等的听、说、读、写材料和评价手册等,供教师和学生选用。

第二,利用图书、报纸杂志、广播电视、多媒体、互联网,拓宽渠道,开发教学资源。这就是说,教师和学生也要参与教学资源开发,编制材料,以满足实际的需要。

如何弄清楚师生需要什么样的教学资源呢?这就要对师生的需求做

以下的调查：

学生的英语程度（小学、初中、高中，低、中、高级）；学习的目的（兴趣、考试、升学、就业及家长的期望）；学习风格（擅长记忆、口语表达、理性分析、与人合作、独自学习等）；教师的英语熟练程度；教师的教学经验和教学方法；实际教学的条件（班级大小、语言环境、教学设备、教学时间、考试的影响等）。

上述情况不同对教学资源的需求就不同，如果学生的基础好，教师水平高，教学条件优越，就可以选择难度大的材料，可以选用原著和英语国家出版的教材。但就大多数学校而言，学生的英语存在分化现象，师资和教学条件参差不齐，在利用教学资源时，需要教师发挥聪明才智对其进行选择、利用、重组和改造。

第三，运用一条可以叫作 CARD 的"锦囊妙计"，即根据教学需求"改变"（Change）教科书的部分活动（如调整顺序、降低难度等），"增加"（Add）语篇或活动，"调换"（Replace）课文或活动，以及"删减"（Delete）部分项目。不少教师用这样的方法有效地选择和整合教学资源，发挥了教学资源的正能量，取得了良好的成绩。

（二）有效整合教学资源的案例

案例一

福建省厦门市集美区李林小学林碧英老师为了使教材更有利于学生能力的发展，根据教学实际和学生的水平，采取了创造性使用教材的三个方法。[110]

Ⅰ.扩编教材，化词为篇，创设语境

人教版英语五年级上册 Unit 4 "What Can You Do?"中"Let's Learn"板块只呈现了 5 幅图和 5 个词语（词组）"swim、speak English、cook、play basketball、play ping-pong"和两个句子、"Can you swim？Yes，I can./I can do some，too."。这部分内容的呈现缺少语境支撑。"Let's talk"板块有 Mr Ma 与学生 John、Oliver 就能力话题的对话，图中还有两个学生 Sarah 与 Amy，但仅有一个动词词组"do kung fu"。教师利用这个对话语境续编成以下的对话：

Mr Ma：Can you do any kung fu，Amy？

Amy：No，I can't do any kung fu. But I can play ping-pong and play basketball.

Mr Ma：Cool！How about you，Sarah？

Sarah：Yes，I can. I can swim，speak English and cook，too.

教师把该对话制作成视频，呈现给学生，并设计了三个视听任务。

1. Listen and tick.

Activities	Amy	Sarah
play basketball		
cook		
swim		
speak English		
do kung fu		
play ping-pong		

2. Watch the video and check your answers.

3. Discuss in your group，and then try your best to read the words.

通过以上三个任务，学生对新词的音、形、义有了一定的了解，此时教师引导学生用句型"Amy/Sarah can…"进行反馈。学生在反馈的过程中，如果新词的发音准确，教师可让学生到讲台前当小老师，教其他的学生。这样，扩编对话，化词为篇，创设语境，使学生兴趣盎然，积极地参与到教学活动中来，收到了很好的效果。

Ⅱ. 创编歌曲，突出重点

音律优美、节奏明快的歌曲或歌谣是学生喜闻乐见的一种学习素材。教师可以将课文内容改编成歌曲或歌谣，并配以学生耳熟能详的音乐，再加上一些动作进行教学，既可以调节课堂气氛，又可以让学生轻松地掌握所学内容。

三年级下册 Unit 3 At the Zoo 中"Let's Talk"和"Let's Learn"两个板块的教学重点是"long、short、big、small"4 个形容词及句型"It has…"。在教学本课时，学生无法流利地表达和运用"It has…"这个句型，于是教师根据儿歌《两只老虎》的曲调，用所学词、句改编了歌词。

$$1=C \ \frac{1}{4}$$

1	2	3	1	1	2	3	1	
It	has	big	ears.	It	has	big	ears.	

It	has a	long	nose.	It	has a	long	nose.
3	4	5	— |	3	4	5	— |
Big,	big,	big.		Big,	big,	big.	
Long,	long,	long.		Long,	long,	long.	
5 6	5 4	3	1 |	5 6	5 4	3	1 |
It	has	small	eyes.	It	has	small	eyes.
It	has a	short	tail.	It	has a	short	tail.
1	5	1	— |	1	5	1	— ‖
Small,	small,	small.		Small,	small,	small.	
Short,	short,	short.		Short,	short,	short.	

在新授课环节之后，教师让学生先欣赏自己声情并茂的演唱，接着学生在老师的带领下跟着音乐伴奏边唱边做动作，然后全班一起演唱，最后，学生4人小组合作创编歌曲。在这个环节中，学生的合作学习能力、创新能力得到了培养。同时，改编使学生兴趣高涨，很好地掌握了本课的重点单词和句型，为语言的输出奠定了基础。

Ⅲ. 整合教材，提高实效

在六年级英语复习课中，教师根据实际需要调整教学顺序，整合零散的知识内容，特别是复习课，要根据学生的学情和知识的相关性，合理、科学地将零散的知识点整合起来进行系统复习。例如，六年级复习方位介词时，教师将三年级下册 Unit 4 "Where Is My Ruler？" 出现的介词 "on、in、under"，五年级上册 Unit 5 "There Is a Big Bed" 出现的 "in front of、beside、between、behind、above"，以及六年级上册 Unit 1 "How Can I Get There？" 中的 "next to" 共9个方位介词（词组）整合在一起复习。教师用简笔画表示人物、动物、物品的位置，要求学生用 "There be" 句型在两分钟内4人小组讨论并描述；接着图片消失，让学生玩记忆游戏，学生在游戏的过程中兴趣高涨；最后让学生书面描述图片，写出一个句子便可得一颗星。通过形象、直观、富有情境的简笔画，教师归纳和整合了方位介词的形和义，不仅加强了学生的参与性，而且有利于学生理解、区分和记忆，从而提高复习课的效率。

在六年级上册 Unit 1 "How Can I Get There？" Part B 的 "Be a Tour Guide" [111] 一文中，课本上的地图对于学生来说既陌生又复杂，为了实现这部分内容的教学目标，教师将这个活动的内容进行了替换和简化：在桌子上摆上学生所熟悉的地名牌子，将教室布置成一个符合学生生活实际的"临时街区"。学生在教师创设的情境中运用句型"Now, we are in front of…""Go straight./Turn right./Turn left.""You can see the…"进行语言实践活动，从而实现学以致用的目的。通过这样的替换、简化，教学活动变得更直观、更贴近学生的生活实际，学生的表演很出彩，课堂实效明显提高。

案例二

北京市第二十中学特级教师林生香认为，教材只能给教师提供静态的素材，教师才是教材的活化者。只有通过教师组织学生围绕教材进行活动才能赋予教材生命力。教师决不能被教材所束缚。要创造性地使用教材，首先要准确理解所使用教材的编写思路、主要特点及教材的基本结构和内容。教师不能大刀阔斧地改造教材，破坏教材的完整性和系统性会使教材支离破碎，导致教学混乱。教材整合可以是多层次、多角度的。从宏观的教材结构层面看，有主教材与其他版本教材的整合、不同模块之间的整合、同一模块内不同单元的整合、相关话题的整合、相关语法项目的整合等；从微观的单元教学层面看，有单元板块整合、课型整合、活动任务整合等。本文主要关注的是人教版高中英语实验教材（NSEFC）微观层面的单元整合。 以下是在林生香老师的指导下，陈秀辉和程家庆对该教材第二册第二单元的整合尝试。[112]

Ⅰ.教材概述

本单元以世界性的体育盛会——The Olympic Games 为话题，旨在通过本单元的教学，使学生了解奥运会的起源、宗旨、比赛项目以及古代和现代奥运会的异同。学会用英语表达自己的兴趣、爱好以及如何向别人推荐某一种爱好，同时培养学生对体育运动的爱好。

Ⅱ.教学目标

（1）语言知识

①学习掌握一些有关奥运会的词汇，如 compete、take part in、admit、competitor、medal、Greece、Greek、athlete、stadium、gymnasium 等。

②表达自己的兴趣爱好以及如何向别人推荐某一种爱好。

③学习掌握将来时的被动结构的用法。

（2）语言技能

听：训练学生集中注意力，抓住疑问词线索，捕捉特定信息的能力；熟悉采访活动（interview）形式。

说：学生能尝试当演员，利用"信息差"进行相互采访，提高在真实语境中的英语交际能力。

读：通过 scanning、skimming、careful reading、generalization、inference 等阅读微技能训练，获取关于奥运会的信息，能处理信息，培养运用信息进行推理、判断的能力。

写：以"My Favorite Sport"为题写一篇作文。

（3）学习策略

学生在一定程度上形成自主学习，进行有效交际、信息处理，养成英语思维习惯。

（4）情感态度

学习奥运会的知识，培养学生对体育运动的爱好。学习更快、更高、更强的奥运精神，培养学生团体合作、努力拼搏、积极向上的精神。

（5）文化意识

了解奥运会，培养全球意识，认识世界一体化以及国际合作的趋势；通过对比古代和现代奥运会，加深对奥运会的了解。

Ⅲ. 教材处理

根据学生学习英语的特点和规律，阶段学习的侧重点以及高一学生的实际水平，我们把本单元划分为 5 课时，而不是 7 课时，这样可以挤出时间开展泛读和处理校本教材。5 课时安排如下：

Period 1：Reading（Warming Up, Pre-reading, Reading, Comprehending）

Period 2：Grammar（Learning about Language 中的 Discovering useful structures）

Period 3：Extensive reading and listening（Using Language 中的 Reading and listening）

Period 4：Speaking and writing（Using Language 中的 Speaking and writing）

Period 5：Language points（补充学案）

Ⅳ. 整合实例

Period 1：Reading（Warming Up, Pre-reading, Reading, Comprehending）

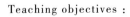
Teaching objectives :

At the end of the lesson, students will

1. be able to talk about the differences and similarities of the ancient Olympics and modern Olympics ;

2. remember some vocabulary relevant to Olympics ;

3. learn to think critically.

步骤	活动内容	整合说明
Step 1 Warming Up	1. Lead-in: Use a song to lead in the Olympic Games. 2. Brainstorming: What do you know about the Olympic Games?	本环节改变了教材中Warming Up 提一系列问题的方式。因为学生对于Olympic Games 已经有了很多的了解，通过brainstorm 的方式可以激活学生的已有知识，并为阅读做铺垫，同时能起到烘托气氛和提高学习兴趣的作用
Step 2 Pre-reading	List the differences between the ancient and modern Olympic Games	本环节保留了教材中Pre-reading 中的第一个问题。该问题可以提供信息差，以激发学生阅读文章的欲望
Step 3 While-reading	1. Fast reading—Read for the gist （1）Text type An（unreal）interview between Pausanias, a writer from ancient Greece and Li Yan, a volunteer for the 2008 Olympic Games （2）Main idea （The differences and similarities between the ancient and modern Olympics） 2. Careful reading—Read for details Do Ex.1 & Ex. 2	本环节增加了快读活动，让学生通过快速阅读，对文章的类型和主旨大意有基本的了解 保留教材中Comprehending部分的练习1和练习2。该活动能培养学生搜索、分析、加工和分类信息的能力，启发学生的思维。跳过难度较大的练习4

续表

步骤	活动内容	整合说明
Step 4 Post-reading	1. Read the interview aloud 2. A talk show "Olympics—yesterday & today" in pairs S1—Presenter S2—Chairman of the Olympic Committee Talk about the history of the Olympics, the differences and similarities of the ancient and modern Olympics 3. Discussion（Ex. 3） Why do so many countries want to host the Olympic Games while others do not?	该环节增加了read aloud 和 talk show 活动，目的是让学生通过该活动对文本内容进一步内化 保留了教材中的活动，通过该活动可以锻炼学生分析问题的能力，培养他们的批判性思维，同时与他们的实际生活联系起来（2008年北京奥运会给北京学生的生活带来的影响）
Homework	1. Do Ex.1-3 on page 12. 2. Write a short passage about the history of the Olympic Games，the differences and similarities of the ancient and modern Olympics.	

Period 2：Grammar（Learning about Language 中的 Discovering useful structures）

Teaching objectives：

At the end of the lesson，students will be able to

1. know the form & use of the Future Passive；

2. use the Future Passive to talk about the next Olympics with the help of the information card；

3. make a poster to advertise a sporting event.

步骤	活动内容	整合说明
Step 1 Presentation	Lead-in： Do Ex. 1 on page 13.	保留教材中原来的发现活动内容，利用其呈现语法内容

续表

步骤	活动内容	整合说明
Step 2 Discovery	Observe and find out the form and the use of the Future Passive Form: _____ Use: _____	增加该环节，通过学生的观察，让学生发现将来被动式的构成，总结其用法
Step 3 Practice	1. Do Ex. 2. 2. Suppose you were the Chairman of the Chinese Olympic Committee. Please introduce your plan for the 2022 Winter Olympics.	1. 保留教材中的练习2（填空）。 2. 增加真实交际性活动，让学生模拟中国奥委会主席介绍2022年冬季奥运会的计划（如场馆建设、道路改善、运动项目、参赛人数等）。通过活动让学生理解和熟练掌握将来被动语态的形式和用法
Step 4 Grammar in use	Do Ex.3 on page 13.（Design a poster about a sporting event in your school.）	保留教材中的练习3，通过该活动进一步巩固所学，并将语法的学习与学生的生活结合起来
Homework	Polish your posters and display them.	

Period 3 : Extensive reading and listening（Using Language 中 的 Reading and listening）

Teaching objectives :

At the end of the lesson, students will be able to

1. know the story about Atalanta by reading & listening ;

2. summarize the main idea after listening ;

3. express agreement and disagreement.

步骤	活动内容	整合说明
Step 1 Lead-in	Look at pictures of Greece and talk about ancient buildings & characters in Greek myths.	增加导入环节，激活学生已有的关于希腊及其神话的知识，引入主题，激发学生的阅读兴趣
Step 2 Reading	Read *The Story of Atalanta*, and do Ex.1. Read and decide whether they are true or false and give a reason.	保留教材活动，让学生理解文章的基本内容
Step 3 Post-reading	Predict what will happen during the race between Hippomenes and Atalanta, and who will win the race.	保留教材中的练习2

续表

步骤	活动内容	整合说明
Step 4 Pre-listening	Do Ex. 3. Work out the order of the following sentences（from the listening text）.	保留教材中的练习3 让学生按照自己的理解整理故事发展顺序，然后带着检测的目的听
Step 5 Listening	1st listening： Ex. 3 Listen and check. 2nd listening： Ex. 4 Listen and write down the main idea in one sentence. 3rd listening： Ex. 5 Listen and fill in the blanks.	保留教材中的练习 练习3学生听并验证自己理解的故事发展顺序 练习4锻炼学生的归纳能力 练习5锻炼学生听细节和关键词的能力
Step 6 Post-listening	Ex. 6 Discussion 1. If you were Hippomenes，would you run against Atalanta? 2. Do you think Hippomenes deserved to win the race? Why or why not? 3. How do you think Atalanta felt when she discovered Hippomenes had had help from the Goddess of Love? If you were Atalanta，would you agree to marry him?	保留教材中的练习 练习6充分启发学生思考，锻炼学生判断、想象等思维能力 同时在讨论中运用表达同意或不同意的语言功能项目
Homework	Write a passage telling what would happen after Atalanta discovered the truth.	补充此练习是为巩固读、听、说，并在此基础上提高书面表达能力

Period 4：Speaking and writing（Using Language 中的 Speaking and writing）

Teaching objectives：

At the end of the lesson，students will be able to

1. talk about their favorite sports；

2. write a passage titled "My Favorite Sport".

步骤	活动内容	整合说明
Step 1 Lead-in	1. What's Atalanta's favorite sport? 2. What's your favorite sport? Why do you like it?	增加导入环节，激发学生的兴趣

续表

步骤	活动内容	整合说明
Step 2 Pre-writing	Speaking： 1. Individual work：Ex. 1 on page 15 Think about the following questions and take notes. How did you become interested in the sport? Who is your favorite athlete and why? What do you do to improve your skill? 2. Pair work：Ex. 2 on page 15 Exchange ideas with your partners based on the questions in Ex.1.	将Speaking 环节作为写前的一个活动，为写作环节铺垫结构和必要的词汇，保留教材中的两个活动 1. 学生独立活动，根据练习1的问题写出notes 2. 增加对子活动，根据三个问题，使用书中提供的表达方式进行交流
Step 3 Writing	Writing： Do Ex. 3 on page 15.	利用教材中的写作活动设计，指导学生进行程序性写作，并注意使用连接词
Step 4 Post-writing	Editing： 1. Peer editing 2. Class assessing	增加Editing 环节，首先是同伴间进行评价，然后班级集体进行评价
Homework	Polish and finalize your writing.	

Period 5 : Language points

本节课是增加的部分，也是替换部分。教材中原有的词汇学习部分，即 Learning about Language 的 Discovering useful words and expressions 中的练习是属于词汇的浅层学习，主要是对词汇的识记和理解，缺乏深层学习和运用。设计此活动可弥补教材的缺陷，满足学生的需求，让他们能够学会在语境和语篇中运用所学的词语。

Teaching objectives :

At the end of the lesson, students will be able to

1. know how to use the following words or phrases :

compete, admit, take part in, deserve, play an important role in, host...

2. use some of them to describe their favorite athletes.

Task 1

Choose the words and phrases from the box to fill in the blanks.

| compete   competition   host   replace   play an important role in |
| take part in   every four years   be admitted as   deserve |

Ancient Olympic Games started in Greece. At that time, only men could _____ the Olympics. Sportswomen began to take part in the _____ in the 2nd modern Olympics. From then on women _____ the Olympic Games. _____ a different city felt honored to _____ the Olympics. Only athletes who have reached the agreed standard for their events will _____ competitors. The olive wreath has been _____ by medals. But the spirit of the Olympics is still about being able to run swifter, jump higher and throw further. Although not all the athletes in the Games can win medals, they _____ people's respect for their hard work.

Task 2 Word study

1. compete

Ten <u>competitors</u> <u>competed</u> in the competition. And two entered the final to <u>compete</u> for the gold medals.

Identify the meanings of the different forms:

compete 词性：_____ 词义：_____

competitor 词性：_____ 词义：_____

competition 词性：_____ 词义：_____

compete in _____; compete for _____

Practice: Fill in the blanks with the given words or phrases.

9,704 _____ from 45 countries in Asia _____ the 16th Asian Games in Guangzhou. All of them tried hard because they thought, "To be an athlete, one should _____ the honor of one's homeland."

2. host

（1）The 29th Olympic Games were <u>hosted</u> in Beijing in 2008.

（2）As the <u>host</u> of the 16th Asian Games, people in Guangzhou welcomed athletes and visitors from different countries.

（3）The opening ceremony was <u>hosted</u> by some famous <u>hosts</u> from the CCTV.

3. admit

（1）Jiang Yuyuan was <u>admitted</u> as a student in the Liuzhou Sports School in 1995.

（2）In 2002 she was <u>admitted</u> into the national gymnastics team and later became the team leader.

（3）She failed in the gymnastics competitions in the Asian Games because she was injured. She <u>admitted</u> that she had made her team and fans disappointed. （She <u>admitted</u> having made...）

Practice：

Translate the following sentences into English.

（1）她承认由于失误输了这场比赛吗？（Did she admit that she had failed in the game due to her mistake？）

（2）他被接受成为射击队的一名队员。（He was admitted as a member of the shooting team.）

4. deserve

（1）He <u>deserves</u> a reward for his efforts.

（2）You have been working hard the whole morning—you <u>deserve</u> a rest now.

（3）He <u>deserved</u> to be punished.

Practice：

Translate the following sentences into English.

（1）这些建议值得认真研究。（The suggestions deserve to be studied carefully.）

（2）他理所应当获得那枚金牌。（He deserved the gold medal.）

5. play an important role/part in... 中文：＿＿＿＿＿＿＿＿

take part in 中文：＿＿＿＿＿＿＿＿　同义词组：＿＿＿＿＿＿＿＿

Practice：

Translate the following sentences into English.

（1）计算机在我们的日常生活中起着重要的作用。（Computers play an important role in our daily life.）

（2）舞蹈是文化的一种重要组成部分。（Dancing plays an important part in culture.）

Task 3　Language in use

1. Fill in the blanks with suitable words or phrases.

In 1999, Zhu Qinan（was admitted into）Wenzhou Sports School, which （played an important part in）his sport career. In 2003, he（was admitted as） a member of the national shooting team. He（took part in）many different kinds of world competitions and won more than 10 gold medals. In 2004, he（took part in）the ten-meter gas rifle in the Athens Olympics. He won the gold medal, and set a new record for this event. In the 2008 Olympic Games he only got the second place, and admitted having made us disappointed. However, he didn't give up, nor did his coach. Finally, in the 2010 Guangzhou Asian Games, he won 2 gold medals and 2 bronze medals. He is really a person who（deserves） my admiration.

2. Write a passage, introducing your favorite athlete with the words and phrases learned in this period.

第二节　培养和发展学生的人文素养

陶行知先生谈教育时留下了一句名言："千教万教教人求真，千学万学学做真人。"他道出了教育的真谛——教师教人真理，学生学做真人。无论是 20 世纪提倡教育贯彻德、智、体、美全面发展的方针，还是 21 世纪强调要提高中华民族的素质，说白了就是教人做人的道理和做事的本领。英语课程发展到今天，对其性质与教育目标比以往更为明确。《普通高中英语课程标准（2017 年版）》再次确定"普通高中英语课程作为一门学习及运用英语语言的课程……具有工具性和人文性融合统一的特点"，并提出"普通高中英语课程具有重要的育人功能，旨在发展学生的语言能力、文化意识、思维品质和学习能力等英语学科核心素养，落实立德树人根本任务"。[51]

林崇德先生认为，核心素养是对素质教育内涵的解读与具体化。素质主要是指人在先天的生理基础上，通过后天的环境影响和教育训练，所获得的内在的、相对稳定的、长期发挥作用的身心特征及其基本品质结构。"素养"是指在教育过程中逐渐形成的知识、能力、态度等方面的综合表现。为了落实"立德树人"的任务，针对目前道德素养不理想、身体素质滑坡、适应社会能力不强、负面情绪较多、实践和创新能力不足等问题，矫正过去的那种重知识、轻能力、忽略情感态度价值观的教育偏失，要求各学科提出核心素养[113]。英语学科在落实"立德树人"的前提下提出了语言能力、文化意识、思维品质和学习能力为学科核心素养。在编制英语教材时，编者必须要努力将这些核心素养渗透到教材中，而在利用教材教学时，师生则要有效地将其贯彻于教学的过程中。

一、激发思想情感

落实"立德树人"任务的关键在于思想情感教育，这是人生的教育，非一个学科所能完成。然而，语言是交流思想、传递信息的工具，思想和信息都有具体内容，这些内容在多数情况下都包含情感教育的因素。

情感是一个人对其生活中所发生或所做的事情表现出来的不同态度体验。在语言教学中，情感主要指的是道德感、理智感和美感。

道德感是以人对人、人对社会、人对自然的态度为内容。属于道德感的有爱心、友善、诚信、仁义、忠诚等。热爱祖国、热爱人民、热爱大自然、热爱真理都是崇高的道德情感。使学生具有这些情感和社会公德、职业道德、家庭美德，正是我国社会主义精神文明建设的基本任务。[23]

作为外语的英语教学资源的范围极广，应选取中外优秀的文化传统、杰出人物的事迹和精神等题材陶冶学生的情操，帮助他们自觉地遵循社会道德规范准则，履行道德义务。要让他们懂得，做新世纪的人必须参与社会生活，认识自己的社会角色，履行角色义务，具有强烈的使命感和社会责任感。英语教材中大量内容是有关社会科学、自然科学、生态、环境、能源、法制、贫困等当代世界热点问题，其目的是激发学生改造世界的情感。教材中有关人际关系、行为规范方面的内容，可以启迪人生，教育学生要自爱、自尊、自重，而不自卑；对待他人真诚热情，讲信义而不虚伪；对待工作认真负责，勤奋努力，而不轻率，不漫不经心。

理智感表现为一个人对事物的认识过程及对这个过程顺利或艰难的态度。属于理智感范畴的有兴趣、求知欲、热情、意志、毅力等。激发学生学习的兴趣既是目的，也是手段。兴趣是一种积极的情绪，能促进语言知识的获得和技能的熟练，而且可以不断加强学习的动机。要产生学习兴趣，就需要有新鲜感，甚至神秘感。这就要求教学内容有丰富的信息量，具有时代感、知识性和趣味性，足以满足学生的求知欲。当然，教材的语言要求必须符合学生的实际水平，使他们能够不断获得成功，使其保持学习兴趣，并产生更强烈的学习热情。然而，外语学习毕竟要付出艰辛的劳动。学习的过程是磨炼意志的过程。英语教材也不乏在生活、工作、学习中勉励人们克服困难、顽强拼搏、自强不息的课文，鼓励学生培养毅力，以应对各种挑战。

美感表现了对各种不同的生活事实及对艺术的态度。美感表现在对各种事物的评价之中，识别和判断它们是真、善、美，还是假、恶、丑。美感是人的文化发展的产物，是人的意识形成过程的产物。在当今经济快速发展的同时，人文精神有所缺失，伴随着某些低端商业文化的滋生，极端个人主义、拜金主义、享乐主义，以及一些浅薄、颓废、放纵的腐朽文化入侵，对年青一代的信仰、追求、责任感、完备人格的形成造成一定危害。这就要求我们加强道德情感教育，抵制这些污泥浊水对青少年的腐蚀。

表3.1列出了一些英语教材中出现过的典型课文，这些语言材料包含了丰富的情感因素，对学生的身心发展能产生很大影响，其中不乏让他们终生难忘的语篇。

表3.1　包含丰富情感因素的典型英语课文

人文精神	典型的话题和课文
友爱助人	Florence Nightingale/Miss Teresa/Miss Evans/Lin Qiaozhi/Bob Geldof/Robinson Crusoe/The Broken Lantern/Bus Driver and Passengers Save an Old Man/The Monkey King
热爱自然	Wildlife Protection/Saving the Earth/The Seagulls of Salk Lake City/Environmental Protection/Global Warming/A Student of African Wildlife（Jane Goodall）/Natural Disasters
奉献社会	Sharing/Angels in White/Nelson Mandela—a modern hero/Mohandas Gandhi/Martin Luther King Jr/Joe Hill/Madame Curie/Yang Liwei/Bill Gates/Great Scientists/Inventors and Inventions/A Pioneer for All People（Yuan Longping）/An Early Farmer Pioneer/The Pianist/Voluntary Work
热爱祖国	Nathan Hale/The Story of William Tell/A Little Hero/The Last Lesson/Qian Xuesen/The Nightingale/Zheng He
诚实守信	The Piano Concert/It's Unfair/The Teacher（Anne Sullivan）
公平正义	Abraham Lincoln/I Have a Dream/I Have Sung Already/Fairness for all/Soapy/Roots
积极乐观	Handicapped People/Pygmalion/Social and Personal/Adventure on Highway 66/Born Dying（Living with AIDS）/Anne's Diary
意志毅力	A Person of Great Determination/Helen Keller/Nothing Ventured/Nothing gained（Expedition with Sir Ernest Shackleton）/Sailing the Oceans/He Lost His Arm But Is Still Climbing/The Last Leaf/An Old Man Tried to Move the Mountains
遵纪守法	Detective Stories/The Merchant of Venice/Advertising/The Moonstone
辨别善恶	A Tale of Two Cities（All These Things Are to Be Answered For）/The Million Pound Bank Note/King Lear/A Christmas Carol/The Necklace

英语课程与教材一直非常重视思想情感态度方面的教学目标，但是，

在实际的教学过程中依然存在重语言知识、轻情感态度的现象。这表现在教学设计时，情感态度目标往往形同虚设。笔者通过搜索，发现以下两位老师能创造性地利用教科书中的材料，以突出课文话题为引领，创设活动，发掘其中的情感因素，引发学生的情感体验，促进他们对文本的理解和感悟。

案例一

江苏省苏州工业园区星海实验中学张冠文老师在教学译林版牛津初中英语八年级下册第五单元课文时，发现用反复阅读的方式难以引发学生的兴趣。这是一篇介绍慈善机构奥比斯（ORBIS）的说明文。奥比斯是澳大利亚一所建在飞机上专门为穷人治疗眼睛疾病的医院。由于文章涉及的话题学生不熟悉，而且内容比较枯燥，学生兴趣不高。一开始张老师仅让学生以一个普通人的心态默读课文，然后让他们谈感受，学生感到茫然，不知所措。后来，张老师要求学生以一位普通眼科医生的身份再次默读课文，并提示学生设身处地思考：奥比斯的医生在飞机上如何工作，他们的工作与普通的眼科医生有何不同之处。学生显然产生了兴趣，态度严肃，认真参与了阅读活动。读后，老师再让学生谈感受时，有的学生认为奥比斯的医生比一般眼科医生辛苦，付出了更多的时间和精力；有的学生认为奥比斯的医生更有成就感，因为他们帮助了很多穷人。课堂气氛活跃了起来。学生互相启发，逐渐认识到奥比斯项目的重要性，对奥比斯医生肃然起敬。这时，张老师又进一步让学生转换角色，设想在奥比斯的帮助下，一个重见光明的患者在报纸上读到这篇文章的情景。学生再次读文章时很投入、很专注。他们的情绪被调动了起来。在谈感受时，学生踊跃举手，他们对奥比斯的崇敬之情溢于言表，很多学生表示自己将来也要为慈善事业多做贡献。张老师创设不同的情境让学生尝试以不同的角色身份反复阅读课文，从而激活了他们的情感体验，并逐渐体会和领悟到文章表达的医德高尚的人文情怀。

张冠文老师在教学七年级下册第三单元课文时，采用了表演课本剧的方法。课文讲述了一对双胞胎兄弟机智地从绑匪手中逃脱的故事，学生很感兴趣，但是对故事的细节梳理兴趣不大。于是，张老师让学生分组表演课本剧，学生兴致很高，细心研读课文，仔细梳理细节。他们设计场景，塑造人物形象，设计人物动作、台词等，对角色倾注了很多情感。有的运用肢体语言和动作展示人物的性格特征，有的编幽默的对话为两兄弟平添了几分人格魅力。大家兴致勃勃地参与讨论和演出，从而对双胞胎兄弟机智勇敢、乐于助人、沉着应对等品质有了深入的理解和体会。学生对他们的敬佩、喜爱乃至崇敬之情油然而生，自己的情感体验在表演的过程中又得到了升华。

张老师从学生热烈的讨论与生动的演出中看到，学生与作者和剧中人物进行对话、交流，不仅理解和体会了作者的思想情感，还产生了自己对角色的真实体悟，情感体验不断发展、深化。[114]

案例二

北京市大兴区第三中学王淑敏老师认识到，在英语教学中，不能仅关注听、说、读、写、译等技能技巧的训练，还应从团结互助的品质、克服困难的意志、珍惜平安的幸福生活、珍爱周围的人和事物等方面提升学生的人文素养。以下是王老师讲授人教版 NSEFC 必修一 Unit 4 "Earthquakes"（地震）的课例。

本节课的教学主线是分析、学习一篇讲述唐山大地震的记叙文。目标是让学生了解有关震前迹象、地震带来的毁灭性损失及震后恢复等常识及其英语表达，文中包含了互助、温暖、关怀以及与困难做斗争的顽强意志等丰富情感线索。

（1）课堂引入环节

在课文引入部分，王老师讲述了自己亲历唐山大地震的故事，以亲身体验激发学生的学习兴趣，唤起学生的学习欲望，激活新知识，同时，她让学生感受到，在灾难到来、身心无助的情况下，家人朋友之间的真挚情感和无私的关怀、帮助给人带来的信心和勇气。故事中的语言尽量利用学生熟悉的和本文中即将出现的词语。

When I was 12 years old, I **experienced** Tangshan Big **Earthquake**. At that time I was living in the **countryside**. On the early morning of July 28, 1976, I was asleep <u>as usual</u> when **everything** began to **shake**. The Earthquake **happened**! I was **trapped** under the ruins and <u>was dug out</u> by my father. I was **surprised** to see that most of the houses <u>fell down</u>, and many people died or were **injured**. We were **shocked** and **frightened**. Feeling **homeless**, we came to the hill <u>to the west of</u> the **village**. <u>At the foot of</u> the hill we saw a deep **crack** <u>from north to south</u>.

Later that afternoon, another big **quake shook** my **hometown**. As I was standing on the hill, I could see clearly how it happened. <u>The moment</u> I felt the earth moving, I <u>fell down</u> onto the ground. After standing up, I fell down again. Then I saw the houses were **destroyed** and a lot of **dust** rose. **Finally,** everything was **still** and the **whole** village lay in ruins.

　　How **terrible**! I will never **forget** it.

　　以上故事出现了王老师在地震瓦砾中被父亲奋力救出的情节，让学生感受父母家人在子女生死关头表现出来的亲情。在短短的不到两百个词的故事中，出现了与课文有关的常用词 24 个（见黑体字）、短语 9 个（见画线短语）。这对于普通中学的学生来说非常必要。王老师的讲述和学生的齐读，起到了激活新知识的作用。

　　（2）课文的学习

　　在阅读课文环节，教师首先根据内容把课文分成三部分，并用三个词 signs、damage、recovery 概括各部分大意。接下来，通过提问分析每一部分。

　　Part 1 : What signs were seen before the earthquake?

　　Part 2 : What damage was brought by the earthquake?

　　在学生阅读有关语言信息后，教师问：句子中的数字说明了什么？学生可能答出：说明损失的严重性。然后，老师把课文中的句子 "The world was at an end!" 呈现出来，再把 "damage" 这个词放大呈现一遍，以强调 "损失的严重性"。接着展示一系列震后的真实图片，使学生在真实的语境中用英语分析问题、解决问题，提高他们用英语思维和表达的能力。

　　Part 3 : What recovery work was done after the earthquake?

　　在学生阅读完课文后，教师把课文中的句子 "All hope was not lost." 呈现出来，再把 "recovery" 这个词放大呈现一遍，以凸显主题 "震后的恢复"。接着展示一系列救援图片，图中部队战士集结奔赴救灾现场，是 "一方有难，八方支援" 的生动写照，显示人民军队在民众危难时刻一往无前，团结抗震的大无畏精神，令学生有身临其境之感。

　　由于唐山大地震已经过去 40 多年，唐山的震后恢复以及目前情况无疑成为与主题相关的另一个关注点。所以接下来教师并没有急于进入课文的语言巩固部分，而是引出 "New look of Tangshan" 这一话题。主要利用一些震后图片，包括震后修建的唐山抗震纪念馆和唐山抗震纪念碑，在废墟上建起的南湖公园和城市设施等，向学生展示：尽管灾难不可避免，但团结就是力量！有国家的关怀和人民的帮助，有克服困难的勇气和抗震救灾的决心，再大的困难又算得了什么！

到了课文的巩固部分，再回头看题目"A Night the Earth Didn't Sleep"，学生不难想出课文的另一个题目："Tangshan Big Earthquake"。

一节课下来，学生感觉意犹未尽。王老师通过亲身叙事，以图、文、幻灯片等多媒体渗透人文素养内容，使原本枯燥的语言课变得有血有肉，让学生在学习语言的同时获得精神上的收获。可见人文素养其实是在文本分析的过程中，作为暗线与主线并存的一种授课意识。只要教师认识到位，把人文精神的培养作为隐性的东西贯穿课堂始终，长期坚持，潜移默化，必将使学生的精神世界的培养达到由量变到质变的效果。[115]

二、培养语言能力

《普通高中英语课程标准（2017年版）》指出："语言能力指在社会情境中，以听、说、读、看、写等方式理解和表达意义的能力。"[51]笔者认为，这里讲的语言能力有两层含义：一是辨认、理解和掌握英语语音、词汇、语法的能力；二是在前者的基础上学习和运用语言表达思想情感，与人沟通、交流的能力。两者均备，方能算作具备了语言能力，确切地说是"语用能力"（pragmatic ability）。前者是语言解码，后者突出语言运用，但是在教学的过程中如何使两种能力的培养有机结合起来，已成为当今教学改革的一个焦点。说得通俗些，也就是怎样正确处理语言知识与能力的问题。尽管围绕这两者讨论了几十年，但是至今仍未得以彻底解决。

我国英语课程与教材研究者清楚地看到，传统的教材和教法的确存在忽视语用的问题。那时，教师把课本中的句型和课文的词汇、语法讲解清楚，指导学生完成书中的练习，就课文进行问答、听写、复述等活动就行了。而今天的课程和教材要在规定的话题、功能项目和一定量的语音、词汇、语法项目的基础上，创设多种语境的听、说、读、看、写活动，要求这些活动具有真实性、递进性、趣味性和可操作性。这样一来，教材的信息量倍增，活动量也大增，加之教材增强了弹性，提供了选用的材料，呈现在师生面前的教学资源变得极为丰富。然而，相当多的教师感到教材内容太多，时间不够，于是首先保证语言知识的学习，因为他们认为这样可以保证学生考试的成绩。其结果则是牺牲了语言运用能力的培养。这种问题在九年级和高中三年级选修课程的教学中尤为突出，为这一阶段编写的教材往往被搁置一边，师生把更多时间用于奋战中考和高考。岂不知这么做的结果是无形中浪费了许多有潜力学生的精力，让他们在题海中做重复低效的劳动而阻碍了他们潜能的发挥和水平的提高。

教材改革多年，并且还要进一步深化改革，可为什么在实际教学中难以顺利贯彻？理论上，大家的看法是一致的，都认为培养语言运用能力是英语教学的目标。但是，必须承认，仍有不少教师由于教学观念陈旧，不理解语用能力培养的重要性，也不知道怎样培养语用能力。

首先，要明白决定语用能力的因素是多方面的，不单是能说出或写出符合语法的句子，更需要语言知识和语言技能，还需要知道在何种语境、何时、何地、向何人用何种语言形式恰当地表达自己的意思。从 Cohen 和 Ishihara 所举 3 个小对话的例子[116]中可以说明这个道理。

（1）Kumi 与 Paul 见面时的对话。

Kumi：How are you？

Paul：Fine，thank you. And you？

Kumi：I'm fine too. Thank you.

这个对话常出现在起始阶段，语言规范，比较正式，可用于朋友之间，也可用于不熟悉的人之间。从对话本身看不出说话人的情绪和态度。学生单凭背诵这样的对话，并不一定能在不同的语境中确切地表达自己的意思。

（2）Joan 与 Elizabeth 在楼道相遇打招呼。

Elizabeth：Hi，Joan！

Joan：Hi，how are you？

Elizabeth：Oh，busy busy busy！

Joan：Mm，terrible，isn't it？

（3）两名地位平等的男性同事在电梯里相遇时的对话。

Matt：Hi，how's things？［sic］

Bob：Hi，good good…haven't seen you for ages. How are you？

Matt：Fine. Busy though，as always…must meet my
performance objectives，eh.［laughs］

Bob：[laughs] Yeah，me too. Ah well，see you later.

Matt：Yeah，bye.

第二和第三个对话尽管看不到说话人的表情、动作，但仅凭他们的言语（speech act）便可以了解到他们的身份、情绪和态度。他们的言语并不十分规范，但是表达的思想情感十分到位。这就充分体现了语用能力。

基于课程标准编制的教材一般也是通过语音、词汇、语法教学和听说读写技能训练来培养语用能力。这与过去的教学有何区别呢？笔者以为至少有 4 个"强调"：强调语义、强调语境、强调语篇、强调活动。

1. 强调语义（meaning）

以词汇教学为例，过去很重视课本中的词汇表，有的老师不惜用一整节课按照表内词的顺序讲解每个词的词义及其用法。现在这种教法虽不多见，但并没绝迹。懂得语义学的教师就不会依靠这种枯燥而低效的方法教学词汇。语言学家利奇（G. Leech）在他的 *Semantics*（《语义学》）一书中，将语义划分成 7 种类型：①概念意义（conceptual meaning），指的是词的中心意义，即词典中所收录的常见意义。②内涵意义（connotative meaning），是概念意义以外的意义，是附加的意义，如 lamb（羔羊）带有"温顺"的内涵意义。③社会意义（social meaning），因说话人的社会环境不同，所用的词语不同，如 mummy、mom、mother、female parent、daddy、father、male parent 用于不同的场合。④情感意义（affective meaning），主要指表达情感的词，除了形容词、感叹词等，还有一些词通过内涵的意思表达感情，如 pig（蔑视贪吃懒惰的人），niggers（歧视黑人的称谓）。⑤联想意义（reflective meaning），指那些能引起联想的词义，如用委婉词语 washroom 代替禁忌词 toilet 等。⑥搭配意义（collocative meaning），有些词虽然概念意义相近，但搭配能力不同，意义也有所不同，如 beautiful 和 handsome 是一对同义词，但前者和 girl、woman、flower、garden、colour、village 等词搭配，而后者则与 boy、man、car、vessel、overcoat、airliner 等词搭配。⑦主题意义（thematic meaning），是说话者借助语序、强调手段、信息焦点的安排等方式来传递的一种意义，例如 "We like apples best." "Apples are liked best by us." 和 "It is apples that we like best." 这三个句子的意思虽然相近，但却用于不同的语境，意思的侧重点并不相同。所以，学习英语词汇仅知道其音、形、义是远远不够的。

2. 强调语境（context）

使用语言与人进行交流时，如果语法混乱则达不到交流目的，然而仅注意语法形式的正确而忽视语法使用规则也不行。例如"Open the window."这个动宾结构的祈使句，学生能够记住这个句型，懂得意思，但并不意味着能够在不同的情景中正确使用。主人对仆人，上级对下级，可以直接发出这个命令，否则就会惹得对方生气或误解。对朋友、同事需要根据具体情境用不同程度委婉的语气说"Open the window，please.""Would you please open the window？""Would you mind opening the window？""It's hot，isn't it？Why don't you open the window？"等。由此可见，除了语言形式规则，还要注意语言的使用规则，即在不同的语境中恰当使用语法规则。因此，在使用教材教学时，让学生背记课文，即使是对话课文，也不一定能真正提高学生运用语言的能力。

3. 强调语篇（discourse）

在相当长的时间里，语言学家把句子作为最大的语言单位来孤立地进行分析和操练，而对大于句子的结构避而不谈。其结果是，教学的重点是词和句子的解释及句子的语法结构分析。这种教学在起始阶段有较大的积极作用，但是，随着学习的深入，停留在词、句分析和理解的水平上是不够的。遗憾的是，这种知识碎片式的教学在高中教学中普遍存在。

哈里斯（Z. S. Harris）指出，"语言并非一些杂乱无章的词句，而是由连贯的篇章形式表现出来的"。语篇指的是实际的语言单位，是一次交际过程中的一系列连贯的语段或句子所构成的语言整体。它可以是对话，也可以是独白，它既包括书面语，也包括口语。在一般情况下，语篇是由一个以上的语段或句子组成，其中各成分之间在形式上是衔接的，在语义上是连贯的。如"I have a friend. His name is Bob Smith. He is a teacher. He teaches English in a primary school in Nanjing…"读起来比较连贯，可是如果写成"I have a friend. His father is a teacher. He often goes swimming. I like to play soccer with him."就显得杂乱，不衔接，指代不清。尽管每一个句子语法结构正确，但不能形成一个好语篇。

这就意味着，在入门阶段以后的教学中，必须重视语篇的教学，要分析各种题材、文体的口头语篇和书面语篇的篇章结构，否则难以培养学生说出或写出逻辑思维清晰，语义连贯，表达形式正确的语篇来。[117]

4. 强调活动（activity）

《普通高中英语课程标准（2017年版）》提出，课程内容由六大要素组成，即主题语境、语篇类型、语言知识、文化知识、语言技能和学习策略。这六大要素是一个相互关联的有机整体，由这六大要素整合构成了英语的教与学的活动。在这个教学的过程中，主题语境涵盖人与自我、人与社会、人与自然，涉及人文社会科学和自然科学领域等内容，为育人提供话题和语境；语篇为探究主题意义提供口语和书面语不同文体的语言素材，承载语言知识和文化知识。学生在探究主题意义的过程中，以语篇为依托，学习语言知识、赏析语言和语篇形式，运用学习策略，发展语言技能，拓展文化知识，理解文化内涵，促进思维品质和良好文化品格的形成。

活动是英语课堂教学的基本组织形式。英语教学活动以主题意义为引领，以语篇为依托，通过一系列体现关联性、实践性、综合型特点的英语学习活动，将语言知识学习、语言技能发展、文化内涵理解、学习策略运用有机整合在一起，组成一个个连贯的学习单元，使学科核心素养的发展过程成为语言知识与语言技能整合发展的过程，文化意识、文化理解不断加深、优秀文化品格不断形成的过程，同时还是思维品质和语言学习能力逐步提升的过程。由此可见，活动是改变英语教学方式、培养学生学科核心素养的关键途径。

现在，试以"Languages Around the World"为主题设计一个单元的教学活动：①通过听说探索世界上的语言（Explore languages around the world）；②通过阅读语篇探索汉字书写体系（Explore the Chinese writing system）；③语法教学限定性定语从句部分（Discover useful structures from the texts）；④通过听说讨论不同种类的英语（Explore different kinds of English）；⑤读后写关于英语学习的博客（Write a blog about English study）；⑥自我评价和反思（Assessing your progress）；⑦看视频（Find more about Chinese characters）；⑧通过泛读和看视

频拓宽视野，讨论外语学习的重要性（Discuss why learning foreign languages is important）以及世界各国重视外语教学的情况；⑨通过做研究项目（Make a project），让学生用问卷调查了解一个群体中每个人学外语的动机、兴趣、困难、解决方法和策略等，并写出报告，可以用文字、图片、幻灯片等形式向全班汇报。

一系列的主题活动整合了语篇、文化知识、语言知识与技能，并在有关听说读写等部分融入了学习策略。最后，通过测评方式，指导学生动手、动脑进行具有创造性的研究项目，训练综合运用语言的能力。

在这里，需要特别说明的是，语言技能加了"看"这项技能。语言分有声语言（verbal language）与无声语言（non-verbal language）两种。伴随听、说、读，都会有说话人的表情、手势、动作，阅读材料也常配有直观图片和图表等，因此，在语言学习中，视听说一直备受重视，不过没有把"视"或"看"与其他4项技能放在同等地位。当今时代，由于信息技术的高度发展、互联网的普遍运用，视频同音频材料几乎同样普及，在外语教学中，增加"看"这项技能是必要的，也是可能的。

从图3.1可以知道听、说、读、看、写五项技能的相互关系，"看"通常与听、说、读一起发挥作用。一般来说，学习者通过听、读、看接收和理解信息，通过说、写输出语言和表达思想，而在说的时候会用到从"看"学来的非语言形式表达自己的情感，如摆手、耸肩表示"不知道"或"无可奈何"之意。图标中的箭头表明了5项技能的功能（领会或复用）、语气（口语或书面语），以及它们之间的关联与相互促进的作用。这里笔者无须赘述，读者通过看图中的箭头便可领会其中之意。

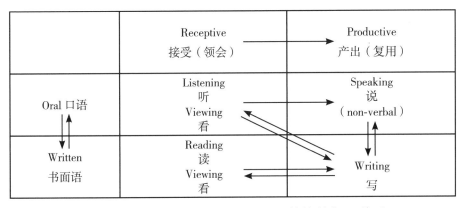

图3.1 听、说、读、看、写五项技能的相互关系

　　综上所述，语言能力重在运用能力，但是语言能力的培养必须建立在语言知识与技能训练的基础之上，而这个训练的过程又必须将主题、语篇、文化知识和学习策略整合在一起，用主题活动串联起来，形成一个整体，并不断循环、发展，形成语言意识和语感。教师和学生在利用教材进行教与学时也要有创新的思路。教师的作用主要是启发、指导和帮助学生，让学生通过自主探究，发现和感悟、解析与释疑、体验与赏析、内化与整合语言和文化信息，生成和创建自己的思维与语言，并成功地表达出来。这一过程可以通过图 3.2 呈现。

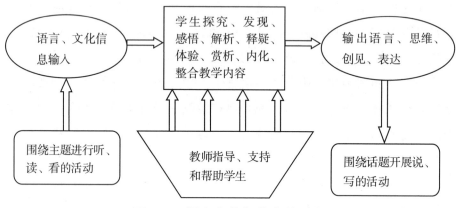

图 3.2　语言内化与整合的过程

教学案例

　　江苏省如皋市教育局教研室陈红娟老师的文章《从一节研讨课谈学生语用意识的培养》[118]，通过一节小学英语课示范了如何运用教材成功地培养学生的语用能力。教学的内容是译林版英语四年级下册 Unit 4 "Drawing in the Park"。课文讲的是两个小朋友在公园里绘图时的一段对话，内容大体如下（图画省略）：

—Let's draw some pictures here.

—Good idea!

—What can you see over there?

—I can see a tree and some flowers.

—Can you draw them?

—Sure. It's easy.

a boat　a flower　a tree

—This is the tree and these are the flowers.

—Well done.

—Can you see the boat on the river?

—Yes.

—Can you draw it?

—It's difficult, but I can try.

—Is this a boat?（感到不满意的样子）

> a hill　a lake　a river

授课教师设计了 5 个教学步骤：

Step 1　激活已知，引入新知

教师利用学生四年级上册学过的句型"Can you...? Yes, I can./No, I can't."，根据学生已有的知识储备，让学生齐唱歌曲"I Can Skate and I Can Jump"，并启发学生用"Can you...?"向教师提问，猜测教师会做的事。师生交流之际，教师自然呈现了新的句型。

T：In the song, the boy can skate and the girl can jump. Can you guess what I can do? You can use the sentence "Can you...?" to ask me questions.

S1：Can you jump?

T：Sure. It's easy. I can jump high.

S2：Can you play basketball?

T：It's difficult for me, but I can try.

S3：Can you draw?

T：Sure. It's easy for me. I can draw very well.

…

T：I can skate. I can run. I can jump and I can draw. It's easy. But I can't play basketball and I can't dance. It's not easy for me. It's difficult, but I can try.

教师此时问学生是否发现老师在回答问题时用了什么新的句型，反应快的学生会主动回答。这时，教师便用 PPT 呈现以下句型，让学生初步感知。

Can you...?

I can skate.

I can run.

> It's easy.

I can jump.

I can draw.

…

I can't play basketball.

I can't dance.

…

> It's not easy. It's difficult, but I can try.

Step 2 创设情境，感悟体验

授课教师设置了句子接龙游戏。

T:Now boys and girls,let's play a game. You can do it like this.（呈现下图）

> 小组内句子问答接龙：
>
> A：Can you draw…?
>
> B：Sure. It's easy./It's difficult, but I can try.
>
>   Can you draw…?
>
> C：Sure. It's easy./It's difficult, but I can try.
>
>   Can you skate…?
>
> D：…

T：Is it easy or difficult for you?

S1：Easy.

S2：Difficult.

T：It's difficult for you，but you can try. Go!

在这样比较真实的语境中进行交流，很容易激发学生的兴趣，而且使学生关注语言交流的意义，有目的地运用语言交流，从中初步体验新语言现象在真实语言语境中的运用。

Step 3 观看动画，感知语篇

授课教师为了帮助学生整体感知和理解语篇，将课文做成动画片，给两个主角取了 Mike 和 Tim 的名字。教师让学生观看动画片后回答问题："What can Mike and Tim see in the park?"，要求学生圈出答案。

> Watch and circle

What can Mike and Tim see in the park?

A. a bird　　B. flowers　　C. a tree　　D. a boat

然后，教师让学生阅读文本，完成以下表格。

> Read, tick and say

Can Tim draw them well?

	☆	☆ ☆
a tree		√
some flowers		√
a boat	√	

Tips : He can _____ because it's _____ for him. He can't _____ well because it's _____ for him, but he can _____.

学生完成表格后，根据教师提供的语言支架说出如下句子："He can draw a tree and some flowers because it's easy for him. He can't draw a boat well because it's difficult for him, but he can try." 描述表格所呈现的内容，不仅培养了学生从文本中提取信息和整合文本信息的能力，还培养了学生借助文本语境理解生词的能力。

Step 4　分角色朗读故事，内化活用语言

教师不能仅让学生单纯地背诵、机械地记忆语言，还要给学生提供各种机会，让他们在各种情景中接触、使用和内化语言，从而灵活地运用所学语言。授课教师让学生分角色朗读故事，两人一组。

T：Now, boys and girls, it's your reading time. You can read the story in roles. It's easy for you. If you read well, you can get two stars. If you can act it out, you can get four stars. Maybe it's difficult for you, but you can try. The pictures and the words on the blackboard can help you. Please get ready in your group.

教师在黑板上写出评价标准。

| It's easy.
可以看书 | 语音、语调正确 | Well done!
☆ ☆ |
| It's difficult,
but I can try. | 语音、语调正确
借助板书表演
动作、表情丰富 | Wonderful!
☆ ☆ ☆ ☆ |

教师设置两个不同层次的任务，让学生选择，并将本课两个目标语言结构加入故事朗读的评价要求中，进一步让学生在真实的情境中感悟目标语言的运用。

Step 5　表达思想，真实交流

为了提升学生的语言运用能力，教师创设了贴近生活的语境——talk show。

T：Let's have a talk show. Look at the PPT. Choose one picture and have a talk with your partner. And you can use the sentences if you like.（PPT 呈现图和关键句，此处图被省略）

Drawing on the farm　　Drawing in the zoo

Drawing in my home　　Drawing in our school

Key sentences：

Look, this is...　　　　　What can you see...?

What's this/that?　　　　What are these/those?

Do you like...?　　　　　Can you see...?

Welcome to my...　　　　...

下面是其中两组学生的对话：

[对话 1]

A：Look at the picture. This is our farm.

B：How nice!

A：What can you see?

B：I can see a cow under a tree.

A：Can you draw a cow?

B：It's difficult, but I can try.

A：Can you draw chicks?

B：Sure. It's easy for me. They're lovely and I like them.

A：You can draw them on our farm. Welcome to our farm.

B：Great! Thank you!

[对话2]

A：Welcome to our zoo. Can you see the monkey？

B：Yes. It is lovely. I like it.

A：Can you draw it？

B：Sure. It's easy for me and I can draw it well.

A：What can you see over there？

B：Pandas. Wow，very fat and cute. They are white and black.

A：Can you draw one of the pandas？

B：No，I can't. It's difficult.

A：But you can try. Have a nice day.

B：OK. Thank you.

基于学生已有的语言知识储备，授课教师创设了农场、动物园、家庭和学校四个场景，并给学生提供了语言支架，让学生用本课所学的语言创编对话。虽然教师并没有在PPT中再次列出两个重点句，但学生在对话时都很自然地用上了。

从这一节小学英语课可以看出，在教师的指导和帮助下，学生能够自主地发现、感知、体验、赏析围绕主题的语篇的语义，并通过各种语言活动内化、整合教学内容，灵活运用语言，从而达到交流的目的。由此可以看出，教师只要充分把握教材中的语用材料，并提供机会让学生感悟和运用语言，有意识地培养学生的语用意识，提高学生使用语言的敏感性，学生就完全有能力在语言交流中理解和运用目标语言，并逐步有意识地在适合的语境中自主运用，真正实现在真实的情境中灵活、得体地使用语言。

三、形成文化意识

关于语言与文化的关系，我国外语教育工作者经历了一个由模糊到逐渐明白的认识过程。笔者翻阅了百年来我国英语学科的课程标准和教学大纲，发现最早是在1929年《高级中学普通科英语暂行课程标准》的目标中提到一句"使学生从英语方面加增他们研究外国文化的兴趣"。以后在 1948 年的《修订高级中学英语课程标准》中，除了重复此句，还加上了"从语文中认识英语国家风俗之大概。从英美民族史迹记载中，激发爱国思想及国际了解"。新中国成立后，1956 年和 1963 年的中学英语教学大纲，明确"外国语是学习文化科学知识、进行国际交往、促进文化交流、增进与各国人民之间的相互了解的重要工具"。但是，教学仅局限于对语言知识与技能的要求，从未提及文化在语言教学中的作用。这种情况一直延续到 1993 年，在当年制定的《全日制高级中学英语教学大纲（初审稿）》的教学目的中，不仅提出"增进对所学语言国家的了解"，而且提出在教学中应注意处理好语言教学和文化的关系。21 世纪以来的英语课程标准明确提出，文化意识和跨文化交际能力是英语教学应使学生获得的素养之一。《普通高中英语课程标准（2017 年版）》把文化意识列为英语学科四大核心素养之一，可见文化在语言学习中的重要性。如果说新一轮小学语文教材改革亮点是"打好中国文化底色"，那么英语教材的亮点之一就是"吸取中外文化精华"。

外语学习为什么要重视文化意识和跨文化交际能力的培养？首先要明白什么是文化。按照《现代汉语词典》（第 7 版）的解释，文化是指人类在社会历史发展过程中所创造的物质财富和精神财富的总和，特别指精神财富，如文学、艺术、教育、科学等。[119]语言文字是用以描述和记载文化的，是文化的重要表现形式之一。由于不同民族有不同的历史、文化、传统、风俗习惯、生活方式等，语言的表达形式也不同。例如，中国古代一般是大家庭，亲戚关系复杂，称呼也就繁多。赵元任先生在《中国人的各种称呼语》（"Chinese Terms of Address"）一文中列举了 100 多种对于亲属的称呼语，每种又有正式名称、直称与比较文气的称呼之分。[120]如汉语中的"伯父（大伯）、叔叔、舅舅、姑父、姨父"在英语中通称为 uncle，"姨妈（姨娘）、姑妈、伯母（大伯母）、婶母、舅母"在英语中通称为 aunt。如要详细说明关系，则要说 my father's elder brother（大伯），my mother's sister（姨妈），my mother's brother's wife（舅母）等。这是因为英语国家小家庭居多，亲属关系较为简单。又如，英格兰的天气变化无常，笔者在英国曾观察到半日之内天气的变化，先是阳光普照，一会儿刮起风来乌云密布，下起雨来，不到一个小时却又雨过天晴。因此，当地人非常关注天气的变化。遇到晴天，人们相见时会说："It's a fine day, isn't it？"，遇到雨天会说："Oh, it's awful today!"，这样的话似乎成了见面寒暄语。而中国人彼此相见常问："您吃过了吗？"这么问往往只是友好的问候，并非有实际的意义，在一定程度上反映了"民以食为天"的文化。可是外国人可能会误解为说话人真的关心自己吃饭了没有，如果没有，是否有请自己吃饭的意思。由于文化差异范围广泛，大的方面包括社会阶层、家庭结构、职业、社交活动等，小的方面如约会、打电话、吃饭习惯、禁忌、寒暄、手势、体态、讲话人彼此相距多远、能否触摸等。如中国人尊老，不忌讳询问年龄，可以问："您高寿了？多大岁数了？"可是，英语国家人士认为年龄、收入等属于隐私，这类问题会使他们感到很尴尬。各国不同阶层和种族的人，使用的语言差异性也很大。高中英语教材中"Pygmalion"（《卖花女》）一课就生动地揭示了英国上层人士与下层劳动人民语言的差异，也告诉英语学习者运用语言时必须注意人物、场合，以便使用恰当的语体（formal 或 informal）。从文学作品中可以了解到民族的习性、心理状态、文化特点、风俗习惯、社会关系等，因此，阅读文学作品对于提高文化意识和文化品位非常重要。

20世纪90年代的高中英语教材确定了16个话题：中外文化传统、风俗习惯、名人传记、传统节日、社会科学、自然科学、饮食文化、行为规范、禁忌、幽默等。21世纪以来，根据课标要求，话题增至24个，突出了现代题材，使语言材料具有较强的时代气息。文体的选择由文学型转为应用型，减少了文学作品，增加了时文、科普小品，甚至广告文体等。教学内容重视人文性，精心编选反映中外优秀的文化传统、杰出人物的事迹和精神的材料，以陶冶学生的情操，帮助他们树立正确的人生观、世界观和价值观。教科书中有关中外文化的内容很多，现将一些涉及文化的典型课文分类列举如下（见表3.2）：

表3.2　教科书中提高学生文化意识的课例

话题	课文题材
国际视野	A Land of Diversity/The American South/California/The Bison on the Plains of America/Going West/Countries of the United Kingdom/Sightseeing in London/A Particular British Celebration/The British Isles/Ireland：the Island in the West/A Trip on "The True North" "Iqaluit—the Frozen Town"/Glimpses of Australia/Australia's Dangerous Creatures/Discovery of Australia/New Zealand：Land of the Long White Cloud/New Zealand Travel Guide/Life in New Zealand/Peru/Machu Picchu/Countries Along the Mekong/That Crazy Tower in Pisa
语言与文化	How Marx Learned Foreign Languages/Body Language/Body Talk/Communication：No Problem？/Showing Our Feelings/Pygmalion/Greek and Chinese Legends/Influence of Legends on Modern Language/A Master of Nonverbal Humour/English Jokes/How Advertising Works/English Literature/English Around the World/The Road to Modern English/Standard English and Dialects/The Oxford English Dictionary/Scout's First Day at School（from *To Kill a Mockingbird*）/Confucius and *Ren*/The Chinese Writing System/The Lantern Festival
中外文学家	Charles Dickens/Shakespeare/Bernard Shaw/Mark Twain/Harper Lee/Jane Austen/Charlotte Bronte/George Eliot/Isaac Asimov/Edgar Snow/Israel Epstein/Pearl Buck/Lin Yutang/Bai Juyi/Cao Xueqin/Tang Xianzu
节日与习俗	Festivals and Celebrations/Christmas/The Spring Festival/Easter/Thanksgiving/The Mid-Autumn Festival/The Dragon Boat Festival/Valentine/Qixi/National Day/May Day/Teacher's Day/Women's Day/Children's Day/Table Manners/Birthday Celebrations/Winter Carnival in Quebec/April Fool's Day/Theme Parks
国际交流	Dr. Norman Bethune/A Speech by Norman Bethune/Rewi Alley/Kathleen Hall/Tu Youyou/Gung Ho！/Milu Deer Return to China
中外科技	Lady Silkworm/Coins/Paper/First Aid/Astronomy/Robotics/Cloning/Inventions and Patent Application/Computers/Exploring Space
文化遗产	The Great Wall/Aswan Dam（Abu Simbel）/Angkor Wat/The Pyramids/Stonehenge/Easter Island/The Palace Museum/Inca Culture/The Terracotta Warriors in Xi'an/The Mogao Caves
音乐艺术	Country Music/The Beetles/The Band That Wasn't（The Monkees）/Cat's in the Cradle/Er Quan Ying Yue/A Short History of Western Painting/The Best of Manhattan's Art Galleries/Modern Architecture/A Second Life for Factory 798

英语教材的编者认识到文化意识体现英语学科素养的价值取向，是检验和评价教材的标准之一，因此，一直在努力使所编制的教学资源达到培养学习者跨文化交际能力的标准[121]：

（1）文化知识（knowledge）。使学习者了解不同国家的历史与现状，吸纳人类文明优秀成果，提高人文素养，学会做人做事，成长为有文明素养和社会责任感的人。

（2）文化意识（awareness）。在全球化背景下，培养学习者对不同文化的理解和对优秀文化的认同，具备良好的跨文化认知、态度和行为，促进他们与不同社会的人际交流。

（3）文化态度（attitudes）。批判那种重视西方、歧视非西方文化的思想，明确外语学习既要了解异国文化，也要加强对本国和本民族文化的了解和认同，并向世界传播中华优秀传统文化，增强爱国情怀，提高民族的自信、自尊、自强，坚定文化自信，树立人类命运共同体意识。为此，在教材中要增加中国元素，讲好中国故事。

（4）跨文化交际能力（competence）。使学习者在文化理解、比较、认同、包容、吸纳精华和批判糟粕的基础上，能够顺利地运用语言与不同民族进行沟通和交流。

虽然英语教材及其他教学资源包含丰富的文化，但是，由于大部分内容是隐性的，在教学实践中，文化教学的目标常常落空，或者有名无实。例如，中国人出殡、丧葬一般都是用黑白色，花的颜色多为白或黄色，但是西方人服装虽然为黑色，可送葬的车上用的是五颜六色的鲜花。美国新奥尔良市的黑人有一种葬礼叫"爵士葬礼"（jazz funeral），人们在葬礼结束前唱歌跳舞庆贺死者的一生，这在中国是匪夷所思的。中国婚礼习俗中，新娘身着红色嫁衣，表示喜庆，可西方的新娘穿白色婚纱，表示纯洁。这些文化差异常常在教学实践中被忽略，大家对其"视而不见"。为什么会这样？究其原因有二：一是眼中只有语言知识和语言技能，没有跨文化交际运用能力培养的意识；二是误认为考试不考文化，因此不重视。岂不知学生听不懂、看不懂英语的原因不只是语言的障碍，还有文化背景知识的障碍。例如不了解希腊神话故事就不会明白"Trojan Horse""Pandora's box""Achilles' heel""Pyrrhic victory"的含义，这与成语"胯下之辱""背水一战""四面楚歌""万事俱备，只欠东风"等用法一样，外国人如果不知其背后的故事，听了也会一头雾水、不知所云。

如何使教师有效地利用教学资源，帮助学生提高文化意识和跨文化交际能力呢？宋维华研究文化意识教学的途径后，建议加强课堂内外教学中的文化渗透。一方面，在课堂上利用教材内容激活学生对中外文化差异的意识，对比不同的价值观、思维方式、社会习俗，结合语言教学，指出英汉语中词汇、习语、谚语、禁忌语、委婉语、比喻等文化内涵，创设情境，让学生身临其境地感受语言和文化（如角色表演英国人打电话），并用诠释补充法，结合语篇内容，挖掘一些与之有关的背景知识，拓展学生的文化视野。另一方面，强化课外教学活动中的文化意识渗透，如建立课外网络学习社区（learning community based on network），提供不同文化场景（如"走遍美国""走遍欧洲""走遍中国"等）的虚拟平台，学生可以自由选择场景，置身其中，体验文化差异；举办丰富多彩的课外活动，比如，举办专题讲座、开展文化主题活动（英语角、演讲比赛、文化周、戏剧表演等），建立课外阅读档案，积累文化背景知识，利用乡土文化与外国文化进行比较等。[122]

教学案例片段

下面是浙江省余姚中学王爱娣等（2015）编著的校本课程《英语习（谚）语选学》中的一个阅读文本"Dog Expressions"（片段）。

Americans use many expressions with the word "dog". People in the United States love their dogs and treat them well. They take their dogs for walks, let them play outside and give them good food and medical care. However, dogs without owners to care for them lead a different kind of life. The expression, *to lead a dog's life*, describes a person who has an unhappy existence.

Some people say we live in a *dog-eat-dog* world. That means many people are competing for the same things, like good jobs. They say that to be successful, a person has to *work like a dog*. This means they have to work very, very hard. Such hard work can make people *dog-tired*. And, the situation would be even worse if they became *sick as a dog*.

...

1. 此文本（片段）介绍的有关"dog expressions"的内涵蕴含着丰富的目的语文化，呈现了与汉语文化的显著差异性。基于文化视角，可设计如下教学环节，引导学生感知语言。

Ask students to work in pairs to discuss the "dog expressions" mentioned in the passage and fill in the chart.

Dog expressions	Used in what situations?	Chinese equivalents
to lead a dog's life	to describe a person who has an unhappy existence	过着悲惨的生活
dog-eat-dog	to describe that many people are competing for the same things	自相残杀
work like a dog	to describe a person who works very, very hard	拼命工作
dog-tired	to describe a person who is exhausted or worn-out	筋疲力尽
sick as a dog	to describe a person who is seriously ill	病得十分严重

2. 教师可从语言在文化层面呈现内涵差异的视角出发，借助文本语境，引导学生从"知其然"跨越到"知其所以然"，即从理解语言走向赏析语言，并通过比较，加深对目的语文化和本族文化的理解。

Q1: How do people in Western countries treat dogs? What do they regard dogs as? And in English are dog expressions used more in positive ways or in negative ways? What about in Chinese?

Q2: In Chinese, if people want to express similar meanings, will they employ any animals in their slangs or proverbs? If so, what animals?

由于中外文化的差异，对"狗"的认知有很大不同。在汉语文化中，"狗"更多被认为是一种卑微、势利的动物，体现在语言中，关于"狗"的习语、谚语、俗语往往含有贬义色彩。而在英语文化中，"狗"被看作人类最好的朋友，因此"狗"在英语中的文化内涵与汉语不尽相同，既有共性的一面，也有差异甚至相反的一面。通过 Q1 和 Q2 的追问，学生可清晰地看到这一文化内涵的异同。

3. 教师可让学生在文本语言做出充分铺垫的情况下，创设基于文化视角的语言运用平台，进一步增进学生对目的语文化的理解，明白文化差异对跨文化交流带来的障碍。

Pair-work:

（1）Try to think of a proper situation and then make up a dialogue in which the above idioms can be used. Share your dialogues with other groups.

（2）Try to create a dialogue in which some misunderstanding of "dog expressions" occurs.

此课例的设计侧重对语言知识和文化知识的融合。学生通过文化视角整理目标语言，使目的语文化渗透与语言实践充分结合，不再使学生觉得语言和文化的关系过于抽象和高深，从而更好地理解"Learning a language is learning a culture"的含义。[123]

四、提高思维品质

思维是人脑对客观事物间接的概括的反映，人通过思维而达到理性认识，人的一切活动都是建立在思维活动的基础上。换句话说，思维是指人们在生活、学习、工作中每逢遇到问题要思考，要"想一想"，这种思考和"想"，就是思维。思维有直观形象思维和抽象思维，前者主要指依赖直观动作或形象进行的认知活动，后者则指在表象、概念的基础上进行的分析、综合、概括、判断、推理等认知活动。抽象思维是一种理性思维，学生在接受教育的过程中，要特别注意发展抽象思维，并以此对感性材料进行加工，将其转化为理性认识，直至解决问题。我们常说的概念、判断和推理是思维的基本形式。学生的学习活动离不开思维，思维能力是学习能力的核心。

思维能力包括理解力、分析力、综合力、比较力、概括力、推理力、论证力、评判力、判断力、抽象力、创造力等。它是整个智慧的核心，支配着一切智力活动。一个人聪明不聪明，有没有智慧，主要是看他的思维能力强不强。要使自己聪明起来，最根本的办法就是培养思维能力，使自己头脑清晰，思维敏捷。思维能力是智力的核心，是考察一个人智力素质高低的主要标志。思维能力决定着人的智力发展和行为能力[124]。

"思维品质"这个概念最初由美国心理学家吉尔福特提出。有的心理学文献认为思维品质是指个性思维活动中智力特征的表现，反映了每个个体智力或思维水平的差异[125]。思维品质可分为思维的深刻性、独创性、批判性、灵活性、敏捷性、逻辑性和系统性等方面。优秀的思维品质来源于优秀的逻辑思维能力。用通俗的语言衡量思维品质，就是指脑子动得快不快、活不活，思想深不深刻、新不新颖。

思维，听起来有些捉摸不着，但是，思维是存在的，而且在人的成长过程中起着非常重要的作用。培养思维能力，提高思维品质是教育的重要目标，因为教育就是一项使人变聪明，使人的潜能得以充分发挥的事业。

人的思维能力是可以训练、培养和开发的，人的思维的发展是有规律可循的。因此，学校教育，无论是教育学生学会学习、学会生存、学会做人，还是学会合作，只有学会思维，才是最重要的。

那么，如何培养思维能力和提高思维品质呢？

在学校，需要所有学科协同配合方可完成。这里首先要消除一些误解：一种是认为某些学科（如数学、自然科学）有利于思维能力的培养，而有的学科则不利于思维能力的培养，如有人认为外语学习培养的只是记忆能力，言外之意是外语学习对发展思维能力的作用不大。另一种是对各学科里与发展某种思维能力持固化的看法，如认为学数学的人逻辑思维强，但缺乏灵活性，显得"呆头呆脑"。还有人以为，学艺术的人虽然观察力强，反应敏捷，但逻辑思维不强，条理不清。笔者认为，这些都是一孔之见，不足为凭，甚至是荒谬的。现在，中小学不主张过早文理分科，这有利于诸多学科协同培养和发展学生的思维能力。实际上，每个学科虽然由于自身的特点可以突出某些学科素养，但是，每个学科在培养青少年的思维能力和思维品质上不可能仅限于某一种能力。

外语仅能培养记忆能力吗？当然不是！早在 20 世纪杜威就说过，"语言是思维的工具，语言同思维有着特别密切的关系"。他认为，"尽管语言并不是思维，但它对于交流思想，以及对于思维本身来讲，却都是必需的"[126]。这明示了外语教学与思维能力培养之间的关系。对于这一点，我国学者经历了一个认识过程。1993 年，《全日制高级中学英语教学大纲（初审稿）》在教学目的中提出了"发展智力，提高思维、观察、注意、记忆、想象、联想等能力"。最近，《普通高中英语课程标准（2017 年版）》旗帜鲜明地将思维品质列为英语学科的一个核心素养，指出思维品质"指思维在逻辑性、批判性、创新性等方面所表现的能力和水平"。通过英语课程的学习，学生"能辨析语言和文化中的具体现象，梳理、概括信息，建构新概念，分析、推断信息的逻辑关系，正确评判各种思想观点，创造性地表达自己的观点，具备多元思维的意识和创新思维的能力"。这段话对于英语学科的性质起到了进一步正本清源的作用，因为它更加有力地说明了英语学科具有开启心智、发展思维品质、培养人文素养的作用，更加突出了外语学科的人文性。

　　现在，我们将青少年的思维能力分成六类来研究外语学科是怎样通过教材与教学训练和发展的。这六类思维能力是：创造性思维、深刻性思维、批判性思维、敏捷性思维、灵活性思维和逻辑性思维。在外语教材和教学中，思维能力的训练渗透在教学内容之中，因此，人们易误解成语言学科不像理科那样起到培养思维能力的作用。其实，语言是外壳，语言所包含的内容极为丰富，尤其是当代的英语教材包含了古今中外、天文地理、自然与社会科学、音体美劳，应有尽有。外语教材中有许多课文直接反映了某种思维品质（详见表3.3），而在外语教学语言知识与技能的过程中处处需要提高学习者的思维能力，第四章第一、第二节将有更多阐释。

表3.3　可用于提高学生思维品质的课例

类型	典型课文
创造性	Benjamin Franklin's Kite Experiment/Albert Einstein/The Story of Little Gauss/Captain Cook/Charles Darwin/Alexander Fleming/Newton and the Apple Tree/Ben's Paddles/Copernicus' Revolutionary Theory
深刻性	Cao Chong Weighs the Elephant/Seventeen Camels/Healthy Eating/Maths Is Fun/Look Carefully and Learn/Modern Agriculture/Farming and Gardening（Qimin Yaoshu）/We Are What We Eat/Career Choice
批判性	Galileo and Aristotle/The Hare and the Rabbit/Why the Bat Comes Out Only at Night/Once a Thief, Always a Thief? /The Blind Man and the Elephant/The Emperor's New Clothes/It's Unfair/The Importance of Eyewitnesses/Does Food Advertising Have an Effect on Obesity? /Global Warming
敏捷性	The Fisherman and the Genie/The Monkey and Crocodile/Edison's Boyhood/Escape from the Zoo/The Snake in the Sleeping Bag/The Trial（The Merchant of Venice）
灵活性	The Fox and the Crow/The Rabbit and the Fox/A Way Out/A Question of Pronunciation/The Arab in the Desert/Two Friends and a Bear/The Tiger and the Monkey/We've Already Met, Haven't We?
逻辑性	The Pot of Gold/A One-eyed Camel/The Clever Cock/The Language of Honey-Bees/Detective Stories（Noises in the Night/Who gets the Money? /The Trick/Two Terrible Crimes Are Solved）

1. 创造性思维

创造性思维或创新性思维，也可称为"独创性思维"，表现为有创新的意识和创新的精神，不因循守旧、墨守成规，对新事物充满好奇心和兴趣，求异、求变，有一定的冒险精神，敢想而且敢于动手试验，验证自己的设想。牛顿由于好奇苹果为何从树上往下掉而最终发现万有引力规律。当哥伦布把地球"想"成球形的时候，他坚信他和同伴环球向西航行会到达印度，这说明他不迷信传统的"地球是平面的"的观点，敢于有创新的思维。伽利略大胆怀疑亚里士多德的观点，敢于挑战权威，通过比萨斜塔抛物实验证明物体下落速度与重量无关。外语教材所描述的每一位科学家、发明家和探险家的故事无不闪烁着智慧的光芒，无不凸显了他们的创造性思维。

基于创造性思维产生的创造力就是指一种独立地、创造性地解决问题的综合能力，也是揭示事物内部新的联系，处理好新的关系的能力。创造力应包括敏锐的发现问题、提出问题以及解决问题的能力。人的创造力是在长期的实践活动中培养和锻炼而来。外语教学中，学习者不仅要对所学语言和语言所传递的信息产生兴趣，经过发现、感知、理解、与已有的知识"同化"或"顺应"、体验等认知过程，吸收、内化并形成自己语言机制的一部分，还必须独立地、创造性地运用所学语言解决问题，如用英语说出或写出自己的想法来解决实际的问题。这也应验了杜威"教育要使语言转变成理智的工具"的观点，即指导学生的口头和书面语言，使语言由原来作为实际的、社交的工具，逐步变成有意识地传播知识、帮助思维的工具。

2. 深刻性思维

张大均、林崇德等认为，思维深刻性是一切思维品质的基础[127]。深刻性指思维活动的抽象和逻辑推理水平，表现为深刻理解概念，分析问题周密，善于抓住事物的本质和规律。概念是人脑反映客观事物的、本质属性的思维形式[128]。例如，贾思勰写的《齐民要术》提出农民要适时耕作、播种、插秧等，形成了概念，这一系列概念是 1 000 多年以前人们认识客观世界的产物。当代人是否接受这样的观点，需要经过分析和综合，也就是在现实的环境下设定假设、进行检验、分析结果、进行比较，经过一系列判断，最后概括出结论，哪些观点该继承，哪些该更新。这就是深刻性思维的过程。事实上，任何智慧的观念的形成，都建立在深刻性思维的基础之上。

3. 批判性思维

摩尔和帕克给批判性思维下的定义是：批判性思维是对思维展开的思维。也就是说，批判已有的一种思维，对其思考过程进行理性评估，考量这种思维是否符合逻辑，是否符合好的标准。批判性思维的目的是得出正确的结论。批判性思维不止适用于两人或两种观点之争，在评估任何论证，包括自己的论证时都可以进行批判性思维。摩尔和帕克在《批判性思维》[129]一书中引用了美国教育资助委员会的大学学习评估工程（CLA）具体罗列的一系列批判性思维的重要技能。这些技能是：

学生是否善于：

□ 判断信息是否恰当

□ 区分理性的断言和情感的断言

□ 区别事实和观点

□ 识别证据的不足

□ 洞察他人论证的陷阱和漏洞

□ 独立分析数据或信息

□ 识别论证的逻辑错误

□ 发现数据和信息与其来源之间的联系

□ 处理矛盾的、不充分的、模糊的信息

□ 基于数据而不是观点建立令人信服的论证

□ 选择支持力强的数据

□ 避免言过其实的结论

□ 识别证据的漏洞并建议收集其他信息

□ 知道问题往往没有明确答案或唯一解决办法

□ 提出替代方案并在决策时予以考虑

□ 采取行动时考虑所有与其相关的主体

□ 清楚地表达论证及其语境

□ 精准地运用证据为论证辩护

□ 符合逻辑且言辞一致地组织论证

□ 展开论证时避免无关因素

□ 有序地呈现增强说服力的证据

现在，结合英语教材内容来看，在实践中怎样使用其中部分技能。

例一，判断阅读语篇信息是否恰当，读者与作者的看法不一定完全相同，应给学生思维、评价和发表观点的空间。浙江省的教师在执教人教版高中英语必修4中"Theme Parks—Fun and More than Fun"一课时，不只是停留在学生理解文本的事实性信息上，还引导他们反思和评价。为此，教师设计了问题："Do you think these three examples（指文中三个主题公园）are well-chosen？Why（not）？If you were the writer，would you choose the same three parks as the writer did？If not，can you recommend or design another one？"。教师提供了agreement and disagreement 必要的语言支架后，学生深入思考，做出自己的判断并说明理由。类似的评判性思维活动还有阅读续写、改换标题等，目的是训练学生的思辨能力。

例二，在运用批判性思维技能论证信息的准确性时，需要分辨事实与观点（facts and opinion），证据十分重要。人教版高中英语必修5中有一篇这样的故事：一个渔夫拿了一条大鱼参加比赛，说是自己从海里打上来的，但是有人看见他是从市场上买来的，渔夫与目睹者的话陈述了不同的观点，但是目睹者的话加上市场卖鱼人的证词,人们洞察了事实的真相。[130]

例三，关于全球变暖（global warming）会带来什么影响的问题，科学家认为，地球在升温，因为有数据为依据，并且赞同二氧化碳的增加导致全球气温上升的观点。然而，地球升温究竟带来的影响是好的还是坏的，科学家们争论不休，原因之一是彼此缺乏令人信服的数据来说明前因后果（cause and effect）。[131]

例四，英语教材中不乏劝导人们不可轻信断言的文章，如广告或网络媒体语言，又如1983年初中教材第五册"It's Unfair"故事中的老师对学生Jenny的偏见，"A Thief，Always a Thief？"中的老板错怪一个有前科的工人偷了他的钱包，以及高中教材中的"The Blind Man and the Elephant"，都说明了对人或事物单凭偏见、印象或片面的现象做出判断是不可取的，甚至是错误的。

例五，精确地运用证据（grounds of argument）为论证（argument）辩护也是评判性思维的一种表现形式，常用于讨论或辩论及议论文写作之中。例如人教版高中英语必修 5 课本中的"John Snow Defeats 'King Cholera'"描述了 1854 年伦敦爆发霍乱时人们对其病因有两种推测：病毒由空气传播和病毒由口中传入。斯诺认为第二种推测是正确的。为了获取证据，他对死者所在地区的饮水源头进行调查了解到，死者曾多次饮用水泵抽上来的水，而在酒馆打工的人因喝免费的啤酒无一染病。更有甚者，远离水泵的一名妇女和她的女儿因爱喝水泵的水不惜远道取水喝而死去。这些论据有力地证明了斯诺的论证。

摩尔和帕克在书中用大量篇幅论述了清晰的思维与清晰的写作，以及运用批判性思维分析写作中的种种问题或特征，如模糊、歧义、抽象、暗示、贬抑等，还有许多是修辞技巧的使用所形成的正面或负面效应，如委婉语和粗俗语、嘲笑和讽刺、夸张和贬抑、直言不讳和闪烁其词等。这些不仅对英语书面表达有帮助，而且对口语表达同样重要。

现结合英语教学举例如表 3.4：

表3.4　英语中修辞技巧使用举例

	例句	语义
歧义	Aunt Delia never used glasses.	glasses有不同的意思
明确	Aunt Delia never used eyeglasses.	
抽象	I like birds very much.	birds是鸟类通称
具体	I like parrots because they are both pretty and clever.	
暗示	The rhino says, "I'm not medicine."	暗示其被杀的借口是错误的
明示	At least one rhino is killed every day due to the wrong idea that rhino horn can cure cancer.	
委婉	Could you tell me where the gent's is?	
粗俗	Where is the toilet?	

4. 敏捷性思维

敏捷性思维是指思维活动的反应速度和熟练程度，表现为思考问题的快捷灵活，善于迅速和准确地做出决定，解决问题。无论是"The Fisherman and the Genie"中的渔夫，还是"The Monkey and Crocodile"中的猴子，都是凭借他们敏捷的思维想出妙计，从危难中把自己解救出来的。而"Edison's Boyhood"里的爱迪生从火车过道上救出小孩也是因为他脑子反应快。"Escape from the Zoo"里的 Clarke 太太没有敏捷的思维是难以从狼的嘴下救出婴儿的。"The Trial"中的鲍西亚在处理夏洛克与安东尼奥的案件上所表现的聪明才智，足以证明她思维的敏捷性。

总之，上述故事里的主人公之所以能临危不惧，解决难题，除伦理道德因素外，都突出地表明人的心理活动的智慧性和敏捷性。他们在解决问题的过程中，必然要经历几个阶段：矛盾或问题发生的背景条件、问题起始的状态、分析问题、提出假设和解题方案、实施方案。如果一次方案失败，有可能的话可以做第二次假设并提出新方案。但就上述例子而言，是没有第二次假设的余地的。这说明敏捷性思维训练的必要性。在英语教学中，有意识地培养学生快速听读、答题和限时阅读、写作，对于促进思维的敏捷性都是很有好处的。

5. 灵活性思维

思维的灵活性表现在4个方面：①思维起点的灵活性，即能否从不同的角度、方向、方面按照不同的方法来解决问题；②思维过程的灵活性，即能否从分析到综合、从综合到分析，灵活地进行综合分析；③概括和迁移的能力，体现在是否愿意和能否善于运用规律，能否触类旁通；④思维的接轨是不是多种合理而灵活的答案。

"A Question of Pronunciation"这篇课文说的是，一个法国人根据英语"plough"的发音，认为"cough"与其相同，结果到药店买止咳药说成了治cow的药，最后当他用手指着胸并做咳嗽状时，药店伙计终于明白他的意图。在"The Arab in the Desert"一文中，阿拉伯人根据他的经历观察到沙漠中骆驼的脚印和它吃食的位置，判断出另两个人所丢失的那头骆驼右眼瞎左腿瘸，当他被误为是偷骆驼的贼时，他面对法官据理力争，足显其思维的灵活与智慧。

灵活运用所学的知识解决实际问题，是外语教学的目的。因此，在教学中要引导学生活学活用所学的知识和技能。学生能够触类旁通、举一反三，教学才能更高效，学生的思维才更灵活。

6. 逻辑性思维

"逻辑"源于希腊文logos（逻各斯），其原意为言语、思想、概念、理性等。1902年，严复将英文logic音译为"逻辑"，后成为学科名称。逻辑学研究的是客观事物的规律及其发展过程的学说。[132] 逻辑思维又称"抽象思维"，指运用逻辑工具对思维内容进行抽象和推演的思维活动，如判断、推理、论证等。逻辑思维方法有定义、划分、概括、限定、归纳、演绎等，是对象在思维中抽象化的方法，也是思维中的抽象化对象运行、推演、变幻的方法。逻辑思维是思维的基本活动形式之一，在人类的认识活动中具有极为重要的作用。

英语教科书中不乏疑难案件侦破的故事，像福尔摩斯等侦探常用的就是逻辑思维断案。如"Who Gets the Money？"讲述的是一个年轻女子冒充死去的女友 Clare 去领取 Flower 太太的遗产的故事。Flower 与丈夫结婚后从未见过丈夫的女儿，仅有电话联系，Clare 长大后也未见过 Flower 的亲戚。但 Flower 的外甥 Tom Goode 通过与 Clare 电话交谈发现破绽，对 Clare 产生怀疑，于是求助 Coal 探长。Coal 经过 7 个星期的调查和分析，做出了判断后，召集了当事人、律师和警官。Coal 当场让年轻女子签收遗产支票，正当女子欣喜之时，Coal 揭穿了她的骗局。原来，这个真名为 Hope Darwin 的女子与 Clare 曾在洛杉矶同住一套公寓达 5 年之久，深知 Clare 的家境。当 Clare 病逝后，她心生冒领遗产的念头。Coal 则了解了两个女孩的情况，找到了 Clare 的照片，发现 Hope 染了头发。然而，她在签字的那一刻却露馅儿了：有一张画画的照片显示 Clare 是左撇子，而 Hope 则是用右手写字。

在使用教学资源中的这类故事时，师生往往在欣赏扑朔迷离的情节之余，会指出其所含的伦理道德，但是否重视破案过程中那些侦探人员所表现出来的智慧，特别是他们的缜密的逻辑思维呢？或者是否会明示各类思维的特征呢？老师常常忙于让学生阅读语篇，并回答问题，却很少启发学生也像探长那样思考如何破案。若让他们通过假设、分析、推断等，验证自己的判断，也许，学生会有不同的看法，甚至是创见。

教学案例

既然思维在人类文明发展中扮演着如此重要的角色，那么作为学校教育，培养学生的思维能力，责无旁贷。作为外语教师，上海市世界外国语小学孔琦老师开始思考：英语学习是否也能帮助学生思维能力的发展，而教师在这其中又扮演着何种角色？[133]

　　语言和思维之间有着密不可分的联系，它们之间相互作用，语言的发展帮助思维的发展。《上海市中小学英语课程标准（2014）》在课程理念中明确提出通过外语的学习对学生思维能力培养的要求。

　　英语作为传情达意、表述思想的主要形式，其根本的要素就是语言内容中所包含的思想内涵。在英语的教学中，教师善于通过"learning by doing"让学生通过学习语言内容来培养听说读写四项技能，最终提升英语综合运用能力。而在这个过程中，教师对于学生的思维能力、思维品质的改变，并没有在日常教学中给予足够的关注。

　　谈到思维能力，教师并不是完全没有对学生进行思维能力的培养。比如单词的记忆、句法的运用、文章的理解等，这都离不开对学生思维能力的训练。然而教师在实施课堂教学活动设计时，关注的核心是语言内容和语言技能目标的达成，并不是有意识地为了培养特定的思维能力而设计教学活动。那么，哪些思维能力在课堂教学中得到了发展，哪些思维能力又有待加强？在语言教学中又如何平衡思维能力和英语语言的共同发展？

　　带着这些问题，教师们开始研究语言和思维能力共进的课堂教学策略。根据布鲁姆的"教育目标分类"[134]，认知水平由低到高被分为6个等级。上海市小学英语课程标准对认知领域目标的分级同样参照了布鲁姆的分级方法（见图3.3）。

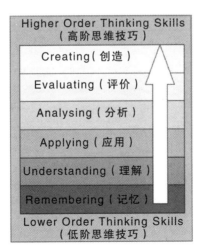

图 3.3　布鲁姆"教育目标分类"等级法

根据目标分类，每个级别涉及不同的思维能力，在英语教学课堂中，可以通过不同的教学活动来达成这些思维能力的培养。（见表3.5）

表3.5 布鲁姆"教学目标分类"等级表

布鲁姆教学目标分类	思维能力	课堂活动
记忆	回忆、记忆、识别、列表、陈述、呈现	快速阅读、思维导图、看图说话、讲故事等
理解	说明、识别、描述、解释、区别、重述、归纳、比较	复述故事、调查问卷、展示演讲、故事概括等
应用	应用、论证、操作、实践、分类、举例说明、解决	课本剧、海报展、展示演讲等
分析	分析、检查、实验、组织、对比、比较、辨别、区别	图表汇报、多层次任务等
评价	评价、估计、评论、鉴定、辨明、辩护、证明、预测、预言、支持	书评撰写、影评撰写等
创造	组成、建立、设计、开发、计划、支持、系统化	编演故事、即兴对话、指定计划、课本剧表演等

课堂提问是教师启发学生思维的有效手段，表3.6中的核心词提问的方式，能帮助教师更好地了解如何对各个水平的思维能力进行培养。

表3.6 核心词提问方式

分类	思维过程提示
记忆 （remembering and retaining）	Say what you know. Tell what you remember. Describe, repeat, define, identify. Tell who, when, which, where, what.
理解 （interpreting and understanding）	Describe in your own words. Tell how you feel about it. Say what it means. Explain, compare, relate.
应用 （making use of）	How can you use it? Where does it lead you? Apply what you know. Use it to solve problems, demonstrate.

续表

分类	思维过程提示
分析 （analysing）	What are the parts，the order？ Find out the reasons. Analyse the causes，the problems，the solutions，and the consequences.
评价 （judging and assessing）	How would you judge it？ Does it succeed？ Will it work？ Why do you think so？
创造 （creating）	How might it be different？ How else？ What if...？ How can you improve...？ Create in your own way.

联系课本的实践案例——提问

以表 3.6 的提问方式，选取牛津上海版英语教材中的故事"The Ant and the Grasshopper"[135] 为例，将思维能力问题设计如下（见表 3.7）。

表3.7　思维能力问题设计

A story		
Knowledge	➢	What happens in the story？
	➢	What does Mr. Ant like doing all day？
	➢	How about Mr. Grasshopper？
Comprehension	➢	Why does Mr. Ant like working？
	➢	Why is Mr. Grasshopper singing？
Application	➢	What do you like doing in spring？
	➢	Do you ask your friend to visit your home in winter？
Analysis	➢	Which part of the story did you like best？
	➢	Which part is not true？
Evaluation	➢	What do you think of the story？
	➢	Is Mr. Ant good or bad？ Why？
Creation	➢	Can you think of a different ending？
	➢	What would you do if you were Mr. Ant？
	➢	What would you say if you were Mr. Grasshopper？

布鲁姆的认知分类将 6 个等级的思维能力分为高阶思维（higher order thinking）和低阶思维（lower order thinking）。学生在进入高阶思维能力培养前必须有低阶思维能力知识的支持，必须掌握和记忆基本的

知识和规则才能进行更高水平的能力培养。然而低阶思维并不能帮助学生将现有知识应用于实际生活中，而只是单纯的知识唤醒而已。[136] 所以在课堂中单纯操练低阶思维能力是远远不够的。从课堂观察和教师访谈中不难发现高阶思维并没有在实际课堂中得到有效的培养，这归因于教师本身对高阶思维的认识不够。在案例研究中，我们发现，即使是在低年段的课堂中，依然可以尝试高阶思维的干预与培养，问题的关键是如何实施。

举一个简单的例子：教学中，我们常会让学生抄写单词。比较图 3.4 中的两种抄词法，不难发现左边是传统的抄写方法，学生从课本上把新单词抄写在本子上，而右边学生需根据要求将单词抄写在不同圈内。同样是抄写单词的语言要求和信息产出，在抄写过程中学生的思维过程不同。看似简单的分类，但对学生的思维能力要求已经从简单的识记能力上升到了识记加辨别、区分等多种思维能力要求的分析性思维水平。在这个过程中，不仅学生的低阶思维得到了发展，其高阶思维也得到了训练，思维过程的变化改变和提升了学生的思维品质，而学生也从这种具有挑战性的抄写中获得了乐趣和综合能力的提升。

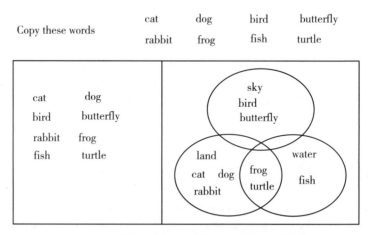

图 3.4　不同抄写方式对思维能力的影响

通过对课题的研究，教师在教与学的过程中，从无意识转变到了有意识地在语言教学的同时，加强对思维能力的培养。在这个过程中，首先教师对思维能力水平的分类有了比较明确的认识，再通过对以往课堂教学和练习设计的反思，明确了在学生思维能力发展过程中哪些思维能力有待加强，结合课堂教学观察，尝试特定思维能力培养的语言活动设计。在这个过程中，学生的思维能力和思维品质发生了改变。

以上案例说明思维品质的确体现了英语学科核心素养的心智特征。

五、发展学习能力

《普通高中英语课程标准（2017 年版）》提出："学习能力指学生积极运用和主动调适英语学习策略、拓宽英语学习渠道、努力提升英语学习效率的意识和能力。学习能力构成英语学科素养的发展条件。"在研究学习能力之前，有必要了解"学习"的含义。

学习是个体经验的获得、内化及运用，导致行为变化的过程。凡是以行为方式的改变对新的条件发生个体适应的场合，均存在学习。学习广泛存在于人类和动物界。人类学习的形式和内容除了个体直接经验，主要是在交往中吸收与掌握他人的间接经验[125]。根据人本主义学习理论，真正的学习涉及整个人，而不仅仅是为学习者提供事实。真正的学习经验能够使学习者发现自己独特的品质，发现自己作为一个人的特征。从这个意义上说，学习即"成为"（becoming）；成为一个完善的人，是唯一真正的学习。

施良方在研究学习的过程时，引用了罗伯特·加涅的学习理论。加涅将学习过程分为 8 个阶段：动机、领会、习得、保持、回忆、概括（迁移）、作业（反应）、反馈（强化）阶段。[137]

在这里，重点研究学生通过英语学习如何培养学习能力，使他们有效地发展学科核心素养。笔者根据加涅的学习理论和自身的教学实践认为，成功的英语学习者的学习能力的形成，一般要经历以下 9 个阶段。

1. 动机（motivation）

学生对英语学习的兴趣、态度和动机或期望决定了他们学习的积极性，决定了他们乐意在学习上投入多少精力，也会推动他们产生意志力和毅力，不断克服学习中的困难，取得一次又一次进步。学习英语的动机的产生，不能单靠教师的说教，最重要的是学生的亲身体验。在学习英语的起始阶段，学生对英语很好奇，容易产生兴趣，但是，随着学习的深入他们必然会遇到困难与挫折，要使他们保持兴趣，一方面需要教师的鼓励，另一方面需要教师的悉心诱导，帮助他们解决学习中的问题，使他们产生成就感，让他们对学习有信心，从而使他们有继续努力的动机，逐步明确学习目标，形成正确的英语学习观。

2. 注意（attention）

有了学习动机的学生就会比较自觉地注意与学习有关的刺激，观察和注意的不再限于教师的声调、课本上的画面，而是发现英语词语、句子、语篇的意义与结构等。例如开始时，学生学习了以下对话：

A：Good morning!

B：Good morning!

A：I'm Han Meimei. What's your name？

B：My name is Jim Green.

善于注意和观察的学生会很快发现英语国家人士在上午初次见面时会用"Good morning!"互致问候，在介绍自己名字时会用两种表达："I'm..."和"My name is..."，问对方名字会问"What's your name？"这种注意的过程被认为是一种暂时的内部状态，或被称为"心理定势"。一旦被这段英语对话激活，学生就会对其进行加工。若教师适时采用各种方法让学生明白对话的意义和作用，并通过朗读、角色表演让学生体验，语言特征便会贮存在短时记忆中。此时，学生领会对话的意思，他们能够模仿对话，在相同的语境中与同伴交谈。当然，这种交谈还比较机械，不够真实。

3. 建构（construction）

加涅认为，新获得的刺激进行知觉编码后贮存在短时记忆中，这只是学习过程的开始，然后要把所获得的信息进一步编码加工后转入长时记忆中，则称之为"习得"。而皮亚杰（Jean Piaget）强调个体认知过程中的积极作用。他认为，学习并不是个体获得越来越多外部信息的过程，而是学到越来越多有关他们认识事物的程序，即建构了新的认知图示。因此，他常问学习者"你是怎么知道的？"而不是"你知道吗？"在他看来，如果儿童不能解释他是怎么知道的，就说明他实际上还没有学会[137]。皮亚杰理论体系中的一个核心概念是图式（schema）。图式是指个体对世界的直觉、理解和思考的方式，是心理活动的框架或组织结构。图式的形成和变化是认知发展的实质。皮亚杰认为，认知发展受三个基本过程的影响：同化（assimilation）、顺应（accommodation）、平衡（equilibration）。同化指个体在感受刺激时，把它们纳入人头脑中原有的图式之中，使其成为自身的一部分。顺应则指当个体遇到不能用原有图式来同化新的刺激时，便要对原图式加以修改或重建，以适应环境，这就是顺应的过程。平衡是指个体的认知图式通过同化和顺应过程重建新知识与原有知识结构之间的联系，使认知发展从一个平衡状态进入另一个更高的发展平衡状态。[138]例如，前面所举的对话中的"I'm Han Meimei."和"My name is Jim Green."与汉语表达的语序相同，中国学生比较容易接受。但是，"What's your name？"以及"What's this in English？It's an orange."与汉语的语序差别较大，加上冠词 a 和 an 的不同用法，对于中国学生来说是陌生的，因此，信息加工或图式重建都较前者难度大些。教师在教学中要善于分析中英文的差别，确定教学中的重难点并加强训练，以提高教学效果。

4. 保持（maintenance）

学生习得的信息经过编码过程后，即进入长时贮存阶段。但由于有些信息因长期不用会逐渐遗忘，新旧信息的混淆也会干扰记忆，使信息难以提取。学生常为记不住英语单词苦恼，也会为多种动词时态的混淆而困惑。为解决这个问题，英语教材和教学必须具备增进记忆的策略，如按照音、形、义分类记忆单词，利用音频、视频、图像等加强听觉、视觉刺激，利用关键词与相关的词联系形成思维导图，运用关键词与重点句帮助学生口、笔头复述，让学生勤做笔记是终生保持记忆的最好方式，经常复习、回忆并加以巩固。总之，手、耳、眼、口、脑并用，养成勤练的习惯，记忆一定能够长时期保持。

5. 整合（integration）

奥苏贝尔（David P. Ausubel）在分析学生的学习时，强调学生头脑中的认知加工过程[137]。整合协调是指如何对学生认知结构中现有要素重新加以组合，而在这个过程中也会导致学生现有知识的进一步分化。就以动词的限定与非限定形式为例，它们都是动词的下位学习。动词限定形式可用作句中的谓语，非限定形式则不行。后者又可分化成三种：不定式（infinitive）、动名词（gerund）和分词（participle）。分词又可分为现在分词（-ing form）和过去分词（-ed form）。为了减少术语混淆，近40多年来，在教学中把动名词和现在分词整合在一起，通称为-ing形式，这样一来，学生只要能区别其中一部分具有名词功能的就行了，例如 the swimming boy 和 the swimming pool，显然后面的 swimming 修饰 pool，说明其功能，而前者才有"正在游泳的"的意思。这种整合的方法在外语教材和教学中经常使用。在学习和记忆知识的过程中，学生的主要困难不在于对新旧知识的辨别，而在于新旧知识之间的混淆。适时地复习与整合知识非常重要，如分别学习了 -ing 和 -ed 形式后，必须要有混合学习和比较的步骤，否则学生必然会在实际运用中出错。又如学习现在完成时的各种用法后，不进行整合并与过去式比较，学生还是难以真正掌握现在完成时。

6. 迁移（transfer）

学习的目的在于运用。学生通过在校学习要把所学的知识迁移到新的情境中，那么，英语学习者就是要把所学的英语知识迁移到新的类似情境中，换句话说，就是举一反三、触类旁通。在发展这种学习能力时，需要注意 5 个问题。

（1）英语与其他学科的横向迁移，即注意与汉语和史、地、数、理、化、生、音、体、美等学科的联系。当然，更要注意英语本身简单与复杂的知识技能、新旧知识技能之间的联系，这是纵向迁移。

（2）注意母语学习对英语学习的影响，尽量利用积极的影响实现正迁移，促进教学；克服母语消极的干扰作用，减少负迁移。

（3）注意要在领会的基础上迁移，而不是单凭机械记忆。英语是拼音文字，只有理解和掌握拼读规律，才能活学活用，否则单凭死记词汇，则会越学越难。

（4）注意概括自己从一种情境中取得的经验，并把它们运用到另一种相似的情境中。例如分析某个阅读语篇的文体结构，并能根据这样的结构来构思自己的作文。

（5）注意学习原理、规则和模型等，因为这些内容超越累积事实性知识的范围，可以使学习者发现知识技能的内在规律，使他们豁然开朗，融会贯通。因此，使用词典、语法书等工具书很有必要。

以上 5 点，本书将在第四章介绍怎样利用教学资源中的知识技能培养学生的能力时列举更多实例，做进一步说明。

7. 解题（problem solving）

提高学生的学习能力无非是为了使学生能够自主解决问题。问题解决的过程是怎样展开的？怎样才能培养学生解决问题的能力？施良方在研究了桑代克、吉尔福特、杜威、沃拉斯、罗斯曼等众多心理学家和教育学家的理论基础上，概括了问题解决的 5 个阶段：感觉到问题的存在—明确问题的各个方面—形成各种备选的问题解决办法—根据结果来评价各种备选的问题解决办法—实施某种行动方针及评判其效果。这的确像是科学家解决科学难题的步骤，而英语教学也要求训练学生运用语言解决问题的能力。例如英语程序性写作的过程就是"解题"的过程：首先要确定题目，即主题；其次要收集材料，列出有关主题的事件或人物、矛盾或问题等；再次要决定解决的方法和过程；最后要明确结果，并加以评论。写作的过程实际上是思维的过程，思路清晰，语言表达流畅，顺理成章。特别是报道文、议论文，更能锻炼解决矛盾和问题的思维能力。在英语学习中的许多任务型活动和项目都可以培养学生解决问题的能力。

8. 累积（accumulation）

加涅认为：人类学习的复杂程度不一样，由简单到复杂；学习过程、学习结果和教育目标有机地联系在一起，都是由低级到高级逐渐累积而成。英语学习也如此。学生有学习的动机和积极的态度便会注意接受知识和技能的输入，经过信息加工建构成自己知识体系的一部分后才能长久保持。而且，新知识建立在旧知识的基础上，新旧知识需要比较、整合、迁移，并在不同情境（作业、活动、项目等）中运用，解决实际问题，只有通过这个渐进的累积过程，知识和技能才能得以强化。在这里有必要重复加涅的观点："只有在教师的指导下，充分掌握必备的知识技能，才有可能成为一个有效的问题解决者。所以，知识技能在前，能力发展在后，后者是在前者的基础上发展起来的。"[137]

9. 反馈（feedback）

每当学生完成一项作业、活动、任务、项目或测验，教师要给予反馈或评价。反馈可以是书面的，也可以是口头的，甚至是情感式的，如微笑、点头等。除了教师的反馈，同伴和家长的反馈也很重要。教科书、评价手册和网络资源提供了多种形式的评价手段，学生通过反馈能够意识到自己是否达到预期的目标和所取得的进步，这对学生增强信心和产生新的动机有很大影响。只有通过反馈了解学习中尚存在的问题，明确努力的方向，才能调整学习的计划和方法，更有效地进行下一阶段的学习。

六、学习能力的特点

以上分析的是在学习过程中学习能力是怎样发展的。那么，学习能力具有哪些特点呢？笔者认为，主要有自主性、探究性、合作性等特点。

1. 自主性（learner's autonomy）

自20世纪60年代以来，人本主义心理学探讨的是完整的人（the whole person），而不是对人的各个从属方面（如行为和认知）进行分割地、还原论地分析。人本主义者相信，每个人都具有发展自己潜力的能力和动力。因此，他们特别关注人的自我实现。

从教育心理学角度看，学生的学习方式可分为接受和发现两种。接受学习是以获得系统的学科知识为目的，学习的内容是以定论的形式呈现的，学生是知识的接受者。发现学习也以系统的学科知识的获得为目的，但强调学生在获取知识的过程中积极主动发现、分析、理解并掌握基本结构，学习内容常以问题形式呈现，学生是知识的发现者。接受和发现两种学习方式应互为补充。传统教学习惯于接受学习，背记知识；现今更提倡让孩子从小通过体验发现知识。这种通过感知、体验、发现知识的方式能促使孩子走向创造发明之路，取得伟大的成就。

在英语教学中，以学生为主体，强调学生以可持续性发展为目的，要求凸显学生的自主性学习，并且要认识以下五个特征。

（1）主动性。学生对学习感兴趣，视学习为乐事，把学习跟自己的生活、成长、发展有机地联系起来。他们便会主动地说出"我要学"，而不是被动地"要我学"。他们乐于学习，主动参与，主动探究。

（2）独立性。在基础教育阶段，对待学生的独立性和独立学习要有一种动态发展的观点。从教到学的转化过程也就是使学生从依赖到独立的过程，从"依赖课堂、书本、教师"到"超越课堂、书本、教师"，学会自我调控，运用学习策略，最终实现"我能学"。

（3）独特性。每个学生都有独特的个性，即个性差异。不同的学生认知水平、思维方式、学习需要、学习风格和能力不一样，学习的结果也就不同。外语教学中学生的差异更为突出，因此传统教学的"一刀切""齐步走"往往行不通。要尊重每一个学生的独特个性和差异，为每个学生提供创造发展的空间，使每个学生的潜能得以发挥，获得成就感。

（4）体验性。外语学习强调实践，有身体活动，口、手、耳、眼、脑并用；有心灵感悟。模仿和记忆语言知识是需要的，但语言技能和使用语言的能力的培养，还要学生自觉地参与各种交际性及任务型活动，在这些活动中体验和获得直接经验，并加以改造和发展。这就是所谓的"学中用，用中学，学用结合"。

（5）问题性。传统的课堂教学是教师提问学生回答。自主性学习方式强调学生主动发问。学习中没有问题是缺乏求知欲和懒于思考的表现。要发展思维、想象力和创造力就要发现、提出、分析和解决问题。为了加强问题意识，有必要在教学中、在教科书中生成问题，提供情境，挑起矛盾、设置对立的观点、制造悬而未决的难题，引起学生讨论甚至辩论的兴趣。问题的设计还要注意多样性和层次性，由表层到深层，由事实型到推理型。

2. 探究性（inquiring）

以人为本的教育思想把学生视为"完整的人"，把"探究性""创造性""发现"等视为完整个性的有机构成部分。探究性学习就是为了尊重学生的个性，为他们的充分发展创造空间。探究性学习可为学生构建一种开放的学习环境，提供一个多渠道获取知识，将学到的知识加以综合并应用于实践的机会。这种学习方式具有学习性、研究性和经验性的特征。与接受学习不同，这是一种综合性的、以实际问题为核心的学习方式，学生不但要学习有关课题的知识，而且还要学习一些基本的研究程序和方法。项目就是具有这样特征的活动。进行这类活动时特别注重学生对所学知识的实际运用、学习的过程、学习的实践和体验。

探究学习的过程是情感活动的过程，通过这个过程，学生一般可获得六方面的成果：

（1）获得亲身参与研究探索的积极体验。学生自主参与发现和探究性的学习活动，获得亲身体验，逐步形成乐于探究、努力求知的心理倾向。

（2）提高发现问题和解决问题的能力。例如，为解决学校周边环境污染问题，提出解决问题的设想，收集资料，采访调查，分析和归纳，表述和交流，找出解决问题的方法。

（3）学会分享与合作。一般来说，探究性学习活动以小组形式进行，提供了有利于人际沟通与合作的良好空间。

（4）培养科学态度和科学道德。外语学习涉及大量科学技术领域的知识，在探究性学习活动中，学生通过认真踏实的探究，实事求是地获得结论，养成尊重他人的意见和成果的正确态度、不断追求的进取精神、严谨的科学态度、克服困难的意志品质等。

（5）培养对社会的责任心和使命感。用外语研究和讨论当代社会问题，可使学生学会关心国家和社会的进步，学会思考人类与世界的和谐发展，增强社会责任感，提高人文素养。

（6）激活各科学习中的知识储存，加以综合运用。尊重学生已有的知识和经验，在学习中不断加以激活，使他们主动参与各项学习活动，扩充知识，丰富经验，综合运用，使储存的知识不被遗忘，而且能长久地发挥作用，产生价值。[138]

3. 合作性（cooperation）

合作学习是一种以学生为中心，以小组为形式，为了共同的学习目标共同学习、互相促进、共同提高的一种学习方式。合作学习是一种信息互动的过程。合作学习的互动不是师向生的单向型互动，而是师生间双向型互动和师生与生生间的多边互动。教师不再是唯一的信息来源，师生共同活动，平等地互动交流。合作学习可以营造友好的氛围，缓解个人间的竞争。团队合作中，学生之间相互支持，扬长避短，优势互补，培养团队精神和集体荣誉感。合作学习有助于因材施教，使不同水平的学生互相帮助、共同发展。外语教学中的一个大难题就是班级人多，个体实践量小，差异大，容易产生两极分化的现象。结对或小组合作学习是解决此难题的好办法。而且，合作学习的轻松环境可以降低焦虑，增强信心，促进人际交往。这对于学生的积极学习有很大好处。学生在小组中顾虑较少，会大胆开口，随时提问，不怕犯错，比起严肃的课堂教学，学生更容易产生愉悦感。

21 世纪的英语教材与 20 世纪末的教材相比，合作型活动明显增多。何安平教授曾比较这两个时期人教社高中英语教材，她设定 pair、partner、group、discuss 为检索项，使用语料库提取教材中所有与合作型活动相关的语境，调查结果发现两套教材的差异较大（见表 3.8）。

表3.8 两套教材中合作型活动比较[139]

教材	结对活动	多人小组活动	其他小组活动	总计
SEFC（1996）	37	3	0	40
NSEFC（2004）	96	31	5	132

由此可见，基于课程标准理念的教材大大加强了合作学习。可是，如何提高合作学习的实效而不使其流于形式呢？华中师范大学教育科学学院的文涛深入课堂教学研究，提出了有效的课堂小组合作学习必备的四个理念。[140]

（1）应关注小组合作成员的整体发展，并要通过小组合作学习，发展合作学习的意识和能力。这就要求教师树立小组成员人人平等的意识，把每个学生都看作是具有无限发展潜力的生命体，并把合作学习中的决定权还给学生，使他们树立主人翁意识，积极参与活动。

（2）整体合作与适度竞争相结合。一方面通过小组成员之间的合作来解决学习过程中所存在的问题，培养学生的团队意识、团队精神，让学生体会到小组合作的重要性。另一方面又可以激发小组合作成员个体的积极性。由于学生还没有自主自觉地学习的意识和能力，如过分强调合作而不讲竞争，就会使一部分学生产生依赖的思想。而且，适度的竞争也可以把学习环境和社会现实环境联系起来，让学生认识到社会现实环境充满着竞争，需要增强对社会环境的适应能力。在合作学习小组里提倡竞争，可充分调动学生学习的潜力。

（3）教师应是小组合作学习的促进者，师生之间更多的应是平等的交流与互动。这样就改变了教师在学生心目中至高无上的地位，使学生认识到教师就是他们中的一员，这可以拉近师生之间的心理距离，从而使师生关系走向平等和谐。学生是学习的主人，教师是学习的促进者，这样学生就会把真实的想法和困难主动地与教师交流，共同探讨问题解决的办法，从而真正实现教学相长。教师是合作学习的促进者，而不是仲裁者，这样教师就能从"唯我论"中走出来，尊重学生的主体地位，积极协调小组成员间的分工，鼓励学生求异思维和创造性思维的发展。让学生遇到疑难问题时会思考合作解决的方法，知道问题的原因，而不是给学生一个标准答案。此外，要学会对合作学习的成绩与成员进行积极的评价。

（4）不仅要关注学生认知目标的实现，更要关注学生情感目标的实现。情感目标主要指通过小组合作学习来培养合作学习的兴趣，激发合作学习的动机，更重要的是培养合作学习的能力，形成合作意识和合作精神。现代社会需要具有团队精神、有良好的沟通和合作能力的人才。在合作学习中不仅要完成学习的任务，更重要的是学会合作。

要实现有效小组合作学习，可以采取以下的具体实施措施。

①合理划分小组是前提。一般可以遵循"组内异质，组间同质"，可以增加小组之间的可竞争性。小组一般以4~6人为宜，且每个人有分工，组长、记录者、发言人等，各司其职，共同努力。

②教师应在小组学习的过程中合理引导，积极调控，承担好促进者的角色。教师对小组合作问题事先要有设计，让学生提前思考，收集材料，做好准备。活动时，教师要巡视并仔细观察各组活动情况，及时发现问题并采取调控措施。

③建立小组合作学习的评价机制。评价时要把学习过程评价与学习结果评价相结合，对小组整体评价与个人评价相结合。

以上讨论的是学习能力的特性，也可称为学习的方式。发展学习能力还需要掌握和运用学习策略。

学会学习是人的一个必备的重要素质。联合国教科文组织于20世纪70年代初就指出："未来的文盲不再是不识字的人，而是没有学会怎样学习的人。"而掌握学习策略成了衡量学会学习的重要标志。当代科研成果有这样的统计：学习效果 =50% 学习策略 +40% 努力程度 +10% 智商。这说明，掌握学习策略能够提高学习的效果：减轻负担、减少困难，促进学习潜能的发展，提高学习效率。[138]

学习策略不同于具体的学习方法，而是学生为了有效学习和发展所采取的各种行动和步骤。新高中英语课程标准提出了 4 个基本的学习策略：元认知策略、认知策略、交际策略和情感策略。元认知策略是指学生为了提高英语学习效率，能够制订计划，实施并进行监控、反思、评价和调整学习过程的策略。认知策略是为了完成具体语言学习活动采取的步骤和方法，它涉及一系列的心理活动（注意、迁移、类比、联想、推理、概括等）。交际策略指争取交际机会，维持交际，提高交际效果所采用的各种策略（合作学习、自我独白、广交笔友、非言语交际等）。情感策略是指学生为了调控学习情绪、保持积极的学习态度而采取的策略（激发兴趣、信心、毅力、意志、乐观精神等）。课程标准将这些学习策略分成不同级别列入各个学段的教学内容，以便切实贯彻于教学过程中，使学生懂得怎样学习，并且具有终身学习的能力。

21 世纪课程标准引领下的教材，为转变学生的学习方式，提高学习能力，已经采取了许多措施，在第四章中将对这些措施进行具体说明。

第四章　利用教学资源培养学生学习和运用语言的能力

　　本章旨在探讨教师如何有效地利用教学资源帮助学生学习英语语言知识和培养语言技能，并发展他们综合运用英语的能力。语言知识主要指语音、词汇、语法等，语言技能主要指听、说、读、写等能力。首先，分析教学资源中的核心部分，即教材中的语言知识和技能的编排体系与教材所倡导的教学方法，及其发展与变化；同时，分析中国学生构建英语语言知识和语言技能所遇到的困难和问题及其原因。然后，有针对性地提出了解决问题的教与学的策略。这些策略不仅来自已有的国内外的语言教学理论文献，还介绍了我国近年来一线教师和学生利用教学资源提高英语教学质量的实践经验。

第一节　培养学生学习英语语音、语法和词汇的能力

本节讨论的议题是如何利用教学资源帮助学生有效地学习英语语音、语法和词汇。以下分别介绍教材和辅助教学资源中语音、语法、词汇教学的编排体系和特点，并提出有效利用这些资源的建议。

一、利用教学资源帮助学生学习英语语音

英语课程总的目标是培养学生的语言运用能力，也就是学生使用英语进行口、笔头交流的能力。要达到这个目标，必须打好语音基础。语音不好会直接影响听、说、读等技能的发展，可能会引起交流双方的误解，会给人留下不良印象，甚至影响未来的求职[141]。何广铿说过，"在聆听信息处理过程中，听者要懂得使用连贯话语语音现象的知识去切分声音和解决歧义的问题，要懂得外国人用英语弱读、连读、同化、省音等语音形式，不然的话，他们要听懂普通英语口语会有困难"[142]。笔者认为，语音教学是英语词汇教学的基础。长期以来，中国学生没有充分发挥英语拼音文字的优越性，死记硬背，感到英语单词难记，很难增加英语词汇量。因此，英语课程始终严格控制词汇量，从而导致我国英语水平难以有大幅度的提高。如果说，语言知识是语言能力的基础，而语音教学则是英语教学基础之基础。

（一）中小学教学资源中的语音编排体系

回顾中国英语教学的历史，可以发现，语音教学一直受到重视，但重视的程度随着教学法的变化而有所差别。直接法、听说法、视听法教学因强调口语，显然比语法翻译法等更加重视语音教学。近 30 年来，使用交际法、功能法和任务型教学法，注重语篇、语境和真实性的活动，强调语流而非单音，加上海量的电子音像教学资源为学生提供了高质量的语音样板和语音识别软件，学生通过模仿可以习得英语的语音语调。另外，2003 年全国高考英语去掉语音题，代之以听力题[143]，况且又没有口试，这些因素造成了一定程度上淡化语音教学的倾向，语音知识安

排有些分散，不够系统。系统的语音教学主要安排在起始阶段（小学与初中），主要语音项目如下[15]：

1. 基本读音

（1）26 个字母读音；

（2）元音字母在单词中的基本读音；

（3）常见的元音字母组合在重读音节中的读音；

（4）常见的辅音字母组合在单词中的基本读音；

（5）辅音连缀的读音；

（6）成节音的读音。

2. 重音

（1）单词重音；

（2）句子重读。

3. 意群的读音

（1）连读和失去爆破；

（2）弱读与同化。

4. 语调与节奏

（1）语调（升调、降调）；

（2）节奏。

目前，小学英语很少教学国际音标，语音入门主要靠模仿，通过就字拼读，如 map、bag、dad，name、lake、take，学习元音字母 a 的读音；又通过韵文、儿歌、小诗、歌曲、绕口令感知连贯话语语音现象。初中低年级较为系统地安排语音教学，高中继续加强朗读技巧训练。

现以人民社 1982 年以来的三套初中英语教材为例分析，便可略知语音教学编排体系的变化。第一套为 1982 年的初中英语课本，语音是放在第一、第二、第三册每一课的主体部分或专栏（PRONUNCIATION AND INTONATION）中，以及第四册的练习中。第一册通过单词介绍字母和字母组合的读音与拼读规则，使学生接触绝大部分音素。第二册复习拼读规则并教学国际音标。第三册继续学习拼读规则和音标，同时系统地介绍重音、意群、语调与节奏等朗读技巧。第四册练习朗读技巧。图 4.1 取自第一册。

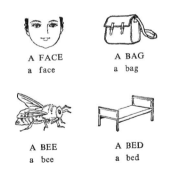

WORDS（单词）

A FACE
a face

A BAG
a bag

A BEE
a bee

A BED
a bed

EXERCISES（练习）

1. Say the letters from A to G（说出字母 A 至 G）.
2. Compare these letters and read them out（比较并读出这些字母）:

   B D　B E　F E　G C
3. Read out these letters and words（读出这些字母和单词）:

   f~ace → face　　b~ag → bag
   b~ee → bee　　b~ed → bed

2　page two

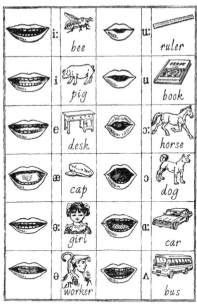

Phonetic Signs

• 143 •

图 4.1　1982 年人教社初中英语第一册语音教学课例 [1]

第二册前两课集中教学国际音标、音标拼读及与其有关的拼读规则（见图 4.2）。

---

[1] 人民教育出版社中小学外语编辑室英语组. 初级中学课本 英语第一册［M］. 北京：人民教育出版社，1982：2，143.

第一节　培养学生学习英语语音、语法和词汇的能力

LESSON ONE

The First Lesson

ENGLISH SOUNDS

I

1. [i:] [i] [e] [æ]

[i:]　　e　　he　　we
　　　　e□e　these　Chinese
　　　　ee　　bee　green　jeep
　　　　ea　　seat　please　teacher

[i] —i　　ship　thin　sister

[e] —e　　hen　desk　lesson

[æ] —a　　fat　man　apple

2. [p] [b] [t] [d] [k] [g]

[p] —p　　pen　map　people

[b] —b　　bed　black　baby

[t] —t　　ten　Tom　that

[d] —d　　day　read　window

· 1 ·

[k]　c　　cap　come　cup
　　　k　　Kate　week　worker
　　　ck　back　cock　chick

[g] —g　get　bag　glass

3.

[i:]	[i]	[e]	[æ]
[i:t]	[it]	[et]	[æt]
[pi:k]	[pik]	[pek]	[pæk]
[bi:d]	[bid]	[bed]	[bæd]
[di:d]	[did]	[ded]	[dæd]

II

1. [u:] [u] [o:] [o] [ɑ:]

[u:]　u　　blue　ruler
　　　oo　too　school

[u] —oo　book　look

[o:]　or　horse　sport
　　　al　tall　ball　small

[o] —o　not　cock　doctor

[ɑ:]　a (ss)　class　glass
　　　ar　car　hard

2. [f] [v] [m] [n] [ŋ]

[f] —f　friend　knife　fifteen

· 2 ·

图 4.2　1982 年人教社初中英语第二册音标教学课例 [①]

第三册语音教学专栏和第四册语音练习，见图 4.3。

3. 表示甲与乙在某一方面程度相同时，用 "as+形容词(副词)
原级+as" 的句型。如：
Joan is just *as careful as* Kate.
Tom walks *as fast as* Mike.
表示甲在某一方面不及乙时，用 "not as (so) +形容词
(副词)原级+as" 的句型。如：
It is *not as (so) warm* today *as* yesterday.
He did *not* come *as (so) early as* Wang Lin.

PRONUNCIATION AND INTONATION

1. Pronounce these sounds, letters and words:
　1) [iə] ear　*ear*　*dear*　*hear*　*near*
　　　[ɛə] air　*air*　*hair*　*chair*
　　　[uə] ure　*sure*
　2) [f] f　*fly*　*first*　*if*　*before*
　　　ph　*physics*　*geography*　*elephant*
　　　telephone

2. Read aloud these sentences:
　1) 'Tom 'writes more 'carefully than ↘Peter.
　　 'This 'flower 'looks more 'beautiful than ↘that
　　 one.
　2) 'Which 'lesson is the mos(t) 'difficult │ in 'Boo(k)
　　 ↘Two?
　　 'Which 'su(b)je(c)t is the mos(t) 'interesting │
　　 this ↘term?
　3) Is 'Joan as 'strong as ↗Kate?
　　 Is 'Mike as 'tall as ↗John?

· 82 ·

甲

EXERCISES

1. Read aloud the following:
　test — text　　　　ship — sheep
　wash — watch　　　much — March
　see — she　　　　John — join
　walk — work　　　daughter — doctor
　short — shout　　　peasant — parent
　through — throw　　lesson — listen

2. Pronounce these letters, sounds and words:
　pr- [pr-]　*present*　*problem*
　br- [br-]　*bring*　*bright*　*library*　*February*
　cr- [kr-]　*crop*　*cry*　*crossing*
　gr- [gr-]　*great*　*granny*　*angry*　*hungry*
　fr- [fr-]　*free*　*front*　*Friday*　*afraid*
　thr- [θr-]　*three*　*through*　*throw*

3. Choose the correct word for each blank:
　1) ＿＿ (Bring, Take) me a basket, please.
　2) ＿＿ (Bring, Take) the raincoat (雨衣) to him.
　3) In those days there were no factories here, and
　　 there was no hospital, ＿＿ (either, too).
　4) You were at the Science Museum last Tuesday?
　　 Why, we were there, ＿＿ (either, too).
　5) The cap is ＿＿ (too, very) big for me.
　6) Many students are doing ＿＿ (too, very) well

· 11 ·

乙

图 4.3　人教社初中英语第三册 [②] **（甲）、第四册** [③] **（乙）语音练习**

---

① 人民教育出版社中小学外语编辑室英语组. 初级中学课本 英语第二册［M］. 北京：人民
教育出版社，1982：1，2.

② 人民教育出版社外语编辑室英语组. 初级中学课本 英语第三册［M］. 北京：人民教育出
版社，1982：82.

③ 人民教育出版社外语编辑室英语组. 初级中学课本 英语第四册［M］. 北京：人民教育出
版社，1983：11.

　　第二套英语教材为中英合作编制的 JEFC。这套教材采用的是结构与功能相结合的途径来编制，虽然仍重视语法结构和语音，但更强调话题与功能。每个单元有 4 课，语音练习编排于各单元第 4 课，仅有一个练习，字母读音和拼读规则放在附录的"Pronunciation and spelling"中。虽然音标提前到第一册出现，但没有音标拼读练习，朗读技巧的练习也较少。三册书附录中的元音和辅音字母及其字母组合的拼读规则列举得十分详细，可是由于在附录部分，加上教学时间不够，考试又不考语音，难以引起师生的重视（见图 4.4）。因此，这一阶段的语音教学实际上有所削弱。

Lesson 36

1 🔊 Listen, read and say

[ei]	[æ]	[p]	[t]	[d]
cake	bag	pen	bike	ten	desk
Kate	map	picture	bus	too	down
name	cat	map	book	boat	bird
grade	hat	jeep	box	not	good

*2 🔊 Read and act

LI LEI: Hello, Jim.
JIM: Hello, Li Lei. Who are they?
LI LEI: Oh, sorry! This is Lucy.
This is Lily. They're new.
Lucy, this is my friend Jim.
LUCY: Hi, Jim. Nice to meet you.
JIM: Nice to meet you too!
What class are you in?
LILY: We're in Class Three, Grade One.
JIM: Oh, good. We're in the same class.
LILY: Excuse me, are you American, too?
JIM: No, I'm English.

CHECKPOINT 9

Grammar
Plural forms of the verb BE 动词 BE 的复数形式
We're in Row One. Are we in Row One? Yes, we are./No, we aren't.
You are twelve. Are you twelve? Yes, we are./No, we aren't.
They are new. Are they new? Yes, they are./ No, they aren't.
Possessive pronouns 物主代词
my　your　his　her　its　our　your　their
Useful expressions
Who's on duty today?　　Please look after them.
This way, please!　　Put them here.

36 thirty-six

Pronunciation and spelling 发音和拼法
元音字母和元音字母组合在重读音节中的读音

a [ei]		e [i:]		i, y [ai]		o [ou]		u [ju:]	
a	11	be	13	*I*	13	no	13	excuse	25
name	13	he	21	hi	42	go	42	duty	33
grade	14	she	21	by	120	so	70	student	33
cake	18	me	21	my	13			Tuesday	93
age	31	the	33	bye	23	home	23		
same	57	we	33	fly	78	those	26		
game	57					clothes	53		
take	66	these	26	bike	19	close	87		
plane	71			fine	23	don't	21		
make	78	secret	16	five	26				
late	109	Chinese	19	nine	26	hello	19		
		Japanese	19	nice	36	over	34		
eraser	23	evening	24	like	40	photo	63		
table	45			kite	40	only	75		
baby	45	**ea [i:]**		white	49	open	87		
Australia	97	please	16	line	53				
Canadian	98	team	31	time	57				
		eat	73	knife	71				
		tea	73	rice	73	**old [ould]**			
		meat	73	ride	78				
ai, ay [ei]		read	85	write	85	*old*	15		
		clean	85	drive	118	*soldier*	105		
way	35	speak	98						
play	59	teach	99	Chinese	19	**oa [ou]**			
say	92	leave	109	license	30				
day	93	cheap	113	China	47	boat	26		
stay	99			Friday	105	coat	35		
		teacher	22	driver	105				
today	57	easy	78			**ow [ou]**			
away	69			goodbye	23				
						row	13		
ei, ey [ei]		**ee [i:]**		**igh [ai]**		know	21		
		three	16	right	23	throw	78		
eight	26	jeep	19	light	45				
they	26	tree	26	high	79				
eighteen	57	see	30						
eighty	57	meet	45	**lld [aild]**					
		green	49						
		week	93	child	15				
				ind [aind]					
		i [i:]							
		policeman	30	find	46				
		machine	103	behind	39				

121

图 4.4　JEFC 教材中的语音教学安排 [①]

　　第三套初中英语教材是 *Go for it!*（《新目标》，GFI），语音教学的资料放在七年级上、下册的附录中，设有音素、音标，字母与字母组合的读音，以及朗读技巧三个阶段，并没有安排在各单元教学之中。这样语音教学就更难以落实到课堂教学中。于是，2012 年版 GFI 不仅在七年级

[①] 人民教育出版社，朗文出版集团有限公司. Junior English for China 　第一册［M］. 北京：人民教育出版社，1994：36，121.

到八年级上册的附录里提供了系统的语音基本知识，而且专门为每一个单元设计了语音练习，其中包含拼读规则、英音和美音的读音比较和重音、语调、节奏等朗读技巧。教材对语音的重视程度和所提供的语音教学资源比起传统教材有过之而无不及，目的是改进语音教学。

（二）利用教学资源帮助学生学习英语语音

尽管在实际教学中，存在淡化语音知识的教学倾向，但凡是重视语音教学的师生已积累了许多有效的语音学习策略，值得借鉴。

1. 模仿录音，检测对比。

充分利用少年儿童模仿力强的优势，让他们聆听模仿录音，并通过老师指导、同伴纠音，特别是网络教学语音识别系统检测，提高语音水平。

2. 知识技能，融合学习。

结合听、说、读等训练语音、语调，并结合词汇学习，掌握拼读规则，培养"见其形知其音，听其音知其形"的能力。

3. 学习规则，提升音质。

学习音标和拼读规则，迅速提高独立学习词汇的能力；学习和掌握朗读技巧提高听音、辨音和切分声音，解决歧义的问题。另外，利用语音口形图（见图4.1），针对不同地区学生发音的困难与问题，提出纠音的方法。

4. 敢于交流，辨别口音。

敢于用英语交流，并利用音频和视频资源识别英式、美式英语，以及澳大利亚、加拿大、新西兰等不同的英语。

5. 背诵诗歌，吟诵歌唱。

教材，特别是网络资源中大量的诗歌，包含了丰富的语音信息，如连读、同化、不完全爆破、节奏的抑扬顿挫等，学生可选择自己喜爱的诗与歌曲吟唱，这对提高语音可起到事半功倍的效果。

6. 表演戏剧，独白对话。

青少年喜欢表演，从课本剧到经典剧，如 *The Little Match Girl*、*Snow White and the Seven Dwarfs*、*King Lear*、*The Merchant of Venice*、*Pygmalion* 等，学生首先要理解和背熟台词，语音语调要求纯熟，语言表达充满感情，加上表情、动作，不仅让学生体验到运用外语的成就感和乐趣，而且会大大促进语音水平的提升。

在中国学习英语缺少英语语言环境，而且汉语与英语差异性较大，如何减少汉语拼音对英语学习的干扰，并且充分利用母语学好英语，是个棘手的问题。然而，我国已有学者研究了切实可行、卓有成效的办法。其中突出的是马承老师的"直呼式韵律英语教学法"。这种方法主要解决低幼儿童认字的问题。马承老师主张强化字母在单词中的读音，淡化字母名称音，如 bag，不读 /bi：/、/eɪ/、/dʒi：/，要直呼 b/b/、a/æ/、g/g/—bag/bæg/。他主张"字母、音素、音标三位一体"教学，认为最重要的是字母在单词中的读音，即音素，并引出音标，研究字母、音素、音标三者的内在联系和依存关系，再形成"音不离词，词不离句，句不离文"的多维空间，分别学习辅音和元音字母的读音，辨别音标后拼单词，再由词到句，由句到文。基于这种方法开发的马承英语教材在全国 20 多个省、自治区、直辖市 1 500 所培训学校使用，影响很大。[93]除了马承，还有章兼中等研究直接拼音，也编写教材，在上海等地实验，取得了丰富的经验。[144]

二、利用教学资源帮助学生学习英语语法

英语语法教学的重要性不容置疑。韩礼德指出，儿童在开始学讲话时只有意义和表达通过语音直接对应。当儿童语言向成人语言过渡，要在两者之间引入词汇语法层，不然难以表达日益复杂的经验。至于书面语更需要学习，光靠习得是不行的。在孩子进入中学阶段则需要学习语法，重组经验，表达复杂思想。[145]

我国中小学学生学习英语是为了提高民族素质，也是为了学生将来接受高等教育或就业打下良好的基础，并非为了培养旅游、商务、医疗等专用英语人才，因此，要求语言知识与技能的基础扎实。况且，我国缺乏英语习得的环境，加上母语系统的影响，难以让学生靠模仿自然习得语言。因此，必须通过有意识的学习，借助语法规则帮助学生迅速掌握英语词形变化和遣词造句的规律，减少和防止语言实践中的错误，有助于迅速培养学生正确理解和运用英语的能力。

（一）由"强化"到"淡化"语法教学

纵观我国历史上英语教材无不重视语法教学，而且有关语法和文法的教学资料层出不穷。但是，20世纪末，交际法兴盛，不断冲击传统的语法教学，一度使语法教学从"强化"走向"淡化"，使语言教学质量下降。21世纪初，经历了一番争议，人们终于走出了困惑，认为语法教学不应被削弱，而要"优化"，要进行改革。请看1982年以来三个时期的教材中的语法体系安排。

1982年的初中英语课本的编排体系受结构主义语言教学理论影响，把语言看作一种线性结构，是由不同层次的小的结构一层一层地组成的，而句子是基本的结构。因此，课本中各课以句型操练为主，对话与课文也要体现核心句型。一种句型或一种时态要连续几课学习其肯定、否定、疑问句句型。在学生通过操练和模仿对某种句型有了一定的感性认识时就进行语法小结[40]。这种直线式的语法体系是在继承了我国传统的英语教学经验基础上形成的。作为当时课本的编者之一，笔者得到前辈的指引，清楚语法安排极为细致，由简到繁，由易到难，由浅入深。字母教学完成后，从单词开始，如book，到短语a book，到句子"This is a book."；从单数名词到复数名词；从be动词到have/has到行为动词；从行为动词的第一、第二人称到第三人称单数；从祈使句到行为动词的现在进行时，然后各种时态逐步展开；从简单句到复合句；等等。这种循序渐进的语法体系是在前人对英语与汉语精心对比的基础上做出的，抓住了中国人学习的难易点，确定英语语法项目呈现的顺序，以利于迁移，克服母语干扰。这个显性的语法体系成了全套教材的"骨架"，一旦确定，就编写各课句型练习和课文，高中课文选文的重要标准就是必须体现语法重点，当时对话题、语体、语篇、语境等考虑很少。图4.5是初中第三册"be going to"结构的呈现，第二课出现who、when、where问句。语法小结是用中文写的。

LESSON ONE

The First Lesson

DRILLS

A

A: | Do you | often go to the cinema?
  | Do they |
  | Does Mary |

B: No, but | I'm | going to see a film
          | they're | this afternoon.
          | she's |

| I'm not | going to have any lessons.
| They aren't |
| She isn't |

B

A: Are you going to | this year?
  have geography | this term?
               | next year?

B: Yes, I am.

A: | Is Kate | going to have geography,
  | Are they | too?
  | Is your brother |

B: Yes, I think so.
  (No, I don't think so.)

C

A: What are you going to do | this evening?
                          | this Sunday?
                          | tomorrow?

B: I'm going to write some letters.
A: What's Jane going to do?
B: She's going to | do her lessons.
                | play volleyball.
                | play tennis.

· 1 ·   · 2 ·

GRAMMAR

be going to 结构

"be going to+ 动词原形" 表示就要（即将），打算（做什么），或就要发生的事。常与 tomorrow、tomorrow afternoon、next week、this year 等表示将来的时间状语连用。如：

We're going to have a new subject this year.

Is Li Ping going to play basketball with us?

What are you going to do next Sunday?

It's going to rain this afternoon.

图 4.5　1982 年初中英语课本语法教学安排

　　这时的初中教材贯彻的是"听说领先、读写跟上"的原则，高中则侧重培养阅读理解能力。这时的教学法提倡从实例出发积累感性知识后进行归纳，与从演绎出发先传授语法规则后进行实践的语法翻译法不同。但由于忽视语言的交际功能，过于强调知识的传授和句型的操练，对语言的内容和意义，特别是语言的实际运用不够重视。机械性的句型操练枯燥，难以激发学生的兴趣。结果造成学用脱节，死记硬背现象严重，实际的听、说、读、写能力较弱。

　　1993 年中英合编的初、高中英语教材有了重大的变化。JEFC 和 SEFC 不再单纯以语法结构为主要脉络来安排教学内容，而是根据交际目的的需要，既考虑语言的功能、意念和话题，也考虑语音、语法和词汇知识，并使它们有机地结合起来。例如第一册第十八单元的话题是"Looking after your things"（管好物品），功能项目是"Giving instructions"（发出指令），语法是人称代词的主格和宾格。用汉语写的语法小结以表格的形式放在附录中，语法编排基本上继承了传统的体系，但是改变最大的是，语法呈现不是显性的（overt grammar）句型操练，而是隐性的（covert grammar），给学生输入有趣的对话或短小的故事。语法项目的安排不是直线式（linear organization）的，而是循环式的（cyclic organization）。一个语法项目不是连续几个单元处理完，而是分散在几

Lesson 70

1 　　Read and say

KATE: Jim, could you help me, please?
JIM: What's wrong?
KATE: I want my kite. It's in that tree.
JIM: OK. Don't worry. I can get it.

KATE: Is it broken?
JIM: I don't think so.
Here you are. Catch!
KATE: Oh, thank you.

JIM: Kate!
KATE: What's wrong, Jim?
JIM: I can't get down.
KATE: Don't worry. Li Lei!
LI LEI: Hi, Kate. What's wrong?
KATE: It's Jim. He's in that tree.
He can't get down.
Can you help him?
LI LEI: Don't worry. I can help him.

LI LEI: Jim! Come this way, please.
JIM: OK. Thanks.
LI LEI: Now, come here, to the wall.
JIM: Right. I'm OK now, thank goodness!
KATE: Don't thank goodness. Thank Li Lei.
JIM: Thanks very much.
LI LEI: You're welcome.

2 　　Listen and answer

Listen to the dialogue, and find the right answers in the workbook.

70 seventy

Lesson 71

1 　　Read and act

LILY: Jim, could you help us, please?
JIM: Certainly, Lily. What's wrong?
LILY: It's this plane.
JIM: That's a nice plane. Whose is it?
LILY: It's ours.
JIM: What's wrong with it?
LILY: I think it's broken.
JIM: Let me see. Oh dear! Yes, it is broken.
LILY: Oh no! Can you mend it?
JIM: Sorry, I don't think so.

LUCY: Let me have a look, please.
JIM: Here you are.
LUCY: Hmm! I think I can mend it. But I want a knife. Do you have a knife?
JIM: Yes, I have a small one.
LUCY: Give it to me, please.
JIM: Here you are.
LUCY: Thanks.

2 　　Ask and answer

A: Can you help her?
B: Certainly. What's wrong?
A: Her kite is broken.
Can you mend it?
B: I think so. Let me see.
Yes, here you are.
A: Thanks very much!

him	us	them
his	our	their
plane	pens	bikes

seventy-one 71

CHECKPOINT 18

Grammar

Personal pronouns　人称代词

Subject 主格	Object 宾格	Examples 例句	
I	me	I am eleven.	Please help me.
you	you	You are Chinese.	Can I help you?
she	her	She is American.	Please help her.
he	him	He is English.	Please help him.
it	it	It is broken.	Can you mend it?
we	us	We are in Grade One.	Can you help us?
you	you	You are all here.	Can I help you?
they	them	They are twins.	Let's help them.

Useful expressions

What's wrong? Thank goodness! Oh dear! Let me have a look.
Don't worry. I (don't) think so. Put it / them away.

图 4.6　1993 年 JEFC 教材的语法教学安排[146]

个单元或几册书中。这的确给教学带来了挑战。习惯于传统教学的教师埋怨教材淡化了语法教学，他们自己补充语法练习，应对考试的需要；而没有经验的教师的确忽视了语法教学，把必要的语法淡化了。

（二）由"淡化"到"优化"语法教学

要提高交际能力就必定淡化语法教学吗？胡壮麟教授认为，语法知识好有助于交际。这是因为交际能力是一个由多种能力组成的有机整体。其中，语言能力就是交际能力的一个组成部分。而语言能力主要体现在语法能力上。语法能力能帮助学生理解和创造口头或书面的话语。就两者关系来说，语法能力和交际能力的关系就是"知"和"做"的关系。[147]威多森说，交际法并不意味着否定语法，相反，交际法承认语法在学习与使用语言中的中介作用（central mediating role）。[148]

语法教学是必要的，但在教学方式上要避免以语法为纲，过多地讲解语法知识，而应将传统的语法静态讲述式教学优化成师生互动的动态运用式教学，体现课程标准所提倡的"激发兴趣、发现探究、实践运用、自主学习、合作学习、任务型活动"等教学理念和方法[138]。正如拉森－弗里曼（Larsen-Freeman）所说，语法不仅是语言知识，正确使用语法结构的能力也是一种需要训练的技能。语法并非一套关于结构的僵硬规则，而是一套有意义的、动态的系统，所以教学语法时应该用一种有意义的、集中的、交互式的方法来教学。她提出"grammaring"的概念，这就涉及形式（form）、意义（meaning）和使用（use）三方面的关系。[149]

为了把语言形式、意义和用法有机地结合起来，新课程与教材的实施已改变了传统的语法静态讲述型教学，采取了观察—发现—归纳—练习—运用的动态实践型教学。一般做法是学生首先通过听说活动，在语境中接触、感知特定的语法现象，在教师的启发下观察、发现其语言形式，理解其意义与功能，并适时做些归纳和演绎，然后开展多种形式的练习和活动。这些练习与活动的设计呈阶梯形，由浅入深，由易到难，由注重语言形式的机械性句子练习到有意义的、带有较强的交际性的任务型活动，不但有听说，还有读写，要求学生结合所学话题与功能运用，这样可使语法教学包含文化的内容，促使学生准确而得体地运用英语表达思想。[150]

现以2012年人教版英语七年级上册[72]为例，分析目前语法教学的路径（见图 4.7 至图 4.11）。

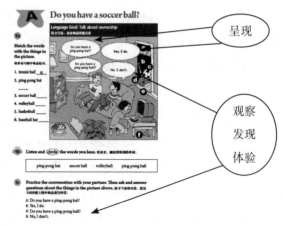

图 4.7 英语七年级上册语法教学课例（1）

图 4.8 英语七年级上册语法教学课例（2）

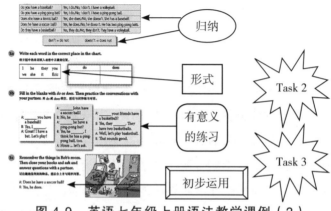

图 4.9 英语七年级上册语法教学课例（3）

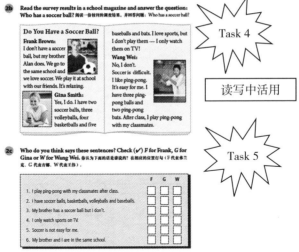

图 4.10　英语七年级上册语法教学课例（4）

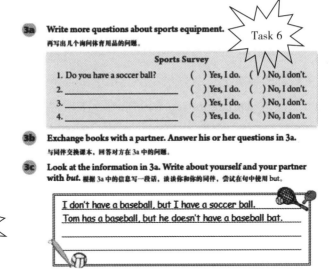

图 4.11　英语七年级上册语法教学课例（5）

　　初中和高中英语教科书的语法项目完全根据课程标准的规定，将基础英语语法项目系统地安排在各册书中，每一个难度较大的项目相对集中在连续的单元或模块里。使用的方法既有继承，也有创新，可以说已经探索出了优化语法教学的路子。教材中的语法安排有以下特点：

　　（1）语法教学与听、说、读、写的技能训练相结合；

　　（2）语法教学与话题、功能和语篇教学相结合；

（3）归纳法与演绎法、隐性与显性语法教学相结合；

（4）语法教学与词汇教学相结合；

（5）形式、意义和运用结合，实施三维语法教学。（见图 4.12）

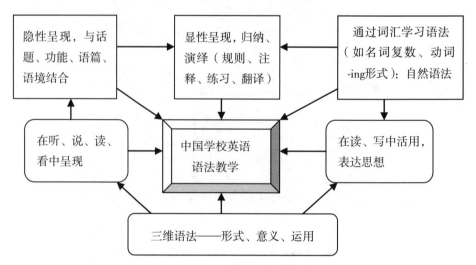

图 4.12　当代中国学校英语语法教学模式

在教材的影响下，我国中小学英语语法教学的步骤大体是：

（1）呈现（presentation）。每个单元的重点语法结构一般是自然地出现在听、说、读、看、写语言材料中，有时也与词汇教学紧密联系（如动词 -ed 形式等）。

（2）发现（discovery）。在教学过程中，教师要善于预测学生因受母语干扰而出现的问题[151]，常引导或启发学生主动观察，发现新的语法现象，并根据上下文弄清其含义。

（3）归纳（induction）。在进行语法专项练习之前，要给学生机会，让他们自主探究，试着归纳该单元的语法项目。教师总结，并纠正学生的错误。在小学高年级用此种方法可培养学生的英语语法意识。

（4）演绎（deduction）。一般用于中学，教师利用教材提供的语法注释或语法工具书帮助学生提高对语法结构的形式和意义的认知度，有时可通过翻译做些汉英比较，如："seeing is believing"（眼见为实）、"a rising tide lifts all boats"（水涨众船高），从中欣赏英语与汉语之美。

（5）实践（practice）。利用多种形式的教学资源提供大量的学习性任务（如词形变化、句型转换、造句、填空等操练形式的练习），让学生复习和巩固所学的语法结构。

（6）活用（production）。通过多种形式的具有情景和信息差的活动（如情景对话、描述图画、做游戏等），以及较为真实的任务性活动(如采访、传话、写信、报道等)，让学生灵活运用所学语法表达自己的思想。[152]

（三）有效的语法学习策略

我国学生英语语法学习成功的经验较多，值得介绍的学习策略有以下5个：

（1）利用课本中的语法资料和语法书归纳、小结已学的结构，进行分类、对比，加深理解，提高对语法规则和用法的认知度。

（2）语法学习与词汇学习相结合。由于词具有语法特性，通过学习词块（词的搭配）就可以不费力地学到语法。譬如与 as 有关的词块 as well、as for、as if、as long as、as+adj./adv.+as、as+clause。又如学习与 seem 有关的词块 seem confused、seem to be late、"It seems that he won't come." 等，实际上是在学习过去分词、不定式和先行词 it 代替后置的主语从句。索恩伯里（Scott Thornbury）把这种语法学习称作自然语法（natural grammar）[153]。

（3）在语境中通过说、读、写的大量实践，在运用中提高语法的准确和熟练程度。

（4）口诵、手记含有所学语法结构的佳句、格言，如 "Right living is better than rich living." "Everyone who exalts himself will be humbled，but whoever humbles himself will be exalted."。

（5）记录和分析自己常犯的语法错误，对比汉英结构，找出规律，减少错误。例如许多人不清楚在哪些动词后作宾补的不定式不带 to，经过对错误的分析，用"八字言"：一感 feel，二听 hear、listen to，三让 have、let、make，四看 see、look at、observe、watch。这样就记住了10个这样的动词（词组）[154]。

三、利用教学资源帮助学生学习英语词汇

对于英语词汇学习的必要性，人们从来没有争议。索恩伯里曾引用

德拉（Dellar）和霍金（Hocking）的话说明词汇学习的重要性："假如你把大部分时间用于语法学习，你的英语水平不一定会有很大提高。你如能学习大量单词和习惯用语，你的英语会有很大进步。仅有语法，你能说的很少，有了词汇你几乎什么都能说。"[155]在中国，长期以来，人们习惯以词汇量的多少来衡量英语的水平。但是，对于中小学英语词汇量的要求却一直存在争议。

（一）英语课程中的词汇量要求

在以英语为母语的国家，受过良好教育的人一般掌握20 000个词，5岁儿童会用5 000个词。在英语国家，英语为二语的成年人经过数年学习能掌握5 000词族（word families）就算是很不错的了。据研究，英语入门阶段的核心词约有2 000个。其中最常用的100个词差不多占了大部分文字材料字数的一半。目前，很多专家推荐至少3 000个词为基础词汇，并认为专门学科必须具备5 000个以上的词。《朗文当代高级英语辞典》（第5版）列出了英语口语和书面语中最常用的3 000个单词。这是以朗文语料库网络中所包含的3.9亿个单词的统计分析为依据选出的。这3 000个单词占据了全部语言使用量的86%。而且，这3 000个词又按其频率分为1 000、2 000和3 000个词。英语教育专家杰里米·哈默称此信息对于语言学习者来说弥足珍贵[156]。

回顾我国中小学英语词汇教学要求，可以发现一条马鞍形的曲线，开始阶段词汇量大，之后相当长一段时期控制词汇量，近期又逐渐提高要求。

表4.1　自1932年以来中学英语词汇量要求的变化

时间	教学大纲/课程标准	学制	词汇量要求
1932	初级/高级中学英语课程标准	6年	8 000（连初中3 000）
1941	修正初级/高级中学英语课程标准	6年	7 000（连初中2 000）
1948	修订初级/高级中学英语课程标准	6年	6 000（连初中2 000）
1951	普通中学英语科课程标准草案	6年	5 000（连初中1 000~1 500）
1963	全日制中学英语教学大纲（草案）	6年	3 500~4 000（连初中1 500~2 000）
1978/1980	全日制十年制中小学英语教学大纲（试行草案）	8年 5年	2 800 2 200

续表

时间	教学大纲/课程标准	学制	词汇量要求
1982	全日制六年制重点中学英语教学大纲（征求意见稿）	6年	2 700~3 000
1986	全日制中学英语教学大纲	6年	1 800~2 000（连同初中3年）
1993	全日制高级中学英语教学大纲（初审稿）	6年	1 200+800（连同初中3年）
2000	全日制普通高级中学英语教学大纲（试验修订版）	6年	1 200+750（连同初中3年）
2001	全日制义务教育普通高级中学英语课程标准（实验稿）	6~12年	2 500（7级），3 000（8级）
2003	普通高中英语课程标准（实验）	6~12年	2 500（7级），3 300（8级），4 500（9级）
2018	普通高中英语课程标准（2017年版）	6~12年	2 100~2 200（必修），3 100~3 200（选择性必修），4 100~4 200（选修）

从表 4.1 可见，词汇量要求最高峰是在 20 世纪 20—30 年代，正值教育学制由仿日转向仿美时期，英语学习很受重视。后来发现中学生升学率较低，能使用英语就职者很少，因此舆论倾向减少英语课时，增加国语和其他学科课时，于是词汇要求逐年降低。中华人民共和国成立后，英语受到冷落，虽然 20 世纪 60 年代初稍有上升，但"文化大革命"又将其降入低谷。20 世纪 80 年代改革开放初期，教育部领导曾力图提高教学要求，但终究因为基础条件太差，为减轻学生负担，不得不一再减少词汇量。2000 年高中大纲仅要求 1 950 个词，到了历史最低线。其实，最高和最低要求都缺少科学依据，都被证明脱离实际。2000 年的中学生较之 20 世纪 80 年代的中学生英语水平已有明显提高。因此，笔者在修订高中英语课本时主张把词汇要求提高到接近 3 000 词，并将新课程标准（简称"新课标"）的理念引进教材编写中。于是修订后的人教版 SEFC 成了很多省、自治区、直辖市在进入新课标实验前的过渡性教材，而且在实施的过程中并没有感到十分困难。

新课标研制时，在词汇要求上产生过分歧，有的专家认为我国外语水平亟待提高，中小学应大幅增加词汇量（有的甚至提议增至 8 000 词），以减少大学的压力，因为大学的课时少。课标组听取了各方面的意见后，提出了课程的九级要求，高中课程分为必修、选择性必修和选修三类课程。经过调研，2017 年又微调了词汇量，使其更加符合国家对外语人才的需要和各地教学条件不平衡的实际。然而，应该承认，英语课程标准现在的要求仍然不能满足我国社会发展的需要。如何改进词汇教学，使学生迅速增加词汇量并能灵活地运用词汇，成了当前亟须解决的一个问题。

（二）英语词汇教学要求

学生怎样才算学会并掌握了词汇？课程和教材应该有明确的要求。笔者浏览我国近百年来的英语课程发现，对词汇教学的研究虽然史料欠丰，但 1963 年和 1986 年的教学大纲的有关规定对后人颇有影响。1963 年大纲的要求是：

"教学生掌握 3 500~4 000 个单词和一定数量的惯用词组，达到读音正确，拼写正确，了解每个词的基本意义和用法，其中常用的部分应当能在口头上和书面上正确运用。

"教学生掌握的词汇要经过仔细选择。主要应该选择日常生活、学习、生产劳动和社会活动中常用的词，包括一部分有关英语国家的风俗习惯的单词和用语，也要选入适当数量的自然科学和社会科学中的常用词，以及重要的地名、国名、人名等专用词。要注意多选应用广泛的词。"

同时还提出词汇安排应注意由浅入深，由近及远，词义由具体到抽象，词的构成和用法由简单到复杂。1986 年教学大纲对词汇有了更深入的研究，提出：

"词汇教学主要是使学生掌握词义、词的搭配和用法。教学中要注意词不离句，句不离文。要通过演示或讲解、操练和反复使用，才能使学生了解一个词的确切含义并掌握其用法。大多数英语单词可以通过图片、演示或上下文，用浅显的英语释义；有些单词，特别是意义抽象的词，可用母语释义。还应适当指出词的同义、反义、转义等现象。此外，教师应有意识地在教学中反复使用已经出现过的词汇，帮助学生复习巩固。

"词汇教学，不仅要使学生学到规定数量的单词，而且要使学生掌握学习词汇的方法。要培养学生按拼读规则拼读单词的能力；要使学生掌握基本的构词法；还要培养学生查阅词典的能力。

"大纲要求学会的词汇，学生应全部会读、会拼，知道基本的词义，能听懂，在口笔头练习中能够运用。这部分词汇约占初高中教学内容中所给词汇总数的 70% 左右。"[27]

20 世纪 80—90 年代，课程教材研究所以唐钧为首的研究人员配合教育部课程研究，专门对词汇的常用性做了研究，并研制了 800 词和 3 000 词及短语与习惯用语词表[157]。他们参考了 19 种国内外有名的常用词汇表，其中有桑代克（E. W. Thorndike）、韦斯特（M. West）、奥格登（C. K. Ogden）、理查兹（I. A. Richards）、荷恩比（A. S. Hornby）、帕默（H. E. Palmer）等语言专家的辞书著作，罗兰德·兴德玛史（Roland Hindmarsh）编的《剑桥英语词典》（*Cambridge English Lexicon*，1980），以及当时出版的中学英语教科书。他们根据《剑桥英语词典》将所选的词按照常用性分成了 5 级。这个研究直接影响了教学大纲词汇表的制定。

1956 年教学大纲首次附上了词汇表（包括单词和习惯用语）。从那以后，大纲和课程标准都附有词汇表。有的词汇表非常详细，注明了词义、词性和词组，1988 和 1992 年初中教学大纲还注明了常用的级别。这主要是听取了师生的意见，他们认为这样做能让他们更清楚考试的要求，便于抓住重点，而考试大纲的词汇要求也的确是依据大纲定的。更有甚者，JEFC 教材曾对词汇做了"四会"（听、说、读、写），"三会"（听、说、读），"二会"（听、读）的区别要求。这遭到一些学者的批评，认为这违反语言习得的规律。词义、词性、词组与习惯用语的确定也缺乏严格的标准，因此近期课标中的词汇表仅保留了单词，但按照课程标准划分了级别（2、5、6、7 级）。不过，反对大纲附详细的词汇表也大有人在，他们认为，词汇限制过死不利于教材体现真实性，也不利于教学体现交际性。

（三）英语词汇学习的认知过程

国外研究词汇教学的学者非常多，对于学习者认知词汇的过程，索恩伯里用以下心理词汇（mental lexicon）思维图做了较为详细的描述（见图 4.13）。

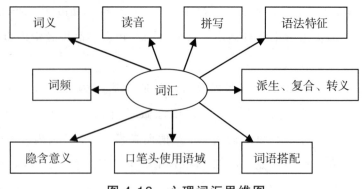

图 4.13　心理词汇思维图

　　由图 4.13 可知，要真正理解和掌握英语单词，不仅要掌握词的音、形、义，还要掌握其语法特征、构词法、搭配、词义变化、词的运用语域及词频等。显然，这是一个十分复杂的思维过程。而过去由于缺乏对词汇教学的深入研究，教材和教学对学生的词汇学习引导不够，使他们满足于背记词汇表或词典中的释义。当时的词汇练习多为翻译短语或句子、听写、造句、句子填空等。直到 21 世纪初，教材和教学资源才逐渐增加了构词、词块（搭配）、同义、反义、释义、一词多义、对话或短文中的词语运用等多种形式的练习或活动。此外，还有如何使用词典的指导。

　　心理词汇是心理语言学中的一个研究颇多的领域。近来，我国也有越来越多的人进入这一领域，桂诗春就是其中一位领军人，他曾说："心理词汇是一个组织良好的系统。……它和词典却没有多少共通之处，词典是根据字母的排列组织起来的，而人的心理词汇则似乎是按意义组成网络的；词典所收载的条目是固定的，而心理词汇的内容则不是固定不变的……还会不断地增加新词，甚至在言语活动过程中也会增加新词新义；最大的差别在于心理词汇所包含的信息比词典的要丰富得多。"[158]中国学生学习外语，实际上是在学习一种新的思维体系（conceptual system）和建构一套新的词汇网络系统。建构的方法主要有：

　　（1）音形（pronunciation and spelling）。通过模仿学会发音，运用拼读规则掌握拼法。

　　（2）标记（labeling）。不用翻译，直接在物体上标记英语。

　　（3）英语释义（defining in English）。较准确地理解词义。

（4）翻译（translating）。借助母语翻译理解词义。

（5）网络形成（network building）。运用思维导图成串地学习词汇。

（6）联想（associating）。通过一个词联想出很多的同根词、词组、短语、搭配等。

（7）领会和运用知识（receiving and producing knowledge）。理解词义并能举一反三，融会贯通，加以运用，这样，新的词汇思维系统就融入了自己的语言机制，并成为其中一个部分。

教学资源的开发者只有清楚学习者的词汇认知过程及其困难，才能编制出好教材，帮助学习者克服困难学好词汇。

（四）词汇学习的困难分析与对策

就英语语言知识而言，中国学生感到最大的困难在于词汇，而词汇最难的是"记不住词"，原因是时间不够、母语干扰、语言环境缺乏等，最后表现为词汇运用能力差、口、笔语错误多。

学习词汇的过程，在一定程度上就是和遗忘做斗争的过程。要促使短时记忆转为长时记忆，要设法使"快速遗忘"变成"永不遗忘"，需要长期不断积累。如何有效地记忆呢？这里列举了10条对策。

（1）反复接触（reception and repetition）。有研究证明，单词有间隔地出现7次以上就容易被长久记住，因此，教学资源编者要努力加大词汇复现率，学生则要通过听与读，扩大与英语的接触。

（2）加深认知（cognitive depth）。利用音、形、义的联系、构词法、语法词形变化等规则，提高学生对词汇的认知度，帮助他们掌握词汇的内在规律，变"死记"为"活记"。

（3）运用记忆（use to remember）。设计情景，组词成句，组句成篇，在口语会话和书面表达中加以运用，使学习者得到真实的体验，用过的词语就能牢记在心。

（4）视觉记忆（visual memory）。在初始的教材中，看图识字、看图说话的活动很多，而高年级教学资源提供的图表和视频材料，以及教室、校园和校外的英语标志都能产生视觉刺激，学生应利用来学习和记忆英语词汇。

（5）检索效应（retrieval practice effect）。经常复习，如背记、默写、听写、造句、测验等，加上泛听、泛读，不断从大脑中提取所学词汇，加强记忆。

（6）亲身感受（personal feeling）。实验证明，仅仅默读单词不如大声朗读含有该单词的妙语佳句容易记住单词，如果能诵读自己用该单词编造的句子就更容易记住了。

（7）激发动机（motivation）。认识学习词汇的重要性，便会产生较强的学习动机，就会自觉地花费时间和精力学习词汇。对于那些缺少学习动机的学生，教师可设计适合他们水平的活动，使其顺利实施，他们得到鼓励，便会产生进一步学习的动机。

（8）有意注意（conscious attention）。多用具有感情色彩的词汇来引起学生的注意，如独具特色的单词（banana、crocodile、marmalade）、网络语言（2day、2nite、RUOK、ILY）等，会使人过目不忘。

（9）情感深度（affective depth）。对词的情感和认知在人的记忆库中会发生作用，喜欢某个词的音或形，对其代表的人或物有强烈的感情（如daddy、mummy、doggy、kitty、ghost），或会引起情感波动的词（如love、kiss、frightened），这类词容易记得快，而且记得牢。

（10）记忆诀窍（mnemonics）。记忆单词有许多窍门，最为常见的是用关键词，由该词的每一个字母引出许多与话题有关的词（见图4.14）。运用母语帮助记忆多音节的词，也不失为一种巧记单词的办法。例如用汉语拼音或谐音词，有人用"（没有伞）俺不来了"对应umbrella，用"（叫急救车）俺不能死"来对应ambulance。虽说不科学，但却让人愉快地记住单词，而且终生难忘。也有人用唱歌的方法记忆英语词汇，也不失为一个好办法。

F	faithful，frank，friendly，fair，forever
R	real，responsible，reliable，respectful
I	important，interesting，ideal，intelligent
E	easy-going，everlasting，encouraging
N	nice，noble
D	devoted，determined，dynamic
S	sincere，secure，selfless，simple-hearted，smart
H	honest，happy，helpful，harmonious
I	independent，inspiring，innocent
P	pure，polite，precious，patient，pleasant

图4.14　用关键词联想记忆法

除了记忆词汇的方法，学生需要掌握以下词汇学习策略。

（1）大量听读积累词汇。善于从听读活动中复习旧词和习得新词，在语境中观察词汇的运用，善于通过上下文猜测词义，如通过文中注释或凭自己的常识（world knowledge，WK）推断词义。遇到重要单词、短语和例句要做标记或记在笔记本上，随时翻看。

（2）使用词典学习词汇。初始年级的学生要学会查词典，高年级的学生应人手一册英汉双解词典。要查那些最活跃、最基本、最常见的词汇[159]。不能满足于掌握词的音、形、义，要借助词典掌握习惯用语、短语和固定搭配，构词知识，词义、词性变化、语体、词频等。不仅能看懂汉语释义，也要看懂英语释义。

（3）自主探究创造方法。根据自己的认知特点摸索出有效的词汇记忆和学习方法，如：看图法，可使用一面是图，另一面是生词卡片；听音法，听词汇录音仿读、拼写，并说出词义；笔记法，将词汇记入本子上或输入电脑里；检测法，和同伴一起互测词语，或用网络测试平台操作；分类法，可根据词义、拼法、词性等归类，形成网络，联想记忆。方法多种多样，也不要排斥背记法。实际上，很多人有了良好的语言基础后，突击背记SAT、TOEFL、IELTS词汇表也是有效的，这已被那些在出国考试中取得优异成绩的学子们所证实。

（4）听、说、读、写学用结合。词汇记得多却不会运用也是枉然，所谓熟能生巧就靠"用"。多听多读是理解和吸收词汇的渠道，而说与写是运用词汇表达思想的渠道。因此，打通这四个渠道，词汇学习的路子就活了。凡是在"英语角"与外国人进行过对话的，或是在课上当值日生用英语做过报告的，又或是用英语写过作文的都会感受到：会用的词语才是自己真正掌握的。

（5）保持动机养成习惯。积累词汇是一个长期的过程，一旦中断就会遗忘。这又是一个艰苦的过程，需要有强烈的动机支持自己不停地勤奋努力。所以，要有耐心和恒心，要善于发现自己的进步，给自己鼓劲，增强信心。其实，只要做到以上四点，形成习惯，词汇学习成绩就能提高，学习的成就感会产生新的动机，使自己乐于付出。

（五）利用教学资源教学词汇的方法

了解了学生学习英语词汇的认知特点、困难及有效的学习方法后，探讨如何有效地教学词汇就有了依据。教师的教是为了不教，教是起指导、帮助、促进的作用。利用教学资源教学词汇的方法和策略很多，这里仅列举 10 种常见的方法。

（1）直接法（direct method）多用于起始教学阶段。为了吸引孩子们的注意力，用实物（realia）、玩具、图画、动作、表情（体态语）教学名词、动词、形容词等；用简单的英语解释词义，用已学的词解释新单词，锻炼学生的英语思维。当然，必要时也可用母语解释抽象难懂的词语。

（2）游戏法（games）适用于中小学教学。教学资源提供了丰富多彩的词汇教学游戏活动，例如卡片猜词、字谜（如 What do you call the people doctors and nurses care for？ Patients.）、拼词比赛、Bingo、填字母成词、看图写词等。国外有拼字游戏（scrabble），而我国成都市田精耘老师还创造了英语麻将牌、扑克、魔方、围棋等帮助学生学习，深受学生的欢迎。[160]

（3）音形法（sound and shape）就是指音、形、义结合教学，利用英语是拼音文字的优势学习词汇。这是在初中一年级以前必须解决的问题。要教会学生分音节和拼读规则，力求使他们一看到符合拼读规则的词立即能读出来，有了这种"见形知音，听音知形"的本事，才有可能迅速提高词汇量。在入门阶段就要利用教学资源教给学生这个方法。

（4）情境法（context）也可以称作情景法，就是指教学词汇必须结合语境。"词不离句，句不离文"，教师结合对话、课文，在有语境和情景的情况下教词汇，这样才能使学生提高对词的意义、用法、搭配、句法功能的认知度。也只有在语境中才能让学生借助已有的知识猜测词义，学习新词。那种脱离语境、单凭词汇表讲解单个词的用法的做法是低效的。

例如，译林版高中英语实验教科书的"Word power"板块，以单元主题为纲，在语境中集中呈现与主题相关的词汇，帮助学生有效拓展词汇。（见图 4.15）

Space exploration

Ⓐ A scientist is making a speech to a group of high school students. Below is the first part of his speech.

Good afternoon, everyone. I'm so glad to be here to tell you something about outer space and space travel. The first man-made satellite went around the Earth in 1957. Spaceships have been sent up into space since 1959. The first person who travelled in space was Yuri Gagarin from the former Soviet Union, in 1961. Eight years later, on 20 July 1969, American astronaut Neil Armstrong landed on the Moon. As soon as he set foot there, he said, 'That's one small step for (a) man, one giant leap for mankind.' Today, most of the important planets in the solar system have been examined. Photos have been taken and sent back to the Earth, but no evidence of life has been discovered on any of the planets so far. Scientific research still continues.

图 4.15　在语境中呈现新词[161]

（5）联想法（association）可用于建立词汇网络系统。除了音、形、义结合学习词汇，还要教学构词法知识，成串地而不是单个地学习词汇，如 easy、easily、easiness、uneasy、uneasily 等。教学词语搭配"get in/out/up/on/used to/rid of…""make a noise""take a rest""do the housework"等。比较近义词 support、assist，income、earnings，join、participate，distant、remote 等。比较反义词 thin、fat，clever、dull/silly/foolish，former、latter 等。英语中一词多义的现象比比皆是，如 check 有 30 多个意思（check out facts、write a check to pay bills、get a checkup at the doctor's）。有的彼此有联系，有的并无联系，这是英语词汇学习的难点之一，需要提醒学生注意。

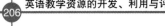

（6）词块法（lexical chunks）指教英语词汇主要是教词组，即词块，而不只是教单词。索恩伯里认为教学中最重要的词块有 6 种[155]：

①固定搭配（collocations），如 make the bed、set the table、old and young。

②短语动词（phrasal verbs），如 run out of、take place、make full use of。

③成语（idioms），如 over the moon（异常高兴）、get cold feet（胆怯）。

④句式（sentence frames），如"It is amazing how..." "If I were you" "I'd..."。

⑤社交用语（social formulae），如 have a nice weekend、sincerely yours。

⑥话语标识（discourse markers），如 to be honest、frankly speaking、once upon a time。

词块教学不仅有助于学生学习词汇，也有助于学习语法，更有助于学生运用英语思维，而不至于使用中外人士看了都莫名其妙的逐字翻译（word for word translation）。

我国广东珠海中学老师黄爱红、刘东方、匡丽亚等用多媒体技术研究了积木式词汇教学方法对词块的教学所起到的良好作用。色彩鲜艳的"积木块"，移动灵活，能引起孩子们的好奇心，给人以深刻印象。笔者曾观摩现场教学，被学生亢奋的情绪所感动。他们的实验已深入到高中阶段以及语言知识和技能的诸多方面，受到了学生的欢迎。下面是一个"购物"话题中关于付款购物的几个近义动词的搭配模式[162]。

如图 4.16，一问一答，先口头回答后再呈现答句。通过问答的形式巧妙地将四个不同的句式引出来，学生可再做比较。

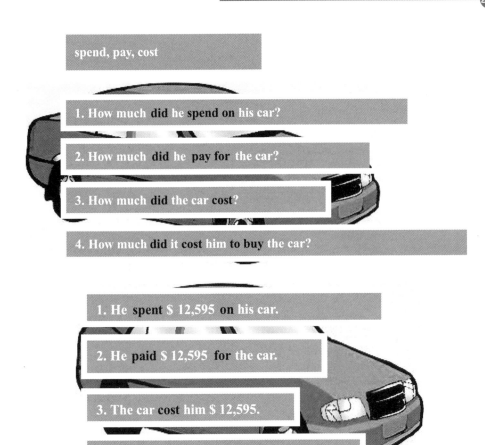

spend, pay, cost

1. How much did he spend on his car?

2. How much did he pay for the car?

3. How much did the car cost?

4. How much did it cost him to buy the car?

1. He spent $ 12,595 on his car.

2. He paid $ 12,595 for the car.

3. The car cost him $ 12,595.

4. It cost him $ 12,595 to buy the car.

图 4.16 积木式词汇教学课例

（7）分类法（classification）是引导学生按词义、词性、发音、构词特点（前后缀和复合）等分类，便于记忆。当前，教材和教学中通常用的词汇网络图（word map）能使意义有关联的词在学生脑海里形成一张网，如图 4.17 围绕 Medicine（医学）将词汇分成三组，近 30 个词分别表示病症、治疗和医护人员等，这样便于学生就有关"看病"的题材交谈或写作。

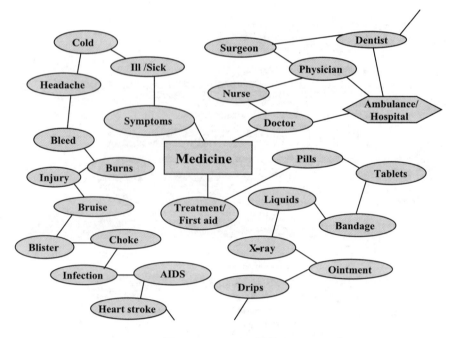

图 4.17　词汇网络图

（8）利器法（effective instruments）是指教会学生使用各种学习工具，如纸质或电子的词典、阅读器、点读笔、语料库、英语学习网站，还包括自己用的词汇表或手册等。"工欲善其事，必先利其器"，要提高学生学习自主性，不依赖教师和课堂教学，就得有自学的本领。自学也得有"帮手"，其中，最实用又最易用的要算词典了。词典可以成为陪伴自己终身的良师益友。有的教科书设计了怎样使用词典的活动，教师也需要在课堂上指导词典使用的方法，并介绍几种国内外影响力最大的词典的特点，到高年级还应鼓励学生使用英汉双解词典。语料库的使用也要大力推广。语料库不仅可用于研究，也可用于教学，特别是词汇和语法学习。例如，围绕关键词 make，可从语料库中检索与其搭配的很多词组、习语及例句，可起到很好的复现和复习的作用。为区别 remember/forget to do/doing，可从语料库中找出众多例句，进行对比分析（见图 4.18）。

Group A: *Remember*

REMEMBER (19:26, 07.05.98)

d Yanto, thoughtfully. On the other hand, I *remember* seeing them dancing together at a ball shortly before the
month's Top to Tail if you own a poodle. *Remember* to listen out for Katie and friends on Radio 2. Should you
here wasn't anyone to see me go. I *remember* thinking how white and cold her face looked, with
ve food started to decrease in September, so *remember* to feed fish. Remember to check on them from time to ti
t remember being so unhappy - not ever. I *remember* being in La Scala, Milan during the war. In the early 40s
her to a colliery tip about four miles away. I *remember* going to a fruit and flower market in Leeds very early one
what I can do but it's all working. Oh I must *remember* to take that film out. Is that the finish of it total? All I rem
(which doesn't mean there weren't any). 'I *remember* seeing pictures of a fish like that at school, but I'm damn
was working in Worcester. 'I don't seem to *remember* seeing you in church, Bridget,' said Clare. The last thing
ber to feed him,' so I'll just have to *remember* to bring an electric drill up and see what I can do but it's
ehudi Menuhin was in town for a concert. I *remember* being rather keen on Bert when I was about fifteen. Whe

Group B: *Forget*

FORGET (18:53, 07.05.98)

ernment last year announced that those who *forget* to flush public toilets will be fined up to US dollars. Results
frothy fronds lit up by evening sun. I'll never *forget* seeing your Grandfather for the first time. I couldn't believe
acting inspector over the weekend. I never *forget* being in hospital.
s are getting shorter it doesn't mean you can *forget* having a bit of fun in the garden. Results of your search Yo
othes. For instance, if you load Windows, but *forget* to take the mouse out of the bag, you can just clip the Tosh
live alone. If you are leaving the area do not *forget* to pick up any clothes that are at the cleaners, or shoes,
e, where shamrock fans forget to blur.Don't *forget* to put your clocks back tomorrow night. Once the removal o
our or two watching TV together. She hadn't *forgotten* going to the pictures with Vernon to see The Song of Pa
y solutions found for this query M. B. I never *forget* being called by a superintendent who said: 'Sergeant Bullo
to add more volume of food daily. I must not *forget* to say something to the whole school about her.' Don't corr
forget to bring music. 'Now eat up and don't *forget* to take your litter home with you.' If there is anything else yo

图 4.18　使用语料库提取所需语料的案例

（9）综合法（integration）指词汇教学需要与语音、语法教学相结合，更要与听、说、读、写技能训练紧密结合。设计大量听说活动，从简单的模仿跟读（保证读音正确）、替换操练到灵活运用所学词语进行口笔语自由表达。保罗·内申（Paul Nation）把这个过程分为 4 个阶段：意义输入（meaning-focused input），语言学习（language-focused learning），意义输出（meaning-focused output），流畅交流（fluency development）。他还特别主张让学生开展泛读。他认为：一是泛读可提供比精读量大得多的材料，足以提高读者的兴趣；二是可使读者无意识地学习词汇和语法；三是可以复习所学的词语和语法；四是可提高学习者在语境中猜词的能力；五是可加快阅读的速度。况且，分级读物（graded readers）控制生词，语言浅显易懂（生词率在 2%~5% 之间），学生很快便可读完一本书，一本本书读下来，天长日久词汇量会猛增。[163]

（10）互动法（interaction）是要组织学生互教互测（peer teaching and testing）。在大班上课必须组织小组活动，加强互动性，才能使每个学生积极参与。词汇游戏、信息差等活动均可在小组中开展。同学之间可以经常检测词汇，检查读音、拼写、翻译、听写、造句等。如今有了互联网，学生自学时，也可引导他们与网上教学平台或虚拟教师互动，并能得到快速而准确的评价。

第二节　培养学生听、说、读、写的能力

语言教学的目的就是培养和发展学生综合运用语言的能力，这主要指的就是听、说、读、写的能力。本节将探讨如何利用教学资源有效地培养学生这四种技能。

一、利用教学资源培养学生听的能力

语言是有声的，健康的人学说话是从听开始的。笔者曾对自己的外孙做过实验。在他咿呀学话阶段，每天喂他牛奶时，笔者对他说英语 one 至 twelve；哄他睡觉时，对他唱英语字母歌。一个半月以后出现了惊喜，小宝宝居然自己能一口气说出这些英语数字和唱字母歌，虽然语音不十分清晰。这证明了克拉森（Krashen）"儿童学习语言需要经过一个沉默的（即听的）阶段"的论断。学习外语也要先听后说、读、写。而且，听在语言交流中起了很重要的作用。据里弗斯（Wilgar M. Rivers）等的统计，人们在进行语言交流时，听占 45%，说占 30%，读仅占 16%，写只占 9%。[164] 可见听的重要性。但是，在传统的外语教学中，使用语法翻译法时从没有专设听说课，即使在结构主义的听说法流行时，听说课也只在大学开设，中小学并没有。到了 20 世纪 90 年代，引进了交际法（功能法），教材中才有了专门训练听力的活动。自那以后，听力测试逐渐进入中考和高考，加上国际交流日益频繁，要求改变英语教学的"聋哑现象"的呼声越来越大，听的教学得到空前重视。

在作为外语的英语学习中，听是四项技能中最难的，尤其在语言环境薄弱的地区显得更为突出。

（一）中国学生听英语困难的原因分析

听是语言加工的认知心理过程，因此，大部分问题都产生于情感、认知和元认知方面的原因。综合一些学者的分析，可列出以下 9 个因素。

1. 动机与态度。不清楚听力的重要性，为考试而练习，不考听力就

不练；除了上课听英语老师讲英语，无其他需要，缺乏语言环境，产生不了课外听英语的动机和兴趣。[165]

2. 语音不适应。英语的读音与汉语混淆造成误解，如会把 kite 听成 Kate，把 sheep 听成 ship 等。不习惯连读、失去爆破、弱化、重音、语调等，听单词较容易，听词组和句子就感到困难。

3. 语言结构难。主要是遇到不熟悉的词汇和语法结构就如遇到了"拦路虎"，常常阻止学生继续听下去，一旦停止，后面的内容就听不进去了，于是很容易失去信心。

4. 缺乏相关文化知识。对外国背景的文化知识缺乏了解，导致在听的过程中不知所云。对英语国家的风土人情（如俚语、成语和方言）、幽默、反语、暗语和双关语等不甚了解，就可能因此对所听的内容一知半解[138]。缺乏背景知识会使听者失去推测、判断、推理等的依据。

5. 抓不住要点。不善于排除冗余信息，企求听懂全文，把握不住关键词语和重要信息。

6. 直接思维少。在听英语的过程中不能在脑海里直接出现英语或画面（如人、物、景或活动），而是依赖翻译成汉语，这样必然延误时间，反应慢，跟不上说话人或录音的速度。

7. 易紧张焦虑。有的人还未开始听就紧张、畏惧；有的是身体疲劳，注意力不易集中；多数是在听的过程中遇到障碍而紧张、焦虑，甚至脑子一片空白，什么都听不进去。

8. 缺乏应对策略。听力任务活动形式繁多，文体也很多，有会话、独白、讨论、辩论、采访等，听力活动方式更多，但是如不懂得采取相应的措施和策略，就难以完成听力任务。

9. 技术利用差。虽然目前信息技术很发达，英语网络教学听说资源非常丰富，但发展不平衡，有的地区、学校和学生由于条件所限，未能充分使用网络听力材料，致使相当一部分学生听力仍然很弱。

以上主要是听的主体——听者的自身因素，而客体因素，如语篇的语体、风格、难度，说话人的语音语调、语速、话语风格等也会造成听的困难，分析学生听英语的困难，是研究如何利用教学资源，帮助学生提高听力的出发点。

（二）英语教学资源中的听力活动设计

教师和学生要想用好听力教学资源，就得知道这些资源的设计依据、意图、目标等。只有这样，使用资源的人才能提高效率，因为他们不但知其然，而且也知其所以然。听力资源的设计者做设计时，主要有以下三方面考虑。

第一，听力教学资源的设计者要清楚听力技能的实质。听属于语言吸收性或领会性技能（receptive skill），学生在课堂主要进行的是单向性的听，重在理解所听到的信息。有的专家认为，听的理解基础是听者的背景知识（图示）、语言系统和语境（上下文 context）之间的互动。研究听，重要的不在于结果，而在于过程。在听的理解和学习过程中，听者有三种认知过程：自上而下（top-down process），即利用先前已有的背景知识来分析和处理所接受的信息；自下而上（bottom-up process），指利用已有的语言信息来构建新的信息；并行处理（parallel process），指同时用前两种处理方法处理信息的过程。实际上，并行处理更为多见[166]。还有的学者认为，听的理解认知过程不只这三种，还需补充以下八个维度：个体化的、跨文化的、社交的、语境化的、情感性的、策略性的、互文性的（intertextual）、评判性的[167]。由此可见，听外语的能力训练是一个复杂的认知心理过程。

第二，听力教学资源的设计者要根据课程对听的技能的要求，设计听力练习或活动。义务教育和高中英语课程标准制定了听的技能分级目标要求，这里受篇幅所限，不再细述。笔者根据道格拉斯·布朗（Douglas Brown）所做的听力微技能表[168]，结合我国中小学课程教材编制的经验，设计了以下听力技能和练习或活动项目表（见表 4.2）。

表4.2　听力微技能分级技能目标和练习或活动

起始年级听力技能与训练		
	技能目标	练习或活动
自下而上练习	听音辨别音素、重音、语调等	勾出所听的单词的音素、词组、句子的重音或语调
	听句子确定词形变化	填写名词或动词词尾或辨别正误

续表

起始年级听力技能与训练		
	技能目标	练习或活动
自下而上练习	听句子或一个轮回的对话	根据所给单词和听到的句子写出完整句子（词序正确）
	听小对话或短文	从图中找出听到的词，从所给的词表中勾出听到的词，选或写出听到的人名、数字、时间、天气、物品、价格、颜色、号码等
自上而下练习	听懂指令和要求	做出适当的反应（如 sit down、stand up）
	听带有感情的对话或故事	要求学生辨明情感变化（如 happy、angry、worried）
	听会话或故事	要确定其发生的地点，选择正确的话语主题，或选择有关的图
	听歌曲或童谣	要识别歌谣中的韵律
	听单词或词组并进行联想	要根据词义联想到一系列意义相关的词或词组，画出网络图
	听问路或有关路线的话语	要根据所听内容画出路线图

中级听力技能与训练		
	技能目标	练习或活动
自下而上练习	听懂接近自然速度的话语	要听出弱读音节或失声的部分，如 the、of、a、've、do(c)tor
	听懂连读中的语段	要听出带有连读的语流，如 as a matter of a fact、all over again
	听懂语流中关键的内容	要抓住重点信息，如约会的时间、航班广播通知、电话要点等
	借助语境理解所听的内容	要在上下文中猜测词义，根据语调和重音理解说话人的意图
自上而下练习	听懂故事或叙述文，理解主要人物和事件及其关系	设计人物或事件的插图或表格中的文字提示，帮助听者预测并确定人物特性和发生的事件，以及所发生事件的顺序和因果关系
	听对话能抓住关键词和主题句理解话语之间的逻辑关系	设计人物（如孩子与父母）对某些观点有不同看法，也可设计专题讨论，要能听出不同人物的主要观点、相同或不同之处

续表

中级听力技能与训练		
	技能目标	练习或活动
自上而下练习	听独白，能根据（熟悉的）话题和已有的知识理解大意	能听懂通知、广告、天气预报、广播、演讲等的主要意思，并从中提取信息
	能在听的过程中做出反应	能根据听的信息做简单的记录，口、笔头回答问题，角色表演

高级听力技能与训练		
	技能目标	练习或活动
自下而上练习	听懂正常语速话语中的逻辑重音词	要求听懂有关熟悉话题的演讲、讨论、辩论和报告
	听懂多种语调所含的意义	听话剧、影视剧、诗歌朗诵，理解说话者的感情（喜、怒、哀、愁）
	能从较长的发言中抓住要点	听报告、演讲时能理解讲话人的主要意思、观点和意图
	能识别英式英语和美式英语	设计不同口音的英语对话或报告，让学生分辨
	能在听的过程中分辨出干扰音和不同的口音	设计情景会话，如在澳大利亚或美国旅游景点导游与旅客会话等
	能根据说话人的用语确定语体（formal/informal）	设计求职者与招聘人的对话，记者采访名人，英语专家来访演讲等
自上而下练习	根据听前活动预测所听内容	设计问题、词语选择、图片、地图、视频、统计表等热身活动
	能听要点并用速记法做笔记	设计文学、艺术作品和新书、影视介绍
	听主旨大意、特定信息和细节	分阶段听，首先抓大意，再捕捉重要信息，最后听细节
	从说话者的语气推断其态度、立场、喜恶及隐含的意思等	设计听后活动，分析所听内容，推断出话语中隐含的意思，并能发现和理解一般的幽默
	能听懂国内外一般的（非专业性质的）英语广播等真实材料	开展课外听的活动：广播、电视、网络新闻、线上听说资源（如名人演讲、演讲比赛、辩论赛等）

第三，听力教学资源设计者除了考虑表 4.2 中列举的练习、活动的形式，以及语篇的题材范围，还有一个重要因素，那就是日常生活中要表达的功能意念项目（functional and notional items）。在 2003 年版的《普通高中英语课程标准（实验）》中，共列有以下 11 项。

①社会交往（social communications）。包括问候、介绍、告别、致谢、道歉、邀请、请求允许、祝愿和祝贺、请求与提供帮助、约会、打电话、就餐、就医、购物、问路、谈论天气、语言交际困难、提醒注意、警告和禁止、劝告、建议、接受与拒绝。

②态度（attitudes）。有同意和不同意、喜欢和不喜欢、肯定和不肯定、可能和不可能、能够和不能够、偏爱和优先选择、意愿和打算、表扬和鼓励、责备和抱怨、冷淡、判断与评价。

③情感（emotion）。如高兴、惊奇、忧虑、同情、关切、安慰、满意、遗憾、恐惧、愤怒。

④时间（time）。有时刻、时段、频度、顺序。

⑤空间（space）。有位置、方向、距离。

⑥存在（existence）。主要是存在与不存在。

⑦特征（features）。包括形状、颜色、材料、价格、规格、年龄。

⑧计量（measurement）。有长度、宽度、高度、数量、重量。

⑨比较（comparison）。有同级比较、差别比较、相似和差异。

⑩逻辑关系（logical relationship）。主要是原因和结果、目的。

⑪职业（occupation）。有工作、单位等。

功能意念项目表是在 1988 年首次列入义务教育英语教学大纲中的，当时用的标题为通俗易懂的"日常交际用语"，为的是让教师一看就明白。课标现有的功能意念项目是在原有的基础上研制而成的。尽管在 2017 年版高中英语课程标准中没有再附此表，但它仍然是听和说的教学资源开发的重要依据。

（三）运用有效的听力教学策略，提高学生听力理解能力

在分析了学生英语听力训练中的困难及其原因，又了解了听力教学资源的设计思路后，教师便可充分发挥指导作用，在听的教学过程中运用有效的听力教学策略，支持和引导学生采取应对措施，克服困难，提

高听力，树立信心。根据布朗、休斯、哈默、胡文仲、汤姆林森、克里斯蒂娜·戈等专家的论述，可以归纳出以下 10 点听力教学策略，以帮助教师有效利用资源进行听力训练。

1. 选材适中（selecting materials）。听的材料要切合学生的水平，生词太多不行，但过于容易，也不利于学生发展语言能力，材料难度要稍高于学生的水平[169]。速度不可太快，但也不可太慢，听上去要自然、真实。题材、文体、语篇结构、语境，既是听者熟悉的，但也要有一些挑战性，需要学生根据讲话内容、场合等来判断说话人的身份，进而推断其意图或言外之意。最好根据学生的听力水平选择不同级别的听力材料。[170]实际上，课堂使用的教科书的听力材料难以完全符合学生的需求，这就要求教师提供帮助，即发挥"支架"作用，在备课时要针对学生的困难设计练习或活动，帮助他们理解。

2. 过程性听（process-based listening）。当代许多研究者主张由强调结果正确与否的成果性听（product-based listening）转为过程性听[167]，因为听是一个思维的过程。即使是听力测试时只允许听一遍就要答题，受试者也会通过问题和答题选择项进行预测、推断、分析等思维活动。利用教科书里的或网络听力材料，教师可进行策划（planning），分步骤让学生听至少三遍。听前要让学生根据话题预测听的内容，听第一遍要抓住大意，记下关键的词或短语，可与同伴讨论，验证预测内容的正确性。同时，教师也可了解学生的困惑所在。听第二遍后，教师帮学生确认理解是否正确，分析其使用的策略。听第三遍后，可使后进学生也明白用何种方法解决理解中的困难。最后视情况可发听力文字材料让学生读并找出阻碍理解的根源，并进行自我反思。[171]

3. 任务型听（task-based listening）。把听力练习简单地过程化，会让孩子感到厌倦，如能将听的练习设计成较为真实的活动，就会产生趣味性，吸引孩子参与，取得良好的效果。设计时要根据循序渐进的原则，从简单的句子开始，逐渐过渡到较长的句子或短文。如听指令做事，如"simon says""guess what it is""move the animals in the zoo""get the robot to send dishes""help the cat find his home"等[172]。高年级教学中可设计一些难度较大的真实性强的任务型活动，如 a welcome speech

（致欢迎词）、an emergency call（急救电话）、making an appointment（约会）、a job interview（求职面试）等。

4. 计划调控（planning and monitoring）。教师备课时要做到对学生的认知、元认知、情感和社交等方面的困难因素心中有数，设计教学步骤时就会细致，在听的过程中，也就能随时灵活地调整步骤，应对变化，而不是机械地照课本或教案行事。遇到词语或结构"拦路虎"，教师要及时重放录音或口头解释，以清除障碍；为让学生放松情绪，教师可设计听前活动，如听音乐、看视频、学有关的新词、读听力题等，学生提前接触到一些听的内容就不至于太紧张。

5. 评估分析（assessing and analyzing）。听力评估主要是对理解的评估。课上的精听和听力测试，基本要求特定的答案，而面对面交流时的听就不一样了，不同听者的理解会有不同的侧重。同时听一个讲座，从各人记的笔记可以发现每个人理解和感受最深的内容是不同的。当然，学生听力属于前者，评估的主要目的不是打分，而是分析理解错误的原因。如果分析出是语音识别（如重音、语调、弱读等），或是文化背景知识、词汇和习惯用语的问题，教师可对症下药，通过听后感知活动（post listening perception activities）加以补救。

6. 指导反思（guided reflection）。指导学生反思听的过程中的问题及解决的方法，使隐性知识显性化。这种反思不只是回忆过去，更是为以后改进方法，提高听力水平。具体做法有：写听力日记，记录自己的听的能力、行为、问题等；与同伴讨论听的过程中发生的问题及采取的解决措施；写自我评价报告等。

7. 精泛结合（intensive and extensive listening）。精听一般是指在教师指导下听所选择的多种语体的材料，教师是组织者，给予指导、帮助和反馈。学生可与教师互动，及时解决难点，运用修补策略（repair strategy），例如可以问："Sorry, what did he say？ I didn't quite catch that."。然而，课堂上精听的材料有限，真实性不强，在大教室里不是所有学生都能听得一样清晰，仅靠精听是远远不够的，必须培养学生泛听的兴趣与习惯。泛听发生在课外，在今天"互联网+"的时代，人们能随时随地使用手机等移动通信设备收听线上的英语学习材料，也可通过广播、电视、电影等听和看英语新闻、节目等[173]。泛听的资源无处不在，如能充分利用，学生潜在的学习能力就会有很大的提高。这不仅能促进听的能力，还会使英语的其他技能以及综合运用语言的能力发生质的飞跃。

8. 交互式听（interactive listening）。听有单向的，如听广播、听讲座等，但多数是双向或多向的，如对话、会话、讨论、会谈等交互性强的听，就是有听有说。好的听者也是好的应答者，知道如何协商（negotiation）、澄清（clarification）、轮换（turn taking）、维持（maintenance）、结束（termination）。[168]因此，听的训练与说的训练是密不可分的。

9. 视觉助听（visual support）。哈默建议利用插图、地图、图表、视频提供语境，增强视觉刺激，引起听者注意，强化记忆。特别是影视作品，如电影纪录片、卡通片、故事片和旅游胜地的视频材料等趣味性强，可用来做泛听的材料，也可训练"看（viewing）"的能力。譬如，教师可放视频不放声音，让学生看后猜测人物的讲话，然后放带声音的视频，学生听并验证自己的预测；也可放一段视频后暂停，让学生猜想下面将发生的情节和道白；还可在学生看后再放没有声音的录像，让学生配上人物的道白或独白。哈默还提出了无图像听音（pictureless listening）猜人物的年龄、特性等，或无图听音乐和背景声，猜情节发生的地点和情景等。

10. 听后活动（post listening）。课堂上的听力教学不只满足于学生理解的层面，还要求他们习得语言和文化信息，并通过说、读、写，运用语言就有关话题联系自己的实际，表达自己的想法。听后活动有语言分析、语言练习（词汇、语法、语音练习）、语篇填词或全文听写、写短文、复述、口笔头小结、角色表演、采访、讨论和辩论、专题发言等。

（四）运用听的学习策略提高听的能力

认知策略、元认知策略、情感策略和社交策略对于提高听力都十分重要。认知策略是学习者用以提高听的语言理解与分析加工的能力。元认知策略主要指对听的心理过程的调控和对听力的评估。情感策略指在听的过程中调控学习情绪以保持良好的心理状态。社交策略指双向或多向交流中需采取的合作、协商、修补、非语言手段等。具体有以下10种

听的学习策略。

1. 听前预测（predicting）。利用听前提示（如图表、听力练习的问题或活动的任务、言语或非言语提示、表情动作、话题），激活自己已有的知识和经历，预测将要听到的内容，并使自己的情绪放松，做好听前的心理准备。

2. 听时不停（continual listening）。单向听时不可停顿，不求听清每个字、每个句子，要坚持往下听。不必翻译，直接思维。双向听时可提问、解释、澄清、重复以助理解。

3. 借助语境（contextualization）。根据重音和语调捕捉关键词语和重点句，根据语境（上下文）猜测词义、句意。

4. 抓住大意（catching main ideas）。第一遍听时必须听完全文，能根据话题和预测抓住语篇大意或对话要点。

5. 速记要点（taking notes）。听时注意细节，用速记法记要点。可用电子信息中的缩略语，或自创的速记方法来进行记录。

6. 推测判断（making inference）。根据话语标志（连接词、转折语等）确定事件发展的顺序和逻辑关系，运用关键词勾画思维导图，帮助自己理解全文或故事的梗概。根据说话人的语调、身势语和背景音等，推断深层的意思，理解说话人的目的、意图、态度和情绪。

7. 自主调控（autonomous monitoring）。独立使用网络听力材料时，可以重复听、听重难点，可自我评价，发现问题，获取进步，增强信心和动机。

8. 伙伴合作（collaborating）。与同学组成对子或小组一起听，完成听力练习后一起讨论，分析错误的原因，交流听力理解过程的思维经历。

9. 听后反思（reflecting）。检验理解程度，评价所听内容，根据所听内容说或写评语、报告等。

10. 开展泛听（extensive listening）。培养听英语的兴趣，养成利用一切机会听英语的习惯。尽管在我国缺乏语言环境，但与20世纪相比，现在学英语的条件已非常优越。除了有配套的听力材料，还有广播、电视、多媒体和网络资源。只要充分利用互联网，线上线下高度融合，那么英语学习就能得到极大提高。

二、利用教学资源培养学生说的能力

听是获取语言知识和信息的首要渠道，说则是使用语言表达思想，进行交流的渠道，同时又是学习语言必不可少的通道。任何人学习一种外语，如果只有听、读、写的能力，而说不出，那么运用语言交流就受到很大限制。在语言教学中，无论是语言输入还是输出都离不开说。对于外语学习者来说，要学会"说"需要经历一个复杂的过程，因为课堂上教的与实际生活中用的有差距[174]。口语教学的目的就是要消除这个差距。然而，在相当长的历史时期中，中小学外语教学中并没有专设口语课，即使现在理论上人们重视发展口语，对"聋哑英语"口诛笔伐，可实际上，因为一般没有口试，所以在教学中，"说"始终没有得到应有的重视。

为提高对说的重视程度和有效地培养说的能力，必须要清楚说的性质、特点、学生学习中的困难以及培养说的技能和能力的方法等。

（一）口头语言的特性

有人可能会问："直接法、听说法、视听法等不都是强调口语吗？"是的，但是那都是语言学习的途径，语音、词汇，特别是语法句型都要通过口头训练学习，并非专门训练口头语言。而口头语言与笔头语言具有本质的不同。一般来说，口头语言的结构比较简单，句子不必完整，不强调语法的严谨性，用词简单，具有经常停顿、重复、使用填充词、反复和冗余率高、信息量较少等特征[170]。口头语言除了本身的语言特点，还具有社交性、交互性和情景性，其传递信息的功能包括人们聊天和谈话的所有话题范围[175]。伯恩斯和希尔认为，说话不仅有交互性，还富有活力，不像笔语般读者不在作者面前，作者可以深思熟虑、推敲、润色。以下有一个对话。

A：Hi Ian，good to see you.

B：Oh，hi Kumiko… ages since I saw you last，must have been at that conference and we did a presentation together and… so we had a kind of panel thingy on the stage that…

A：Yeah，that was really good，that conference… and with Kyomi，Toshio… and… er…

B：Yeah，and Masako… yeah that was real fun… always remember that，was great working with you…

A：Me too… you going to be here the whole time.

B：Yeah，leaving on Saturday… How about you？

A：No staying on with colleagues over there.

B：Okay，let's catch up at coffee break.

A：Great.

从这两个人的聊天中可以分析出几个话语特点：两个人基于彼此的言语轮转（take turns）持续对话，不时地添加信息并用连接词 and、so 继续会话，还用 yeah、great 等词做出反应（feedback），表明在听并理解。[176]可以看出，这种生活里的真实聊天与教科书提供的对话很不同。语法不规范，用词较随意，而教科书中的对话提供的是语言范本，通过范本教学语言知识与技能，不可能完全和真实聊天一样。不过，从这个例子可以看出，口头语言不像书面语要求那么严谨，这在一定程度上会使学习者减少焦虑和恐惧，放心大胆地开口说英语。

（二）学生说英语的困难与原因分析

近几十年来，改革开放使外语教学取得了极大的进步，但是，"聋哑英语"一直遭受诟病，甚至有些人以此否定英语教育所取得的进步。我们应该承认，我国外语教育界，特别是中小学对口语教学的研究是很薄弱的。为什么学生说英语感到困难？原因是多方面的。

1. 认知因素。首先是语音困难，虽然小学生的模仿力强，但天天模仿教师带有地方口音的英语可能影响孩子一辈子。即使单个音素准确，语调、节奏不行，说话形成不了语流，也无法流利地表达。其次是语法不好，又有母语思维干扰，脑子里缺少词块和功能用语，口语错误较多，准确性差。

2. 情感因素。不敢开口说英语，主要原因是怕说错出丑。听者往往"以言语断人"，正如布朗说的 "You are what you speak."，使不少人产生了心理障碍。况且，说话不像写文章，没有时间思考，反应要快。这对于英语基础较好的人也具有挑战性，何况有些学生性格内向，在公众面前畏首畏尾，不敢张口。这种情况需要通过心理开导，让他们认识到学英语不开口是学不好的，对他们应多加鼓励，消除他们的心理包袱和面子观。[177]

3. 技能因素。口语与书面语有很大的区别，口语是即兴表达，说话语速快，说出的是成串的话语，而不是一个个词；使用的是口语体，常用缩略形式，允许用破句（broken sentence）、反复、倒回（backtracking）、纠错、迟疑、协商（negotiation）等技巧[168]。但是，对于不懂如何使用口语技巧的人来说，说英语就会很难。没有准备就不敢说，有准备就成了背诵讲稿。

4. 文化因素。口语输出的信息不仅要符合英语语言的规则，还要符合社会交流的规则。换句话说，说出的话语法正确固然重要，但是还要注意是否能为听者所处的社会文化环境所接受。海姆斯说过：交际能力（communicative competence）不仅要有语言知识，还应有在何时、对何人怎样恰当使用这些语言知识的能力。波尔斯顿说："我们教学生问 Wh-问题，但是不教给学生哪些问题可以问，哪些不该问。若是你问我挣多少钱，我可能会认为你喝醉了，精神不正常或非常粗鲁。可是诸如打听收入这样的问题在许多亚洲国家并非失礼的话题。可见，相同的话语在不同的文化中有着截然不同的社会含义。"[178]学生因此害怕言语不当而贻笑大方，于是干脆不说或少说话了。

（三）口语技能训练方法

为了提高外语口语水平，近半个世纪国内外语言教学专家对口语教学方法有一些专题研究，归纳起来大致有以下 9 点。

1. 口语微技能。笔者根据道格拉斯·布朗所提出的口语交际微技能和我国实际教学的经验，认为英语口语微技能包括语音、词汇、语法、语域、身势语、策略、连贯和语速等。口语教学需要充分利用教学资源，通过训练帮助学生获得这些技能。

（1）掌握句子重音、弱读、语调、节奏、意群、停顿等，并用以表达语言功能。

（2）掌握一定数量的词汇，特别是词组、短语、语块和日常交际用语。

（3）能够运用词法和句法、语序、缩略形式、倒装、省略语等表达思想。

（4）能够在面对面会话时，根据语境和听话者的文化背景，采用恰当的语体交流。

（5）能够连贯地讲述事件的过程，抓住中心思想和支撑的观点，举例、分析和概括。

（6）会运用肢体语言，即手势、表情、眼神等帮助口语表达。

（7）会使用关键词语、语境释义、语言求助和协商等策略克服口语表达中的困难。

（8）能够比较流畅地说，根据语境的需要保证有一定的语速。

罗列的这些技能看上去零散，但却要整体掌握方能见效，而且口语训练重要的不只是语言形式，更是实现语言的功能，要帮助学生运用语言表达思想。

2．去心理障碍。要进行心理开导的工作以消除学生对口语的紧张和畏惧心理，同时要采取一些教学措施。

（1）要对学生采取宽容、耐心的态度，尤其是在起始阶段，不要期望学生语言精准，应容忍犯错误，不必"有错必纠"，否则会使他们（尤其是男孩子）失去信心。要鼓励学生在课上参与口语活动，在课下主动与教师和同学用英语聊天，以及积极参加各种口语活动。对于错误并非"不闻不问"，而是集中主要问题全班辅导，当场可重复正确的话语让学生明白自己错了。如先表扬后纠正："Good boy. Well done. I know you mean 'The book is interesting not interested, right?' Please say the sentence again." "That's good. You can say 'I'm interested in the book, and the book is interesting.'"。

（2）要采取多种方法使学生放松情绪，并以积极的态度对待。[179]

①要有准备。如果要学生就某个话题发言或编对话，就要给学生时间准备，而且要给他们会话范例、词语提示。有所准备，胸有成竹，学生就不会太紧张。教师的提示（prompt）和支持（support）至关重要。笔者听过一节有关环境保护的课。教师让全班学生分成小组讨论如何解决水、空气和废弃物污染的问题，每个组选择一个话题进行讨论。教师分别给各个组一张纸条，上面有一些相关的词组帮助学生准备发言。因此，讨论进行得很顺利，学生发言信心满满，讨论热烈。

②事先练习。做专题发言以前，必须打腹稿，可以用写好的提纲做

提醒，但必须不看稿子练习几遍，也可对着镜子说或用录像检验自己的发言及表情。这样，到发言时就不会恐惧了。在我国，很多学校英语课开始时让值日生用英语说一段话或对话，由简单到复杂。每一个学生事先都要认真练习才能完成任务，而有过这种锻炼的学生就会变得大胆起来。

③积极热情。要让学生明白口语的重要性，口语好对他们的未来很有帮助，能提供很多机会，因此，要让他们有说的兴趣、动机和热情。用英语发言虽不必过于紧张，但还是要有兴奋感（excitement）。

3. 重教学过程。要让学生用英语说话，输出语言表达思想，是一个复杂的思维过程。教学要分阶段进行，低年级以仿说（imitative）为主。课本设计对话，例如：

Rick：Hi，Helen. Long time no see.

Helen：Hi，Rick. Yes，I was on vacation last month.

Rick：Oh，did you go anywhere interesting？

Helen：Yes，I went to Guizhou with my family.

Rick：Wow！Did you see Huangguoshu Waterfall？

Helen：Yes，I did. It was wonderful！We took quite a few photos there. What about you？Did you do anything special last month？

Rick：Not really. I just stayed at home most of the time to read and relax.[180]

教师可以按以下步骤设计教学：一是设置对话理解性问题（Did Helen go anywhere interesting？Did she see anything wonderful？Did Rick do anything special on vacation？）；二是帮助学生解码，解决词汇、语法难点；三是让学生听录音并跟读，模仿语音语调，提高流利度；四是组织学生操练对话，采用分词块朗读法，"连锁操练"（chain drill）或"自后向前操练"（backchain drill），还可用"逐渐消失法"（disappearing dialogue）让学生速记对话；五是组织学生角色扮演，分男女角色、对子小组或多人小组，凭记忆对话，而且鼓励有所变化；六是组织学生自编对话，要求学生仿照对话，运用自己的信息编对话。[181]与历史上传统的口语活动不同的是，不满足于学生死记硬背对话，而是要求学生较自由地说话。

到了高中，课本里有不同形式的口语材料，如对话、采访、独白、讨论、争论等。但示范性的口语材料主要通过听力部分提供。口语活动要求学生根据话题分步骤进行，一般有说前（pre-speaking）、说中（while-speaking）和说后（after-speaking）三个阶段。话题确定后，要提出观点、想法和思路，学生可互相交换想法，可用思维导图帮助，运用所学词语把要点（key words or sentences）写下来；说时要大胆，而且善于运用策略灵活应对说中的难题；说后常常需要通过写的方式巩固，如写报告、总结等。这就逐渐接近真实生活中的"说"了。当然，这与"真实"还有一定的距离，正如休斯（Rebecca Hughes）所说，在语言教学中，"说"是一个复杂的领域，因为课堂上所教的"说"与真实的说总是有差距的。

4. 加强交互性。加强口语活动的交互性（interaction），口语活动不能局限于师生之间。传统教学主要靠的是教师在课堂上与学生的互动（teacher-fronted interaction）。教师一人滔滔不绝，学生静静地听，这种以教师为中心的教学方式受到批评。现在，许多学者大力提倡小组互动（small-group interaction）。如朗（Long）、波特（Porter）、拜盖特（Bygate）和布鲁姆菲特（Brumfit）认为，小组可提供学生大量参与活动的机会，必然能提高语言练习的质量，也能得到教师更有针对性的指导。而且，小组口语更接近正常生活中的会话交流活动，还可减少在公众场合下的紧张气氛，使每个个体处于更积极的状态。[182]这对于我国学校很多大班来说，小组活动是最好的提高口语交互性的方法。关于如何发挥小组活动的实效，第三章第二节（有关合作学习的部分）已有建议，这里就不再赘述。

5. 口语活动化。长期以来，英语教学都主张开展口语活动，但是对开展什么样的口语活动却有不同的看法。传统的PPP方式即"呈现"（presentation）、"操练"（practice）和"产出"（production），主要是由教师介绍语言项目，然后展开口头练习，使学习者用所学的词汇和句型来进行有控制的口语活动。在主张任务型教学法，即TBLT教学的"强任务派"看来，PPP的方法只能算是"练习"，而不能称为"任务"。他们认为，教师应先让学生完成任务，当任务完成后，教师才与学生讨论语言的运用过程，并对使用不当或错误的地方给予恰当的建议或纠正。但是，"弱任务派"认为，凡是可以促进语言学习的活动都可以是"任务"。

任务可以分为使能性任务（enabling tasks）和交际性任务（communicative tasks）。斯基恩（Peter Skehan）指出，"弱任务派"的课堂教学过程与 PPP 的过程并无太大的区别，也需要呈现和练习的阶段，只不过在"产出"这个阶段的是任务，而不是机械地重复。他认为利特尔伍德（Littlewood）描述的任务型语言教学与交际语言教学中的 PPP 方式基本相同。利特尔伍德用了一个非常清晰的图表来说明这个问题（见表 4.3）：

表4.3 任务型语言教学的课堂教学过程[88]

以形式为主 ←————————————————→ 以意义为主				
非交际性学习	交际活动前语言练习	交际语言练习	结构性交际	真实交际
关注语言结构形式、意义等，练习有：替换练习、"发现"和理解性活动	有意义的语言练习，如问答练习，但不传递新的交际信息	在语境中练习使用学过的语言传递新的信息，如信息沟通活动或个性化的问题	在未知情景中运用已学的语言进行交流，如角色对话、简易解题练习	在意思不可预知的情景中运用语言进行交流，如具有创造性的角色表演、复杂的解题和讨论等
练习 ←———— Ellis ————→ 任务				
使能性任务 ←———— Estaire 和 Zanon ————→ 交际性任务				

　　显然，"弱任务派"的观点比较容易为我国教师接受。其实，任务型教学思想和交际教学思想是一脉相传的，也可以说前者是在后者基础上发展的一种教学模式。从表 4.3 可以清楚地发现，这里的一系列交际性活动或任务与交际教学中的活动没有很大的差异。以下将非交际性语言练习、交际性语言活动和任务型活动做一番比较。

　　（1）非交际性语言练习（旧教材中常用，新教材中仍然采用）主要有词形和句型转换练习、补全对话、多项选择题、问答题等。

　　（2）交际性语言练习（中英合编的 SEFC 开始使用，至今仍然采用）具有信息差（information gap）的角色扮演、猜谜、调查、采访、讨论、辩论等。

　　（3）任务型活动是指具有真实意义的，交际性、互动性、合作性、创造性很强的交际性活动；常常需要学习者把自己的经验融入课堂学习之中，又不仅限于课内的活动。任务型活动不仅重视语言，而且关注学习的过程，即建构知识和创新思维的过程。

总之，教师在利用教学资源时，不仅要设计口语活动，而且要设有由较机械性的练习向交际性的任务递进的活动，才能使学生获得口语表达的能力。

6. 训练综合化。在教科书中，常设有 speaking 的专项部分，但是在实际教学时，speaking 通常与 listening、reading 和 writing 联系在一起进行综合训练(integrated practice)。如由听引入有关话题的对话或独白，学生仿照着说；说在读的过程中也不可少，特别在读后围绕内容问答与讨论，并要设计多种形式的口头交际活动。写可帮助说，说也可作为写的帮手，非正式语体的写基本上就是"写话"(write what you say)。写前常会组织学生就主题酝酿讨论，进行构思。孤立地进行单项"说"的训练往往不能取得好的效果。

7. 重思维训练。在口语教学中频率最高的活动要算问答了，不论是听说还是读写，教师都会设计问题。过去很少考虑问题对于学生的思维训练的重要性，而常常停留在语言知识或表层意思的理解上。现在则要求学生能通过分析推测言外之意，并加以概括和评判。(不同层次的问题可见图 4.19)

Questioning

由展示型问题(display/close questions)向咨询型问题(referential/open questions)过渡

知识型问题（knowledge questions）
理解型问题 (comprehension questions)
应用型问题 (application questions)
推理型问题 (inference questions)
分析型问题 (analysis questions)
综合型问题 (synthesis questions)
评价型问题 (evaluation questions)

图 4.19　不同层次的问题

　　文秋芳在谈到口语教学时，还提出设计口语活动要培养创新思维能力，将这种能力的培养融入逻辑思维或辩证思维能力的培养活动中。如设计想象 20 年后大学教育的情况、科学发明创造、电视机的命运；对某篇文章的内容提出自己的批评意见，对于某个难题提出与众不同的解决办法。教师应对一些有创意的想法及时给予鼓励。[183]

　　8. 课内外结合。课堂口语教学是一种精细的教学（intensive speaking），这在微技能训练和教学过程部分已经谈到，但是要培养说英语的本领则要与课外的泛说（extensive speaking）相结合。要利用多媒体和互联网的资源，还要组织各种活动（如"英语角"、口语竞赛、辩论大赛、故事会、表演话剧等）激起学生说英语的热情。这在大城市较为容易开展，但是在考试压力大的今天，教师如果没有很强的责任感和热情，是很难投入精力组织这些活动的。然而，这些活动一旦组织，会非常受学生欢迎。例如，学生有机会在"英语角"遇到外国人并与之聊天，就会感到异常兴奋，立即有了成就感，并终生难忘。如有位老师幼时演过英语剧，当时扮演一个外国人，说一口流利的英语，心里特别高兴，那种感受是课堂上得不到的。后来她当了一名教师，组织学生演出，虽然辛苦，但是看到学生在排练和演出的过程中热情洋溢、兴致很高，通过表演，学生陶冶了情操，锻炼了意志，增强了信心，提高了学习的兴趣，她深感欣慰[184]。各级学校常举行英语口语竞赛，从参赛学生的发言可以发现，他们的潜能很大，如果使用多种个性化学习的方式，定能使他们有惊人的进步。"互联网＋外语教学"的混合式教学可以实现这一目标。

　　9. 评价需保证。在课堂活动的全过程中，对学生的口语表现，教师应有反馈，及时给予鼓励，加以表扬。表扬的语气要热情，用语多样，可根据实际变换话语，如"That's much better.""A good progress!""Excellent!""Very clever!""You did a very good job.""How smart!"等。遗憾的是，有些教师不知道形成性评价的作用，在课上对学生的表现没有及时反馈。如果重视并加以正确运用评价机制，对学生会产生意想不到的效果。

　　终结性的口试在一些发达的地区，如江苏、广东等地一直推行。这对根治"哑巴英语"可起决定性的作用。但是，口试难度较大，很难在全国推广。而近年来，由于网络教学资源丰富，移动教育正在成为教育的主流，英语听说的应用软件逐步改进，特别是语音识别技术提高，口语测试可以通过线上完成。学生可以随时测试、录音，及时得到评价并且不时进行比较。

吉莉恩·布朗等设计的口试内容表可以供教师参考（见表4.4）。

表4.4　口试评价表

Date	Type of speech required	Grammatical corrections	Appropriate vocabulary	Fluency / pronunciation	Information transfer score	Others (attitude, behaviour, etc.)

口语种类主要有描述（description）、指示（instruction）、讲故事（storytelling）、表达观点（opinion expression）等，所说的内容由简单到复杂。[170]

（四）口语学习策略

前文重点谈的是如何教口语，而教的目的是让学生学会如何说英语，也就是要有一套口语学习的策略，并形成好的习惯，这样才能有效地发展口语能力。以下重点讨论口语学习策略。

1.练好语音打基础。发展英语口语能力需经过由模仿、机械操练、交际性活动到自由交谈或独白的过程，学习者对这个过程的长期性、连续性应有思想准备。要特别重视在起始阶段通过模仿原声带录音、朗读、背诵，打好语音语调、连读、失去爆破、节奏、停顿等朗读技巧的基础。

2.积极参与不怕错。要"胆大皮厚"，不怕犯错，因为说外语必然会受母语的干扰产生错误，而人们就是在不断犯错和纠错的过程中学会外语的。比如学习说"She often makes mistakes in speaking."时，只有亲身经历了错误的实践(忘记在make后加s)，才能体验英、汉语之间的差异。笔者初学英语时因受地方口音的影响，分不清 /l/ 与 /n/、/n/ 与 /ŋ/ 而常闹笑话，但笔者"脸皮厚"，公开朗读，主动请同学挑错，在老师和同学的帮助下，不但英语语音有了改进，连普通话也大有改观。所以，要敢于开口，勇于尝试，积极参与课上的口语活动，才能取得进步，树立信心。

3. 交谈讲究策略。与人交谈时遇到困难不要沉默不语，要学会使用交际策略。开场时用寒暄语（Hi! Haven't seen you for ages. How are you？），礼貌用语不离口（Sorry/Excuse me/Thank you），遇到难点能绕道（用已学过的简单英语解释，或争取时间思考说 "Well, let me see..."），感到困惑就发问（Pardon？Could you say it again？），想插话别忘说 "Excuse me"，转话题得用插入语（By the way, do you know...？），维持交谈可继续（That's an important point for further discussion. I think...），结束交谈也要自然（Oh, it's time for another meeting. I must be going now.），还要会用体态语和省略语等。英语教材也提供了有关策略的指导。

4. 思维表达有深度。课本设计的许多活动都要求动脑思考（brainstorm），如猜谜、两图比较差异、用所给的词语编故事、绝境求生、侦探破案、设计项目、发明机器人、正反观点陈述和辩论等，需要观察、分析、推测、判断、想象、创新等思维能力。学习者应充分利用机会锻炼自己的思维品质，不仅敢于回答问题，而且敢于提出问题。古人云："知而好问，然后能才。"与人交互问答，问题由浅入深，从表层事实，到深层分析、推理、引申，多用 "wh-" 问句，特别是 why 和 how 之类的问句发问。

5. 同伴合作促进说。善于与人合作，积极参加两人或多人小组讨论或辩论。坚持用英语交谈，分工负责，各尽其职。在教师的指导和帮助下，切实完成口语任务。课外口语活动（如组织口语活动站、口语竞赛、英语表演等）要有组织地进行，相互督促、检查、评比，保证人人参与，共同进步。

6. 充分利用听、读、写。利用听和读汲取语言和信息，促进口语表达。在听和读时，抓住关键信息，手写速记要点，可运用思维导图，帮助自己思考、理清思路，转述或复述，可以训练自己的思维与口头表达能力。特别是就专题发言时，事先用卡片或纸条写出要点，可以起到提示的作用，使自己有条不紊地发表言论。

7. 课外口语不放松。要抓住一切机会练习说英语，特别是性格内向的学生更要有意识地开口说，只要有与老师、朋友或外籍人士交谈的机会就不要放过。有了这样的经历，就会知道用英语交流并没有想象中的那么难，而且会使自己非常开心。另外，还要常就听和读的话题做专题发言，争取向全班讲述，或向同伴、家人、朋友诉说。

8. 评价不断求发展。与人交谈时，坚持自我评价与同伴评价相结合，对自己参加口语活动的次数与质量做出评价。评价内容主要是语音、内容、语言、态度、流利度等。评价的目的是肯定进步，体验成功，相互鼓励。可以利用互联网移动教学资源口语测试平台进行自我评价，这样可以消除焦虑和害羞感，并且能够定期不断检测，求得发展。

9. 调整计划成习惯。自定口语学习计划，提出量化要求（如课堂发言次数、完成口语作业、课外口语表现、检测成绩），制成表格。认真实施、检查、记录、反思，并适时调整计划。养成说的习惯，即使独自一人也可对着镜子说英语，注意自己的声音、表情、手势、动作，久而久之，越说越好，越说越有兴趣和信心，必定会与"哑巴英语"告别。

三、利用教学资源培养学生读的能力

在外语教学中，阅读一直备受重视，其原因很多。英语阅读是目的，通过阅读可以获得大量语言和信息，增长知识，提高文化修养，扩大视野。阅读也是学习英语的主要手段，是获得英语基础知识和技能的主要渠道，无论是语音、词汇、语法，还是听、说、写的教学都要以阅读语篇为基础。阅读既可激发学习的兴趣，增加生活的乐趣，还有益于学习者智能的全面发展，对提高抽象概括、归纳综合、逻辑思维、分析评判、理解记忆等能力具有促进作用。[185]

这一部分将着重讨论英语阅读类型与教学资源种类、英语阅读能力、阅读教学模式和阅读学习策略。

（一）英语阅读类型与教学资源种类

从儿童到成人，从小学到大学或就业，阅读会伴随终生。对于外语或二语学习者，英语阅读也是终生的需要。时至今日，英语阅读资源极其丰富，但是选择什么样的材料和采用什么方式阅读取决于学习者的阅读目的。

1. 学习性阅读（reading for learning）。从小学到大学，学生读英语主要是为了学习英语知识和技能。这种学习性的阅读是循序渐进的，要细致安排，一点一滴地展开，如春雨润物细无声。

（1）认读（recognizing）。这是从听说开始逐渐进入阅读的第一步，适于儿童阅读，由认读字母（辨别字母笔顺）、单词、短语、句子（标点符号和大小写等）、段落到短文。通常用字母表、字母块、字卡、图片、实物，还可在墙上和教室内桌椅、门窗、书画等上面贴英语标签。这样不仅能强化学生的记忆，还能使英语直接与形象、意义联系。同时，通过字母的读音和单词的拼读，帮助学生学习拼读规则，音、形、义结合学习单词。

（2）朗读（reading aloud）。朗读儿歌、小诗、绕口令、对话、短剧、小故事、文章等。在英语学习起始阶段，要特别鼓励学习者克服羞怯感，开口大声朗读。主要是为了模仿录音，练习语音语调和朗读技巧，为听、说、读打下良好的基础。

（3）共享阅读（shared reading）。通常用绘本读物，特别是连环画（comic strips）最能吸引孩子。教师可用放大了的图画或幻灯片（PPT）在课堂上带领学生一起阅读，讨论。

（4）背诵（reciting）。以上提到的朗读和阅读的材料都不难，可让学生背诵，使他们长久记忆。记忆也是一种思维，在语言学习中是不可或缺的，在理解基础上的记忆不是"死记硬背"，而是"活记易背"。随着年级升高，可要求学生背诵歌词、名人语录、谚语、名著中的经典片段和妙语、影响深远的演说、诗作等。背诵是中国学生的长项，应加以发挥。当然，过多要求背记造成负担是绝不可取的。

（5）默读（silent reading），又可称作速读（fast reading），适用于中学以上的学习者，要求摆脱音觉联想的干扰，直接从文字符号获得信息，加快读速以求在单位时间内获得更多的信息量[186]。用眼扫视，可谓"一目十行"。阅读长篇文章和书籍必须快读，而且要能迅速捕捉大意、要点乃至细节。开始时可能不习惯，可让学生用嘴唇夹住笔，防止用口一字一句地读。很多中国学生出国留后学发现自己的阅读速度慢，而导师布置的阅读量之大使他们昼夜加班都难以完成。这暴露了我们教学中的弱项，默读一定要加强训练，提高读速，这对学习者今后的工作和研究有重要的作用。

（6）精读（intensive reading）。这是我国英语阅读教学使用的主要方式，也被实践证明是有效的教学方式，因为精读重视教材中阅读课文的基础知识和技能训练，精读课有教师的指导和帮助，能保证课程标准所要求的知识、技能、情感、文化、思维、学习策略等得以落实，能为外语学习者打下坚实的语言基础。

2. 自主性阅读（autonomous reading）。主要指泛读（extensive reading）。学生可以自主选择适合自己水平和兴趣的读物，这类读物通常题材、体裁范围广，篇幅长，词汇量大，生词率低，复现率高，配有注释，难度小，有利于学生阅读技能的培养和阅读习惯的形成，易于培养语感，有助于学生的说和写的语言输出。泛读可以弥补精读的不足之处：阅读量小、难度大、速度慢，学习者缺少自主选择权，不利于激发学习兴趣。凡是成功的外语学习者都有大量泛读的经历，仅靠课上的精读是绝不可能成功的。

自主性的阅读资源有哪些？怎样选择？

（1）同步阅读材料。与教科书同步的阅读材料，即与教学单元或模块同步，主题或话题相同，所设计的练习和活动与教材要求吻合。一般由教师从出版社或网络公司提供的资源中选择，并推荐给学生。有纸质的或电子的书、报刊，其中不乏与考题类似的阅读理解题。这一类材料，学生不一定很感兴趣，但是为了功利的目的，家长愿意为学生订购。

（2）英语分级读物。出版社根据课程标准的词汇要求，组织编者编制不同级别的读本，从小学一年级到大学，甚至也有为学前教育编写的。大部分是选自外国出版社的读物并加以改写的，有的还增加了练习或检测题。这一类读物文体多样，有散文、诗歌、故事、小说、剧本、时文、科普、科幻等。由于内容符合青少年的年龄特征、兴趣爱好、英语水平，因而深受青少年的喜爱。再者，线上线下资源获取方便，学生可以自主选择。

（3）工具书。语法、语音、词汇学习参考书，一般分初级（阶）、中级（阶）和高级（阶）。有分级的英汉、汉英或英英词典。此外，还有百科全书、文化辞典、英语科学技术词典和语言学、计算机等专业性词典，以及各种学习辅导参考书，如英语写作入门、学习策略指导、英语文学欣赏、考试指南等。

3. 真实性阅读（authentic reading）。这完全根据读者的生活、工作、专业、学习和兴趣的需要选择英文图书、文学作品、报纸、杂志等。

（二）英语阅读能力

利用教学资源要培养学生哪些阅读能力？为了回答这个问题，首先要弄清楚阅读的本质。用通俗的话说，阅读就是用眼看（盲人则用手触摸）文字，通过大脑思考并理解文字的含义。法雷尔曾引用安东尼、培生、拉斐尔对阅读所下的定义："阅读是读者已有的知识与文字信息、阅读语境之间的富有活力的互动构建语义的过程。"[187] 布朗认为，文字本身不具有意义，而是由读者赋予其信息、知识、情感、经历和文化。他引用古德曼的话，认为阅读理解过程又是一种心理语言猜测的过程。也就是说，阅读是一个思维的过程。

然而，阅读理解能力不只是停留在文字符号的解码上。小学高年级到高中、大学，阅读的语篇由短到长、由简到繁、由易到难，对阅读文本的解读或理解语义，必须要有语篇分析（discourse analysis）的能力。不仅理解单句的意思，还要关注篇章结构，即句子之间与段落之间、主题句与支撑细节之间、插图与文本之间的关系等，把握作者在表达语义时所使用的语篇标识（markers），如表示指代关系、因果关系、对比关系、时空顺序、观点与事实、增补或减弱、并列或转折等。[188]

阅读能力还表现在语境（context）建构的能力上，要求读者运用自己的文化背景知识、逻辑推理能力及自己的价值观念，分析作者的写作动机、态度、观点、心绪，以及文本中没有直说的人物关系、情节发展、事件结果。这就是说，读者要能读出字里行间甚至字外所含之意。这种深层理解便可勾画出作者的思路，有了这种语境重建的本领，读者也就有可能自己成为作者了。

在高年级，学生会接触各种口语和书面语的语体（genres），阅读材料的各种文体（types of writing），因此需要有识别不同文体的语境、交际功能、语言和语篇特征的能力。文体主要有描述文、记叙文、说明文、议论文，还有应用文、报道文、故事（小说）、话剧、诗歌、图表等。关于各种文体的特征，本章最后有关写作教学部分将做详细说明。

阅读能力还包括使用一系列阅读策略，提高阅读理解和阅读速度，调控阅读行为，使学生成为独立、高效的阅读者。

（三）英语阅读教学模式

读与听相似，也有三种教学模式：自下而上、自上而下和交互补偿模式。自下而上模式认为阅读理解是一个转换代码或处理字母与词的过程，教师逐词逐句逐步处理，最后得出文章的意义，每一层次的加工完成后，再开始下一个层次，直至得出文章的整体意义。初学者多采用这种模式阅读。自上而下模式认为读者首先利用世界性知识（world knowledge）、语言知识和对问题的了解来理解整体意义，通过语境来猜测生疏项目的意义，然后再仔细研究如何表达意义。这类似泛读，教授外语水平较高的学生多采用此种模式。交互补偿模式是以上两种模式的结合，是一种比较科学的模式，也被越来越多的人所接受。它既强调背景知识和上下文预测的重要性，又不忽视单词、短语、解码能力和迅速捕捉关键信息以理解阅读材料的重要性，反映了阅读过程的本质。精读基本与第一种模式相同，但过分强调精读已累遭批评。因此，目前越来越多的教师倾向于使用交互补偿模式进行阅读教学。

我国英语阅读教学积累了丰富的经验，值得总结。据笔者对中小学的了解，提出以下 7 种方法，希望起到抛砖引玉的作用。

1. 三段教学。主要指课堂阅读教学的过程，大体分为读前（pre-reading）、读中（while-reading）和读后（post-reading）三个阶段。读前阶段，教师通常利用课本中的或自己设计的问题、图片或视频、问卷或小测试，引入（lead-in）课文的话题，以激活学生已有的知识和经验，使他们开动脑筋参与活动，预测阅读语篇的内容。然后进入读中阶段，让学生读课文，低年级可跟录音朗读，高年级则默读，待完全理解后朗读，背诵精彩的段落。第一遍略读（skimming），要特别注意标题、段落、首段、首句，迅速抓住语篇大意，这一遍要限时阅读。第二遍寻读（scanning），速度稍慢一点，学生须发现文中的重要或特殊的信息，教师结合语境处理语言难点，同时鼓励学生利用上下文猜测词义和语法结构的意义。这时可用教科书或自设的语言练习和检验理解的活动，如正误辨析、信息填空、验证预测、弄清事件顺序、逻辑关系等。第三遍细读（close reading），高中以上的语篇较长，需进行篇章结构、话语分析，要捕捉关键词、主题句（topic sentence）、支撑句（supporting sentence），分析段落大意、段落之间的关系等（见图 4.20）。最后，在学生理解语篇的基础上，进行读后活动，要帮助学生分析作者目的、态度和隐含的事实及深层的意思，并进行总结、概括、判断、评判、思辨，以及开展联系实际的讨论、采访、报道、辩论，还可联系自身实际，通过阅读拓宽视野、启迪思维、塑造和提升自我。

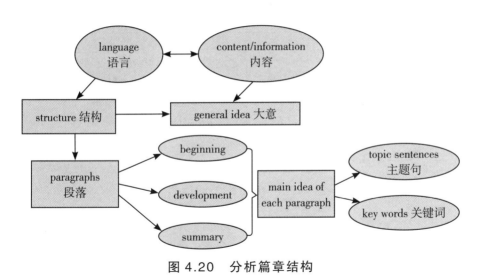

图 4.20 分析篇章结构

在这个教学的过程中，一定要保证学生的阅读和思考的时间，切不可用考试中的阅读理解训练方法，让学生匆匆读完就忙着答题，那样不可能训练出阅读能力，也不可能迅速提高成绩。

2. 综合视野。浙江省葛炳芳老师研究了英语阅读教学综合视野的理念与方法。他认为，英语阅读教学依托阅读文本展开，以内容、思维和语言为三大核心要素，其中语言为最基础的要素，因为它是阅读课甚至是所有课型的"入口"，也是英语作为外语的教学"出口"。思维能力再强，语言学习没有得到提升，英语阅读教学也是无效的。然而，教师不能以此为借口，把阅读课教成"语言点"课，而是要基于阅读文本所承载的内容，组织学生感知、加工、运用、内化相关语言，进行语言学习，理解文本中的事实、观点、文化内涵等，在此基础上训练思维。这个过程还受到阅读目的、情感态度、阅读策略水平等因素的影响。所以，英语阅读教学既是由具有重点指向的教学活动组成，又是综合了各种要素的学习过程（见图4.21）。

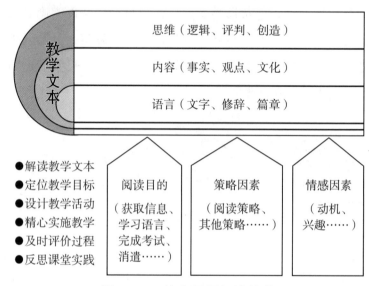

图 4.21　综合视野阅读教学

英语阅读教学的综合视野，就是教师在组织阅读课堂教学时，考虑文本内容理解与信息加工、思维能力培养、语言学习、策略水平提升等各方面的因素，同时，在设计教学过程和教学活动、组织课堂教学时，每个教学活动都有一个明确的指向，突出重点。明确教学活动的目的，综合施教，是英语阅读教学综合视野理论的核心思想。[189]

3. 有效设计。法雷尔提出的7个阅读课的有效设计原则值得参考，现将其简要介绍如下[190]：

（1）所使用的阅读材料能够引起学生的兴趣。教科书中的阅读材料不一定足以引起学生的阅读兴趣，教师必须补充或加以改编，提高其真实性和趣味性。

（2）课上确保学生自己阅读的时间，让学生切实进行阅读活动。

（3）所设计的练习与任务型的活动有助于学生（读者）与阅读材料

的互动，进行预测、分析、验证等真实性阅读的活动。

（4）所设计的活动与任务能启发学生利用已知发现未知，因此，除了一般的问题，还要让学生思考并回答"What do I know？""What do I want to know？""What have I learned？"等问题。这些问题旨在提高学生的自觉性和自主性。

（5）重在阅读能力的培养而非为了测试。中考与高考前为了应试做必要的准备，让学生熟悉阅读理解题是可以的，但是为此而放弃九年级下册与高三年级的正常教学，将教材中的阅读文章弃之一旁，整天做阅读理解题，怎么能真正提高学生的阅读能力呢？忽视阅读过程，热衷应试的做法不可能真正培养阅读的能力，那是对学生的"折磨"，是事倍功半的做法。

（6）阅读课的过程应该分为三个阶段：开始阶段——启发学生思考主题内容，主题目标教学阶段——教学生阅读理解的方法和对策，终结阶段——开展读后活动和布置作业。

（7）设计多种形式的活动，保证在整个过程中使学生保持阅读的兴趣、热情和动机，而且明确他们通过课内外开展阅读的目的：学习运用阅读策略培养阅读能力，进而提高自己的终身学习能力。

4. 图式阅读。现在，有不少教师将图式理论（schemata theory）运用于阅读教学中，创造了图式法（mind mapping）。图式理论倡导者认为，任何语言材料本身并无意义，它只是指导读者根据自己原有的知识进行思考加工，将其构成意思。每个人的大脑中都储存着大量事实，这些事实按情景分类组成图式网，每个图式网又可分为若干个子图式网。当读者把大脑中的图式和语言材料联系起来时，就能理解所阅读的材料。于是，就出现了概念图式（concept map）或内容图式（content map）、关键词图式（key word map）等。这类方法的确能够激活学生已有的图式并建立新图式，迅速捕捉信息，并能表现事件顺序及事物之间的层次关系。这类思维导图不仅有助于学生迅速掌握语篇内容，还可以帮助他们转述教材中的语篇材料（见图4.22和图4.23）。

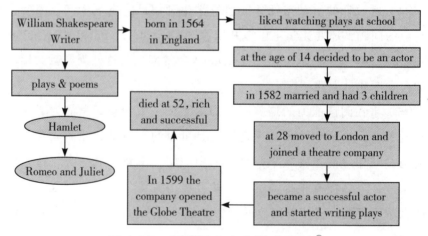

图 4.22　阅读课文内容图式案例 [1]

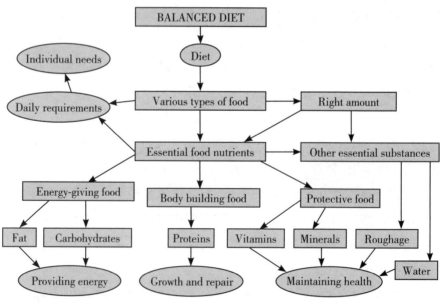

图 4.23　阅读文本关键词图式案例 [2]

5. 精泛结合。精读与泛读结合才能真正达到培养学生阅读能力的目的。现在，教师对学生课外的泛读越来越重视，他们结合校本课程研究，

---

① 依据外研版义务教育教科书七年级下册第九模块第二单元阅读课文设计。

② 参考 K. C. Pang：Lesson planning（Hong Kong：Longman，1992），49页 Fig. 4.2 设计。

在小学教学中利用带有插图的读物让学生进行绘本阅读。纸质或电子的绘本阅读内容丰富，富有童趣，语言简洁，朗朗上口，便于模仿；图文并茂，情景动人，寓意深刻，有想象力，又有异国文化，使孩子拓展视野，增强跨文化交际意识[191]。中学教师则利用报刊和分级简易读物，特别是名著简易读物指导学生变"阅读"为"悦读"，让学生接触地道的语言材料，通过整体感悟和熏陶，激发学习兴趣，扩大语言积累，培养良好的语感，增加文化底蕴，提高英语语言运用能力和文化素养。广州李振来老师设计的泛读教学模式很具代表性[192]。（见表4.5）

表4.5　泛读教学模式

阅读时间	教学模式	教学策略	实施者	实施时间
读前	激	悬念设置，激发兴趣	教师	课内
读中	读	自主阅读	学生	课外
读后	导	小组展示	学生	课内
		阅读和写作指导	师生互动	
	写	思考与表达	学生	课外
	评	自评与互评	学生	课内

6. 读写结合。阅读教学与听、说、写需要综合训练方能发展语言能力，因此，课本中常设有"Listen and read""Read and say""Read and write"等活动。而其中尤其以读写结合最为密切，因为读与写都属于书面语，文体和文本特征都很相似，所以在教学资源中，一般都以阅读带动写作，即提供一个语篇作为范例，先阅读，并进行语言和信息处理、语篇分析，让学生明白该文的篇章结构和修辞特点后，便可命题指导学生作文。

7. 翻转课堂。传统教学有"预习"的要求，但是翻转课堂要求学生在慕课、微课平台上自主学习，预习升级为"预学"。由于信息技术的发达，学生不仅可以看到文字，还可聆听音频，观看视频，也可录音、录像，可与同伴、教师互动。这可以营造学习者轻松自如的独自学习的环境，心无焦虑，自由行动，反复思考，完成微笔记、微答题。遇到问题可在互联网上与同学或教师讨论。有的学生将自己的录音、录像配上音乐上传给老师。到了实体课堂上，教师进行有针对性的辅导和帮助，大部分时间让学生分组活动。翻转课堂显然有几个优点：节省课堂时间，困难生有时间反复思考，保证每个学生能进行预习，并能进行测评。翻转课堂在我国尚处于起步阶段，由于微课教学还存在很多局限，不能代替教师的课堂教学，因此，在运用现代技术创新英语阅读教学模式时，虚拟和真实混合式教学是必要的。

（四）英语阅读的学习策略

一个成功的英语学习者必定是一位英语阅读的爱好者，也一定掌握阅读的窍门，即阅读的策略。

1. 精读课文，激活思维。根据语篇话题，开动脑筋，激活自己已有的知识与经验，主动参与主题讨论。浏览语篇标题、插图、首段或首句、预测内容。限时快读全文，了解各段要点，抓住主旨大意。有目的地寻读，快速找出基本的和特定的语言和文化信息。不满足于理解文章表层的意思，细读以达到比较深层次的理解，如推断作者的目的、态度、隐含的意思等。

2. 确定文体，分析语篇。根据应用文、描述文、说明文、叙述文、议论文、诗歌、小说、话剧等不同的文体特点，分析语篇结构、语体特征；发现语法、修辞的运用，表示指代、并列、转折、因果、比较、矛盾、变化等；运用逻辑思维概括、判断、质疑、思辨、批判进行分析性阅读，大胆发表自己的见解。

3. 利用语境，猜测词义。阅读中必然会遇到生词，但不必每个词都查词典，利用上下文、标点符号和自己的常识或世界知识及经历猜测词义。现列表说明（见表4.6）。[138]

表4.6　利用语境猜测词义的方法

线索	例句	解释
（1）运用标点符号引出对生词的解释。	The principal — money he put in his savings account to earn interest — was safe even though the bank was closed by the police.	例句中用了两个破折号把对principal 的解释置于其间，说明principal 的意思是 sum of money。其他用于解释的标点符号有：逗号、小括号和中括号等。

续表

线索	例句	解释
（2）通过辅助性词汇和标点符号的搭配使用，可以解释生词的意义。	Carlos looked dazed, that is, stunned, as if someone had shocked him with bad news or with a heavy blow to the head.	辅助性词语 that is 能帮助学生理解 dazed 的意思是 stunned。其他辅助性词语还有 meaning、such as、or、is called 等。
（3）通过相关反义词意义，可以帮助理解生词的意义。	During office hours he looked very tense and anxious, but on weekends he was quite relaxed.	表示转折关系的连词 but 能帮助学生确定 relaxed 是 tense 的反义词。如果学生知道 relaxed 的意思是 at ease，就不难理解 tense 意思是 tight 或 at attention。
（4）个人的经历也能帮助理解生词的意义。	Martha's husband and mother died within a month of each other, and she cried often at her terrible sorrows.	家庭悲剧会让人感到非常伤心，这是众所周知的，运用这一常识就能理解 sorrows 的意思是 great sadness。
（5）含有生词的句子的前后句子也有助于理解该生词。	After having had a really bad day, she wanted to read something frivolous. Normally, however, she preferred serious novels.	句子前半部分的 bad day 和后一句中的 however、serious novels，有助于理解 frivolous，可知它的意思是"不严肃的，草率的，随便的"。
（6）有时作者会用一个句子给生词下定义。	She wanted baked clams for her appetizer. An appetizer is the first course of a meal.	第二个句子用来给 appetizer 下定义，由此学生便知道 appetizer 是开胃菜。
（7）举例也是解释生词的好方法，经常被有些作者使用。	Legumes, like string beans, lima beans, and green peas are important in your diet.	尽管句子中并没有直接说明 legume 是一类植物的名称，但是从所举例证中可以推断：legume 是 a name for a group of vegetables with pods。
（8）有时作者会用学生熟悉的词或短语来解释生词。	The mayor wanted privacy because he knew that being alone would help him solve his problems.	句中 privacy 指的是 being alone。

4. 学用词典，掌握工具。词典是阅读不可少的工具，碰到文中常见的生词又难以猜测词义，便可查词典。小学生学了字母，便可按照字母顺序学着查词典。如果仅想知道词义，用简易的电子词典便可，但是要想学习

词的用法，应使用《牛津英汉双解词典》《朗文当代高级英语辞典》等词典。

5.自主阅读，终生不断。刘润清说过："学习外语的主要手段和途径就是读书，读适合自己语言水平的书。只有通过读书，才能深刻认识一种语言。……读个百八十本才好呢！"他建议多读小说，因为文学作品里有最美丽的语言和最丰富的文化背景知识，文学能让人感受到人生历程[159]。此外，还可读剧本、游记、传记、报纸和杂志等。笔者认为，英语水平高的应读英文报纸，如 *China Daily*、*New York Times* 等，不但会使自己了解世界动态，还能学到大量新词。更重要的是，大量阅读可使自己丰富生活经历，体验不同情感，树立正确的世界观、人生观和价值观，学会欣赏语言，学习人文和科学知识，拓展思维，提高审美、鉴赏和评价的能力。

6.读中笔记，读后小结。边读边记笔记，抄下有用的词语和精彩的句子，读几遍，背一背，是培养语感的好法子，到说话或写文章时就不愁无话可说了。还要写读书报告、读后感或书评。这有些难度，开始时仅要求写一两句感想，逐渐增加，养成习惯，写多了就会写了。

7.评价总结，调整计划。无论是精读还是泛读，每次读完都可以反思自己的阅读过程、理解、读速、读法等是否与原定的计划和要求符合，有何进步与问题，以便及时调整计划和策略。在进行阅读总结时，可以自问以下问题，将阅读的内容与自身的知识、经历、情感、价值观等联系起来。

（1）就情感方面的提问：

How do I feel about the subject of the reading? Are my feelings similar to the writer's?

Which parts of the reading seemed exciting/dull/depressing? Why did I feel that way?

Do I feel sympathy with any of the people described in the reading?

（2）就阅历方面的提问：

Did I ever have any experience similar to the events described in the reading?

Do I know any people who are similar to the people described in the reading?

Does the reading describe places or situations or problems like those that I know？

（3）就观点方面的提问：

Do I have the same opinions about the subject as the writer does？

Is there any statement that I particularly agree or disagree with？

Has the writer changed my mind or made me start thinking about a new point of view？

（4）就思维方面的提问：

As I was reading，what ideas came into my mind？

How does the reading connect with any subject that I have been thinking about？

（5）就印象方面的提问：

Why did I find this boring/interesting？

What kind of person might be interested in this reading？

四、利用教学资源培养学生写的能力

写是使用英语输出语言进行书面表达的方式。写的难度大大超过听、说、读，即便是母语为英语的人要写一篇好文章也非易事，更何况以英语为外语的中国学生了。因此，外语教学对写的要求一直比较低，致使写作教学长期不受重视。1989 年英语高考增加了书面表达，课程标准也对英语写作能力提出了明确的要求，用英语写的训练才引起重视，但英语写作教学的研究仍然比较薄弱，亟待进一步探讨。现就英语写的能力培养困难之原因、写的训练类型、写的教学方法和写的学习策略 4 个方面展开讨论。

（一）英语写的能力培养困难之原因

培养英语写的能力之所以困难，原因至少有 6 点：

（1）要求书面语言文字准确，因此，学生必须具有良好的文法基础。

（2）要用学过的有限的词汇表达较复杂的思想，要求学生有灵活运用词汇和语法的能力，还要有一定的修辞能力。

（3）要有较丰富的中外文化知识，并能使用现代技术搜索信息。文化修养浅薄，难以产生写作动机，更谈不上生动地表情达意了。

（4）要善于用英语思维，若生硬地翻译脑中的汉语句子必然会错误百出，甚至闹出笑话。

（5）要懂得各种文体的篇章结构，才能清楚、连贯、合理地布局段落。

（6）要根据读者对象和语境确定文章的语体，使用正式或非正式的表达方式。

显而易见，外语学习者要具备英语写的能力，必须经过长期的、有计划的、有步骤的训练过程。

（二）英语写的训练类型

在英语教材和课堂教学中，写的教学大致也可分为4类：基础性写作（elementary writing）、控制性写作（controlled writing）、指导性写作（guided writing）和自由写作（free writing）。写的训练大致分布于4个阶段。基础性写作通常用于小学或初中起始阶段，从书写字母、抄写句子、学用标点符号和大小写字母，到遣词造句、连句成段等练习，由易到难、由简到繁。小学高年级和初中低年级开始有控制性的写作练习，如组段成篇，将句子按逻辑顺序排列成篇，通过听或读一个短篇后填写所缺词语，仿照阅读课文用自己的信息重写一篇短文等。指导性写作一般始于六年级或八年级，有听写、完形填空、仿写、缩写、改写等。九年级以上，尤其在高中阶段逐步要求命题写作，要求学生较自由地根据题目写作。

（三）英语写的教学方法

当前，中小学阅读教学对各种文体语篇结构的分析已越来越重视，但是，学生在解决写什么和怎么写的问题上仍存在很大困难。这里需要研究的是写的教学方法。

1. 过程性写作。过去，教师往往在教学课文以后，一般会让学生模仿课文的题材和体裁完成一篇作文。这种方法称为成果写作法（product writing），是"教师命题—学生写作—教师批改"模式[193]。实践证明，此法弊大于利，学生作文不仅文字错误多，且内容贫乏、结构紊乱。其根本的原因是不懂得"写作实际上体现了作者的思维过程"，作者首先理清思路，然后用书面语言加以表达[168]。现在，教材和教学多采用过程写作法（process writing）。此法关注写作者的思维过程和写作的步骤，提笔前根据题目确定题材、体裁、风格，然后收集素材，构思、拟提纲、起草，写时反复斟酌、修改润色，直至誊清完稿[194]。这样可使学生掌握写作的步骤。由于构思、选材等可以小组形式进行，又能加强写作教学的互动性。

高中英语教材设计了许多活动可以帮助学生完成写作任务。以下仅以构思、布局、谋篇为例说明（见图 4.24）。

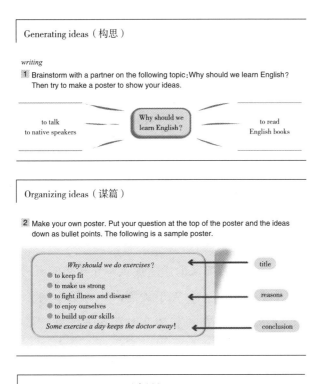

图 4.24 写作的构思、谋篇、布局示例[91]

2. 综合写作。过程性写作需要在大班组织小组活动，这是有难度的，且较费时，但不与限时命题写作配合，学生也难以达到应试的要求。其实，靠一种方法教写作难以奏效，很多教师结合阅读和听说教学，使用综合教学法（comprehensive approach）确有成效。例如听写，可听后填写所缺的单词，也可边听边写全句。通过听读输入信息和范文，围绕听读材料展开讨论，适当拓宽话题，联系实际，有了"说"的基础，把"话"写下来就好办了。这种听、说、读、写相结合的方法非常适合中小学生。

以读促写的做法可以帮助学生进行语篇分析，如记叙文可以顺叙或倒叙，也可合叙，但一般都有引言、正文和结尾；议论文则有议题、观点、论证和结论。根据文体考虑框架结构，梳理思路，分清层次，利用关键词、主题句、支撑句等形成段落，组成语篇。

3. 过程介入。学生如能在写作过程中而不是在完成作文后就能得到及时的反馈和帮助，他们就能避免一些常见的错误，而且会更加受益。这涉及文章的内容（思想）的选择、文章的结构和语言的运用。因此，这种帮助是介入式的，是教师帮助学生提供写作技巧的有力支柱。[195] 譬如，教师指导学生正确造句，要善于预测由于母语影响会犯的错误，提醒学生注意。教师帮助学生在写叙述文时选择关注点，写故事时注意细节和高潮，写描述文时建立构思框架，写议论文时为观点立场找事实与证据支持，并适时提醒学生注意正式与非正式语体的正确使用等。

4. 文体分析。大学英语写作主要分为 4 大类：记叙文（narration）、描述文（description）、说明文（exposition）和议论文（argumentation）[196]。这些文体在中学的阅读课文中已有不少，而且高中不乏相当难度的课文，但是对学生写作的要求并不算高。例如，记叙文要求叙述事情或表达观点和态度，写出语意连贯且结构完整的短文；描述文主要是简单地描写人物、事件与情景并简单地加以评论；说明文要求能根据图示或表格传递的信息写出简单的段落或操作说明；议论文主要指报道文（reports）和论说文（essays），要求根据所阅读的或讨论的内容转述、报告或评论，说明自己的立场，表达情感，论证观点、对比概括，要符合逻辑，具有说服力。中小学更为普遍使用的是应用文体（practical writing），其中有写明信片、问候卡、信函、日记、便条、通知、海报、网络信息等。这些应用文虽不难，但都有特定的格式。高中阶段还要求填写各种表格、写个人简历等[168]。此外，教材提供了虚构文体（fiction），如故事、小说、剧本、诗歌等，虽然有的教科书要求学生模仿阅读材料编故事、写小诗、编短剧，但主要是为了激发兴趣，并非课程标准的硬性要求。

帮助学生分析文体结构对写作非常重要。例如叙述文和说明文的框架（见图 4.25）。

Organization of narration and stories	How to write instructions
■ title(attention-grabbing) ■ introduction 　who(main characters), where & 　when(situation) ■ problem(change of situation, why) ■ sequence of events(solutions, how) ■ ending(happy, sad or surprising, 　what)	■ tell what to do/not to do, or how to do something ■ should be as short and clear as possible ■ no comments needed ■ use simple facts, not description or imagination ■ noun phrases, gerunds and imperatives are 　frequently used ■ a diagram or a map may be necessary ■ use bullet points or numbering if needed ■ a flowchart may help

图 4.25　故事和说明文的框架示例

在实际教学中，有的教师用思维导图（见图 4.22）帮助学生构思内容和组织段落，这种做法很有效。

5. 文本特征。在写的教学中常以读带写，书面文章表达所用的各种印刷符号，如字体、字号等，以及插图、表格、装帧设计等具有不同的视觉特征，通称为文本特征（text features）。菲尔德将其分类为：题目（title）、字体（types of fonts）、字号（sizes of fonts）、图表（graphs and charts）、标题和副标题（headings and subheadings）、绘图（pictures）、边框（boxes、sidebars）、清单（lists）等。[197]这些文本特征具有表意的作用，可以帮助读者理解作者的意图和预测文章的意思。学习写作当然也应利用这些文本特征提高写作的质量。

6. 修辞教学。高中阅读与写作教学逐渐加强了对修辞的重视程度，教师要充分利用教学资源引导学生发现、赏析、仿写修辞格。陈梦梦、罗晓杰对人教版高中英语教材修辞格分布情况做了分析，发现其中有大量的修辞格，但并没有引起教师的重视[198]。修辞格指的是任何有意的对字面表述或普通用法的偏离，用以强调、澄清或装饰书面或口头语言。修辞格不仅能指某事物，还能表现情感价值。余立三将修辞格大体分为词义、结构、音韵三类。[199]

表4.7　修辞格分类

类别名称	内容
词义修辞格	明喻、隐喻、借代、换称、提喻、反讽、拟人、夸张、委婉语、模糊语、对比、拟声、引用、移就、双关、一笔双叙、轭式修饰法、戏仿、悖论等
结构修辞格	反复、倒装、交错配列、排比、对偶、反问、高潮倒置、顿绝等
音韵修辞格	头韵、拟声、准押韵等

陈梦梦、罗晓杰从高中英语必修模块每个单元阅读文本中找出了140处修辞格，其中词义占51.41%，结构占39.28%，音韵占9.29%。他们建议教师在教学中引导学生发现书中的修辞格，将其融入文本理解，帮助学生在朗读、对比和思辨中赏析，并在自己的写作中进行仿写。[198]

7. 批改评价。批改作文的工作量很大，现在已有"批改网"开始提供平台批改作文，减轻教师的负担，但还不能完全代替教师。教师批改作文和讲评要结合学生自我评价和相互评价进行，不能仅限于改正语法和词汇错误。主要评价的是文章的内容、思路、篇章结构，还要看句法、修辞，以及拼写、标点符号、引语、卷面等。[168]

8. 评价激励。评价是为了学生的发展，要用激励的方法鼓励学生写作，及时展示学生作品，对于有创意的更要加以表扬，使学生乐于写作，形成写的习惯（如写日记、周记、电子邮件、书信等）。还可组织学生办书法展或作文展、出小报、搞竞赛、评比、出黑板报、向报社投稿等，也可用网络激发学生的写作兴趣（如 Q-Zone 习作园地、班级博客、QQ 群网上辩论等），使他们产生写作的热情。

（四）英语写的学习策略

学生要克服困难培养英语写作能力，必须掌握一套学习策略，养成写的习惯。

1. 打好基本功。发展写的能力要经过一个长期的循序渐进的训练过程，但关键是在英语学习开始时就要打好字词句基本功。第一步是书写字母，重视英文书法，不可写得歪七扭八，潦草不清。这不仅影响作文的质量，还有碍一个人良好学风的形成。使用计算机则要有熟练的打字技术。第二步书写句子，学习使用标点符号、字母大小写、缩略词等。第三步用词造句，切忌用英、汉语词与词对应翻译，要多用词块，既帮助用英语思维，也可避免错误。如表示时间的短语"at nine o'clock，in a week，in the morning，on Saturday morning"，汉语都用"在……"表示，而英语却用不同的介词短语。又如汉语的"借"和"带"，在英语里有 borrow 和 lend，bring 和 take 含义不同的用法。第四步学习句法正确造句，这主要是要求打好语法基本功。有了这样的基础，往后学习语篇、语体、文体、修辞等就不难了。

2. 良好的素养。作为写作的主体，学生要具有良好的素养：一要有良好的心理素质，既要平静，又要亢奋，切忌焦躁、恐惧等不良心理。换句话说，要有写作的动机与激情。二要有一定的智能，即具有感知力、记忆力、联想力、想象力，以及语言表达能力等。三要有良好的修养，要写好一篇作文，除语言知识和写作技巧外，作者还要有文化修养、思想修养、生活修养和审美修养。只有具备这些条件，才能写出言之有物、言之有理的作文。[193] 四要精益求精，反复推敲，认真修改，锤炼语言，使文章简洁明了。

3. 以说读促写。以说促写，如看图说话，复述故事，完成口头作文后可落笔成文。以读促写，范文引路，语篇分析后便可仿写、缩写、续写或改写。广泛阅读是写作的源泉，可开阔视野、丰富阅历、陶冶情操、增强语感。精彩的段落背记在心，成语、谚语等妙语佳句记录在案，长此以往必定会对"读书破万卷，下笔如有神"这句古话心领神会。

4. 重写作过程。拿到作文题目不急于动笔写，先要弄清题意，确定题材、文体后收集素材，并根据不同文体，定出框架结构（如图 4.19 所示）。梳理自己的思路，用关键词语拟出提纲，分清层次顺序，可用思维导图表示。利用主题句、支撑句等组成段落，然后写草稿，经过修改润色，最后定稿、誊清。在这个过程中，要有意识地锻炼思维能力，开展分析、分类、概括、逻辑、推理等思维活动。

5. 练写作技巧。写与说有共同点，用浅显的外语表达复杂的思想是学生遇到的最大难点，因此，要使用一些小窍门。

（1）碰到生僻的词可从汉英词典中找到英语相应的词，但是更多时候可用简化、迂回、替代等方法，用学过的词语表示，如用 say sorry 代替 apologize，用 have done a lot 表示 have made a great contribution 等。

（2）学会使用短句和长句，简单句、并列句和复合句，问句、祈使句和感叹句，倒装句、强调句等。这样才能使文章显得生动活泼，而不至于单调呆板。

（3）为了加强语篇的逻辑性和连贯性，要学习运用连接词语衔接语篇，如表示因果关系可用 because of、due to、thanks to、as a result；表示让步用 although、even though、nevertheless；表转折关系用 however、otherwise、on the contrary；表示条件用 so long as、unless、or else；表示时间、顺序用 the moment、shortly after、afterwards；表示空间用 in front of、on the right、in the middle of、at the side of；表示列举用 first of all、to start with、last but not least；表示举例用 for example、such as、namely、that is；表示递进用 apart from、besides、in addition；表示目的用 so that、in order to、with the intention of；表示总结用 in short、in brief、to sum up 等。[200]

（4）学习使用修辞格，使写作富有魅力。

6. 形成好习惯。勤于动笔，记笔记、写请假条、写日记或周记，认真完成作文，形成用英语写作的好习惯。学会依照标准自我评价或相互评价写作。阅读自己的和别人的作品，交流心得；改正错误，必要时可与老师面谈，求得指导。要及时总结进步，树立信心，持续产生动机，由"要我写"变成"我要写""我爱写"，如此必然会取得优异的成绩。

第五章　英语教学资源的评价

　　本章首先从廓清英语教学资源（主要指英语教材）评价的性质和作用入手，通过简述新中国成立以来英语教学资源在评价制度建设、组织实施、标准制定、方式方法等方面的历史沿革和最新发展，总结经验教训，其次聚焦 21 世纪以来在国内教材评价方面的研究成果，最后探讨当今该领域的热点话题和发展趋势。

第一节　教学资源评价的意义和作用

一、教学资源评价的定义和内涵

教学资源评价是通过判断一套教学资源对其使用者的影响来考量其潜在的或已经产生的价值，这些包括是否受师生的喜欢，是否有教学价值，能否增强学生的学习动机，是否便于教师备课、教学、测评乃至增删和改变等[102]。具体到教学资源的重要组成部分——教材的评价，则是通过特定的方法和途径对教材的有效性、可靠性、可行性和使用效果进行分析，并通过已定的方式对分析结果加以综合概括，得出对教材的价值的总体认识[201]。然而，我国历来对教材的评价，更关注的是其中的审查环节，即某部或某套教材能否通过上级审核并予以发行，而较少对教材评价的本身进行更深入的研究，所以首先有必要廓清教材评价的目的和作用。

二、教材评价的目的和作用

首先应澄清的问题是：我们的教材评价仅仅是为了通过上级部门的审核而进入商业流通吗？理性的答案当然是否定的。我国是一个教育大国，各级英语教育的教材在出版发行之前必须经过国家法定部门的审定，这一点不容置疑。但这并非教材评价的唯一目的。评审教材还有另一个重要作用，就是通过揭示各类教材的特色、优势及有待改进之处，起到向社会推介的作用，由此促进先进教育理念的传播，使教材在教育教学改革，尤其是教学质量提升的过程中起到引领作用。通过教材评审活动，既能帮助教材使用者（各级教育决策部门及广大师生）理性地选择教材和使用教材，也能帮助教材编者不断修订、改进和完善教材。例如，1978—1986年改革开放初期，人教社推出的9套中小学英语教材"率先引入听、说、读、写技能训练，语言知识由简到繁的线性排序，强调语言使用的准确性以及引入图文并茂的版式等特点"[202]，对当时稳定英语教学质量和促使广大中学生大胆开口说英语等起到了引领作用；又如自 2000 年以来由人教社、外研社、北师大出版社等推出的 40 多套新英语课程教材，也纷纷各自在内容、版式和多媒体资源方面进行一系列改革创新，体现了新一轮课程标准倡导的"关注学生发展需求、拓展跨文化国际视野、实现教材多样性、实践性、探究性和灵活性等一系列新理念"[202]，有力地推动了我国中小学英语课程教材改革进程。可见，"教材评价本质上是衡量教材在实现教育目标过程中的有效程度"，"是一个确定教材在实际上实现课程计划和课程标准所规定的目的、方向、内容和方法的程度的过程"，"是整个课程评价的基础和承载"[203]。所以，正像龚亚夫所说："教材评价并不仅仅是教育行政部门的责任，教师和教研人员、教师培训者都需要参与和了解"[19]。

以上关于"审核、推介、引领"三大教材评价的目的和作用，在教材开发的不同阶段侧重不同，如审核主要在出版之前，推介和引领作用则更显现于出版之后和使用过程之中。而对教材资源评价的本质认识，也经历了新中国成立以来三个不同时期的评价制度发展阶段。

第二节　我国教材评审制度的历史沿革和新的发展

自 1949 年新中国成立以来，中小学英语教材评价工作大致可分为三个发展阶段：20 世纪 80 年代之前，20 世纪 80 年代至 2000 年，2000 年之后。本节通过评述和对比三个时期，尤其是分析进入 21 世纪以来的教材评审制度和实施教材评审制度的形式变革，归纳其特点和实施过程的经验教训。

一、1949—1979年

这一时期（除去 1966—1976 年"文化大革命"期间）的教材评审，基本上是一种单纯的国家布置或委托任务，有关部门组织执行任务的工作模式，主要表现为由教育部统管独家权威出版社（即人教社）负责编写与出版全国统一的教材，可称为"一纲独本"的"国定制"教材编审模式。如 20 世纪 60 年代初，中央文教小组成立的中小学教材编审领导小组先后决定由人教社编写十年制、十二年制的中小学英语教材；又如 20 世纪 70 年代末教育部责成人教社组织数百名出版社编辑人员、高校和中学有经验的教师集中在北京数年，制定教学大纲和编写系列相关教材，并在短期内出版发行。这种教材有以下特点：能严格遵照主管部门的计划和指令；按照语言的知识系统编写；在政治上谨慎把关；能体现国家的意志和道德标准。尤其是 20 世纪 70 年代后期，人教社出版的全国统编教材及时替代了"文化大革命"期间各地粗制滥造的英语学科课本，遏制了当时教材编审混乱无序的局面，稳定了全国教育的大局。然而，这种"编审合一"的做法难以形成客观的教材评价机制；而全国各地无选择性地使用上述的统编教材，虽然可能为出版管理和当时的考试命题等带来便利，却难以适应不同地区、不同水平学生的发展需求。

二、1980—2000年

这一时期经历了对"文化大革命"的拨乱反正和改革开放，国家强调发展经济,恢复民生和稳定秩序。教材评审工作也随之开始有序的改革。主要体现在以下三个方面。

（一）由"统编教材"转向"一纲多本"

这起源于国家教育委员会20世纪80年代中提出的"中小学教材要在统一基本要求的前提下实行多样化"的"一纲多本"教材发展政策,即除"人民教育出版社、中央教科所、中央部委属高等院校、中央级科研单位、全国性学术团体组织编写国家教委制定的课程计划所规定的必修课各学科教材"之外,也"积极鼓励和支持单位、团体和个人按照有关规定,编写适应中小学教育需要,有较高质量、有特色的教材,包括适合民族地区使用的教材,适应农村地区尤其是经济发展程度较低的农村地区所需要的教材"[204]。此举打破了以往国家指定几家出版社独揽全国中小学教材编写的"统编制",开创了中小学英语教材多样化的局面。全国各省市纷纷开始编写本地区特色教材,或者中外合作编写教材。例如:20世纪80年代末,上海中小学课程教材改革委员会率先开启改革中小学课程教材的跨世纪工程;广东在20世纪80年代后期编写了九年义务教育沿海版教材;20世纪90年代,人教社与英国朗文出版集团合作编写初、高中英语系列教材（JEFC和SEFC）,以及同期编写出版的北师大版和内地版初中英语教材。

（二）设立国家级和省级的二级教材评审制度

随着"一纲多本"教材政策的落实铺开,新的教材评审制度也相应设立。1986年9月,国家教育委员会正式成立了全国中小学教材审定委员会[205],聘任了20名审定委员和200多名审查委员。这标志着我国中小学教材从此由"统编制"变为"审查制",体现了时代的进步,是改革开放以来我国教育管理制度的创新。该审定委员会在国家教育委员会的领导下,负责审议中小学各学科教学大纲和审定中小学各学科教材,下设各门学科的教材审查委员会,负责审议本学科的教学大纲和审查本学科的教材并向审定委员会提出审议意见和提交审查报告;研究本学科在审议教学大纲和审查教材中发现的问题并提出处理意见;对本学科教材建设进行调查研究,向国家教育委员会提出建议;参与中小学优秀教材的评选等。随后各省、自治区、直辖市也相继成立了省一级的中小学教

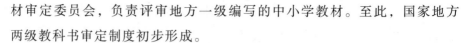

材审定委员会，负责评审地方一级编写的中小学教材。至此，国家地方两级教科书审定制度初步形成。

（三）提出教材"编审分离"评审原则

在 1986 年全国中小学教材审定委员会成立大会上，国家教育委员会副主任何东昌首次提出要"改革现行教材编审制度，把编、审分开，在统一基本要求、统一审定前提下，逐步实现教材的多种风格"[206]。两年后，国家教育委员会副主任柳斌在阐述教材改革的编审竞争机制时，进一步指出教材"一是必须由教材审定机构统一审批教科书的出版发行，二是编写人员与审定人员原则上要分开，三是审定前必须进行试教"[207]。这是教材评审制度从"编审合一"走向"编审分离"的重要开端。

（四）设立课程教材的专门学术研究机构

改革开放时期，国家先后建立隶属教育部的课程教材研究所、基础教育课程与教材发展中心等，具有权威性的教材出版社依然是机构中的核心力量。与此同时，教材评审工作也越来越重视吸收高等院校和一线中学的英语教育教学专家参与。例如，1987 年成立的第一届全国英语教材评审委员会成员中，除章兼中、马俊明、王碧霖、巫漪云、王维镛、刘道义等英语教材编审专家之外，还有高校著名外语专家，如北京大学的李赋宁、北京外国语学院的吴景荣等教授[202]。这一时期虽然还留存"编审合一"的痕迹，但随后开展的一系列由高校专家主持的全国性教材教学评价项目，则促使教材评价日益社会化、公开化，且更具学术性。例如，1985—1986 年，由国家教育委员会高教一司和中学教育司联合组织开展调研，由华东师范大学左焕琪教授负责主持，联同 15 个省市 24 所高等师范院校、教育学院、教科所的外语教师、省市级外语教研员乃至地市级负责人，对 140 所中学 5.8 万名学生和 1 000 多名教师进行的英语教材使用、课堂教学、学生学业成果等多方面的调研，被称为新中国成立以来规模最大的一次外语学科课程教材教学调查研究[13]。又如，1998—1999 年由西南师范大学外语教育研究中心向教育部基教司申请并获批准，由张正东教授主持，联合全国同行在 30 个省市区建立子课题组，对 30 个省市区 147 所高中万余名高中生和近 200 名英语教师，调查当时实施新高中教学大纲和人教社高中教材（SEFC）的效果。以上进行的两大项目体现了高等教育和基础教育协同开展教材教学评价的良好势头。

三、2000年至2017年

这一时期是我国外语教育教学改革突飞猛进的阶段。笔者自 2000 年以来多次参与教育部的基础教育阶段英语教材评审工作，先后评审中小学英语教材数十套（数百册），见证了近十多年来该项事业正逐步向着公开、公正、客观的方向推进。这起源于 2001 年国家推行新一轮的英语课程改革，此后颁布了系列英语课程标准（2003 年版、2011 年版和 2017 年版），由此带动了教材建设、课堂教学、学业评价和考试制度等一系列改革。其中有关教材评审的改革至少有三项。

（一）编审制度的改革

2001 年，教育部提出了"多纲多本"教材发展政策，出台了《中小学教材编写审定管理暂行办法》，其中第 7 条对教材编写人员必备的条件做了如下规定：

1. 坚持党的基本路线，有正确的政治观点，热爱教育事业，具有良好的职业道德和责任心，能团结协作。

2. 能正确理解党的教育方针，了解中小学教育的现状和教育改革发展的趋势，有较好的教育理论基础，熟悉现代教育理论、课程计划和学科课程标准。

3. 主要编写人员具有相应学科的高级专业技术职务，有较深的学科造诣和丰富的教学实践经验，有改革创新精神；对本学科的现状及改革发展趋势有深入的分析和研究。

4. 了解中小学学生身心发展的特点，熟悉教材编写的一般规律和编写业务，文字表达能力强。

5. 有足够的时间和精力完成教材的编写和试验工作。

该办法第 8 条第一和第二款明文规定："教育行政部门和国家公务员不得以任何形式参与教材的编写工作。全国和省级教材审定机构审定委员和审查委员，被聘期间不得担任教材编写人员。"第 26 条进一步说明，如有违反上述二款，前者"由上级或同级教育行政部门给予通报批评并责令其退出"；后者"由同级教育行政部门取消其审定委员或审查委员资格"[208]。这是首次以政府文件形式确立了"编审分离",是国家改革开放以来以科学民主的理念对教材评审改革迈出的重要一步。它改变了以往教材编审"一家独大"的局面，调动了全国一大批专家学者参与中小学教材建设的积极性，不仅造就一支高水平的教材编写队伍，而且显著提升了中小学教材的质量。

2016年中共中央办公厅、国务院办公厅印发了《关于加强和改进新形势下大中小学教材建设的意见》，更加明确地提出要"完善教材审查标准，规范教材审查程序，实行教材编审分离制度，教材编写人员不参与同类教材审查，推行盲审制度"[209]。这一"编审分离"和"盲审制度"的改革举措，进一步提升了教材评审的公平性和公正性。

（二）评审机构的重组

为了加强基础教育课程教材管理和制度建设，完善决策程序，提高课程教材建设专业化水平，保障课程教材质量，2010年4月14日，教育部专门成立了"国家基础教育课程教材专家咨询委员会"和"国家基础教育课程教材专家工作委员会"[210]。前者由来自全国各地具有较高学术地位或较高社会知名度的资深专家学者组成，负责为基础教育课程教材建设提供决策咨询。后者由基础教育相关学科以及教育、课程、心理等领域的专家和教育教学一线专家组成。主要职责是组织研究制订基础教育国家课程方案和各学科课程标准，组织审议并提出审议意见；组织审核教材编写人员资格并提出审核意见，组织审查教材，协调处理教材审查中的重大问题；组织开展对课程教材重大问题的研究和监测评价；对地方和中小学课程改革工作进行专业指导和服务。两个机构均在教育部和国家基础教育课程教材工作领导小组领导下开展工作，由此替代了原有的全国中小学教材审定委员会，使之从原来较单一的审定教材的职能部门转变成评审与研究并重的常态机构，从而更"充分发挥专家的积极性、主动性和创造性，把咨询委员会和工作委员会建成智囊团和思想库，建成专业化、高层次和开放式平台"[211]。

2017年7月，国务院首次成立了由各领域资深专家和有关部门负责人组成的国家教材委员会。由教育部设立教材局，组建课程教材研究所和包括6 000多名专家的大中小学教材编审专家库。初步形成以国家教材委员会为统领，专家委员会、教材局、课程教材研究所等各司其职、紧密配合的"多位一体"教材工作组织体系。国家教材委员会的主要职责是："指导和统筹全国教材工作，贯彻党和国家关于教材工作的重大方针政策，研究审议教材建设规划和年度工作计划，研究解决教材建设中的重大问题，指导、组织、协调各地区各部门有关教材工作，审查国家课程设置和课程标准制定，审查意识形态属性较强的国家规划教材。"[212] 这一系列的教材评审机构重组，在组织形式层面前所未有地彰显了"教材是国家意志的体现"这一理念。

（三）评审程序的改革创新

以往评审程序通常是由审定委员会邀请每个学科十多位评审人集中某地进行封闭式工作，先由个人阅读并填写审阅意见表，然后集中开会审议，最后形成书面的审查意见、修改意见和审查结论。而近年来则改为提前邀请一批高校专家和一线教师（多达数百名），首先在网上评阅大批量的教材样书，反馈书面"网络审查专家审读意见"（通常一册书有3～6份反馈报告），然后通过由下而上多方推荐，教育部反复遴选的程序，邀请另外一批高校专家和一线教师（十名）进行个人分散审阅，随后集中分组整合个人的及网评的反馈意见，经充分讨论之后才形成评审报告，必要时还召集有关教材的主编和编辑人员到评审现场面对面地交流整改意见乃至答辩。这种网络评审与会议评审相结合的方式，既有专家个人独立的评审，也有对网评专家意见的综合，还有专家会议评审的充分讨论和投票表决，有助于避免"官本位"和"一言堂"，增加了审查的公平、公正，权威性和透明性，体现了比以往更加公开民主，更广纳众言，也使评审程序更加科学严谨。

2017年，国家教材委员会成立以来推出的语文、道德与法治、历史三科国家统编教材（也称部编本），改变了以往教材编制由出版社实施的做法，改由教育部直接组织编写。目的是让部编本在多种教材并存的情况下，起到示范作用，促进教材编写质量的提升。例如，2017年9月发行的小学语文一年级部编教材，就是在初稿完成后，先后经过14轮评审，请100名基层的特级教师提意见，最后才提交给教育部终审[213]。虽然当前的英语学科教材仍实施"一纲多本"，但其编写和评审将经历更为严格的程序。

　　纵观三个时期我国英语教材评审制度的发展历程，无论是从"一纲独本"到"一纲多本"或"多纲多本"，再到"统编本"，还是从"编审合一"到"编审分离"，从"闭门评审"到"社会参与"，或是从"行政统管"到"行政＋学术机构共同实施"，都可以看出教材评审作为国民教育发展大格局中的一个重要成分，与整个国家的教育政策、民主进程等息息相关。正是国家和全民对教育的日益重视，中央政策的及时得力，决策的科学民主，才使我国的教材评审制度从无到有，发展至今。

第三节　英语教材的评价标准

　　评价教材应有一套标准可循。本节通过对比国内两个时期的基础教育教材评审标准，同时借鉴国外英语教材的评审标准，探讨当前我国的教材评价标准如何与学生的核心素养培养与发展联系起来。

一、两份国内教材评审标准的对比

　　以下将以两个时期的中小学评审标准做对比。一份是 1996 年全国中小学教材审定委员会颁布的《全国中小学教材审定委员会工作章程》中关于教材的审定原则和审定标准[214]；另一份是 2012—2013 年使用的国家基础教育课程教材专家工作委员会发布的"中小学教科书审查指南"（试行稿）。①（见表 5.1）

表5.1　两个时期中小学教材评审标准的对比

	1996年版		2012年版
基本原则	（1）符合国家的有关法律、法规、政策。 （2）体现教育要面向现代化、面向世界、面向未来的要求。 （3）贯彻教育方针，体现基础教育的性质、任务和学科教学目标。 （4）符合国家教育委员会颁布的课程计划、教学大纲所规定的各项要求。 （5）符合教育教学规律，具有自身的风格和特色。	基本标准	（1）符合国家法律法规，坚持正确的政治方向。 （2）坚持党的教育方针和素质教育理念。 （3）体现课程方案和课程标准（2011版）的基本要求。 （4）遵守国家关于知识产权保护的有关规定。

---

① 表中内容源自上述的"章程"和"指南"原文，格式稍做修改。

续表

1996年版		2012年版	
1. 教材内容基本要求	（1）观点正确，有利于对学生进行爱国主义、社会主义、集体主义教育以及辩证唯物主义和历史唯物主义教育，有利于弘扬中华民族优秀文化传统，培养学生良好的思想品德、坚强意志和健康的心理素质。 （2）内容科学，观点正确，材料、数据准确、可靠，编写顺序合理。 （3）符合我国国情，体现时代精神。根据学生所能接受的程度，反映现代教育改革的成果和科学技术发展的成就。 （4）从学生所熟悉的环境和事物出发，做到理论与实际相联系。注重结合基础知识、基本训练以及实验等实践活动培养学生分析和解决实际问题的能力。 （5）教材的容量和深广度适当，内容精练、深入浅出，可读性强，富有启发性。	1. 教科书的思想导向	（1）根据学科性质、任务和学生年龄特点，渗透社会主义核心价值体系，加强爱国主义、革命传统、中华民族优秀文化等教育，加强学生基本道德素质培养。 （2）面向全体学生，促进学生全面发展。 （3）体现时代精神，鼓励学生探索、创新，促进学生个性发展。
		2. 教科书与课程标准的切合度	（1）总体设计体现课程标准的基本理念。 （2）编排与呈现反映课程标准确定的目标。 （3）覆盖广度符合课程标准规定的内容范围。 （4）难易程度符合课程标准规定的要求。
2. 教材体系基本要求	（1）符合儿童、青少年身心发展规律。按不同年龄阶段学生的生理和心理特点，建立适合学生学习的知识体系。根据学生的认识规律、学习水平和学科自身的知识结构，合理安排各学科教学内容的顺序、层次和逻辑关系，建立学科的教学体系。	3. 教科书内容的选择和呈现	（1）内容的设计具有整体性。 （2）内容素材的选择具有广泛性，并能结合学生的生活经验。 （3）呈现方式遵循学生的认知发展规律，内容编排和情境设计有利于激发学生兴趣，促进理解，培养创新精神。 （4）内容具有时代性，体现与社会进步、科技发展和信息技术的联系。 （5）内容的表达清晰、准确、生动，可读性强。 （6）慎重对待网络语言。 （7）插图与课文内容密切相关，有利于学生的理解和学习。 （8）栏目设计合理，形式活泼。 （9）学习活动（包括实验、讨论等）多样，设计目的明确、要求合理。 （10）练习有助于学生理解、运用和拓展等能力的发展，数量和难度适当。

续表

	1996年版		2012年版
2.教材体系基本要求	（2）有利于实现学科的教学目标。使学生在获取和掌握知识的过程中，促进智力的发展、能力的提高，形成良好的思想、情感、意志和品格，养成科学的态度和方法。 （3）注意本学科各部分内容间的相互衔接以及与其他学科内容间的联系。	3.教科书内容的选择和呈现	（11）注意册与册、本学科与相关学科之间的联系。 （12）各章节内部和章节之间的衔接顺畅。 （13）没有不必要的重复与交叉。 （14）没有性别歧视的内容。 （15）尊重和关爱残疾人。 （16）符合国家民族政策，有利于促进各民族团结。 （17）没有科学性和常识性错误。 （18）没有任何形式的商业宣传。
3.教材文字、插图基本要求	（1）语言文字要规范、简练，注意不同年龄阶段学生的语言特点。形式要生动活泼、富有启发性和趣味性。 （2）照片、地图、插图和图表要和教材内容紧密配合，地图应按照国家有关规定送审。 （3）引文、摘录要准确。 （4）名称、名词、术语均应采取国际统一名称或国家统一规定名称。外国人名、地名采用通用译名。简化字要符合国家正式公布的字表。 （5）标题、字母、符号、体例必须规范、统一。 （6）计量单位采用国际单位制和国家统一规定的名称和符号。	4.教科书对学习和教学的引导	（1）教科书具有吸引力，能激发学生学习愿望、兴趣和求知欲。 （2）提供帮助学生学习的"脚手架"，引导学生的学习和思维，加深理解。 （3）为学生提供动手动脑的学习机会，设计多样的实践性活动和作业，如个人的、小组的、口头的、书面的、图像的、实物的、课内的、课外的等，鼓励和支持学生进行探究性学习活动，形成自己的想法和观点。 （4）引导和支持教师根据课程目标和教学对象选择合适的教学策略，启发教师设计和组织学生主动参与的学习活动。 （5）提供引导师生完成教学任务的课程资源线索。 （6）引导和支持教师根据不同的学习目标和内容，选择恰当的方式指导学生对学习过程和结果进行评估、总结。
		5.教科书的编辑与设计	（1）版面设计清爽美观。 （2）文图配合得当。 （3）插图质量高，数量合适，图像清晰。 （4）能够慎重对待卡通人物、虚拟图片。 （5）各种符号标识一以贯之。 （6）标点符号、数字和计量单位使用规范。 （7）文字差错率不超过万分之零点二五。

以上两个版本的评审标准一开始都谈及了基本原则、基本标准，且内容大致相同，不同的是1996年版的评审标准分出了三个维度共14条具体要求，2012年版的评审标准则分出了五个维度共38条具体标准，这显然比1996年版的具体细致了很多。其中2012年版的维度1和2（教科书思想导向、教科书与课程标准的切合度）大致对应1996年版的"教材内容基本要求"，但却更加强调教材与新版课程标准（2011年版）的适切度，表明新一轮的"教材审查要坚定不移地实施国家新一轮课程改革理念，即坚持育人为本的课程思想，让学生在掌握知识能力的同时，精选教学内容，注重学习的过程和方法，学会学习，形成健康的情感态度和正确的价值观"。

另外，1996年版第2个维度（教材体系基本要求）的3条要求在2012年版中细化为维度3和4（教科书内容的选择和呈现、教科书对学习和教学的引导）共24条，明显加重了评价教材的教育性指标。其中，2012年版维度3专门列出反对性别歧视、尊重和关爱残疾人、促进民族团结等具体标准，引导将社会主义核心价值体系渗透于教材内容而非流于形式口号；维度4也前所未有地细化了教材引导学生学习和教师教学的指导性功能，其中包括是否能为学生提供"脚手架"式的学习帮助，是否设计了需动手动脑的多样化的实践性和思维型活动和练习，是否有引导教师自行选择教学策略、设计活动、评估方式以及为师生提供教材之外的课程资源线索等。以2012年版文字中"学生"一词为例，其呈现数量不仅比1996年版成倍增加，而且与其搭配的词语内涵更加广泛深入，具体涉及学生的道德素养培养，学生的个性化、全面发展，学生的年龄特点、认知发展规律，学生的生活经历、兴趣、愿望，学生的学习、思维、理解、探索能力等。2012年版的教材评审标准无不体现出当今课程改革提倡的"以人为本"而非"以系统知识为本"的科学发展观。

2012年版教材评审标准的"审查指南"虽然较清晰、较全面地规范了审查标准范畴，但实施起来仍存在可操作性问题。如果被评的教材没有发现什么政治性问题，不少评审员的关注点往往就会转向那些科学性和常识性的可操作指标，如国旗的五星图像位置，中国地图的南海版块完整性，英语表述是否地道，语法、用词、拼写是否准确等。这些当然很有必要，然而评审员的职责绝不是教材编辑或校对员，只是他们中还有不少人对于教材如何通过选材和练习设计来培养学生的学习能力、思维品质和文化素养等教材的教育性方面的指标，往往不知如何落实。国内已有学者[215]指出，教科书评审标准与国外发达国家（如美国）的标准比较起来，仍显"教育性"不足。还有学者[207]指出，教材制度的确立与运行必须反映教育自身的要求、符合教育本然的规律、促进教育良性的发展。设置教科书制度的最终依据应该是如何有利于教育教学的开展，如何有利于人才的培养，如何有利于教育制度的完善。所以，教科书制度，包括编审与选用制度，都应该有它以人才培养为中心的相对独立的性格。

从2016年印发的《关于加强和改进新形势下大中小学教材建设的意见》，到2018年教育部颁布的《普通高中英语课程标准（2017年版）》等重要文件，都对新一轮的英语教材审查标准有更明晰的指引。例如，要"严格对引进大中小学教材进行监管。要规范国内出版单位与境外出版机构的教材出版合作"，"要完善引进大中小学教材选用备案制度和审读制度，重点对引进的哲学社会科学教材进行审读把关，严禁引进涉及违反宪法法律、危害国家安全、破坏民族团结、宣传邪教迷信等内容的大中小学教材"。这些新规定就与英语学科的教材审查密切相关。

二、两份国外教材评价标准的借鉴

以下简述的英、美两国教科书评价标准的案例，旨在借鉴，进一步探究教材评价标准如何凸显其教育性指标，如何凸显当今学生核心素养的培养。

（一）美国凸显教材的科学素养的评价标准

美国科学促进协会的"2061计划"中，对教科书如何培养学生科学素养的质量评估指标，侧重内容分析和教学分析两方面。前者抓住课程知识中几个有代表性的教学目标（而非一掠而过地普查所有知识目标）来考查其中的具体知识内容（而非仅看是否与栏目标题吻合）；同时考查与该内容相关的教学活动、课时、习题的安排，以及学生用书或者教师用书中涉及特定的基准和标准的学习机会配置。后者则从学生有效学习和教师有效教学的角度出发，关注教材能否帮助教师完成该教学目标的问题，包括评价每项活动是否很好地围绕既定的教学目标设计，针对某项活动的教学策略是否有助于学生理解、掌握其中涵盖的概念和技能等。具体评估点包括[①][216]：

（1）教材与教学目标所要求内容的符合程度，能否有效地传达教学目标的要求、课程安排的目的，并合理说明活动安排的顺序。

（2）教材是否包含基础知识，并且能帮助教师认识学生普遍持有的观点以发现理解的误区；是否帮助教师建立起能够面向全体学生充满好奇心及质疑精神的教学氛围。

（3）教材是否提供了生动形象的实例，特别是学生能够亲身体验的实例。

（4）教材如何阐述概念、介绍其应用范围和方法，如何联系学生之前学习的知识，用实例加以验证，并给学生提供实践的机会和评估学生运用的能力。

（5）教材能否有效地鼓励学生深入而独立地思考，主要体现在是否鼓励学生用自己的语言阐述他们推理的过程，以及是否为学生的解释和推理提供指导。

这个评审标准通过对若干有代表性的知识目标呈现的广度与深度及其教学策略做深入分析，特别有利于揭示某部教材的优点及不足之处，凸显了教材对学生科学素养培养的目标及过程的具体关注。例如，中学数学教材评估概图（表5.2）可清晰显示，基于对中学阶段"数、几何、代数"三个教学目标的内容与教学策略分析的结果，表明该教材"对数的应用部分编写得很不错，能够帮助教师更好地教授这方面的内容，但是对代数概念的阐释方面稍有欠缺"[216]。

表5.2　中学数学教材评估概图[216]

	教学目标					
	数的概念	数学概念的应用	几何学概念	几何概念的应用	代数图标的概念	代数方程的概念
教学内容	◕	●	◕	●	○	●

---

① 笔者根据中国科技协会对上述文献（即"2061计划"）的译文做了整合处理。

续表

	教学目标					
	数的概念	数学概念的应用	几何学概念	几何概念的应用	代数图标的概念	代数方程的概念
教学策略						
明确的教学目标	■	■	▨	■	▨	▨
帮助学生独立思考	▨	▨	◉	▨	▨	◉
让学生用数学概念解释生活中的实例	■	■	■	▨	■	▨
培养学生的数学意识	▨	■	▨	■	■	■
提升学生独立思考能力	■	▨	▨	▨	▨	▨
评估学生数学成绩	■	▨	▨	▨	▨	▨
改善学生学习环境	▨	▨	▨	▨	▨	▨

教材内容与教学标准的符合程度：

● 大部分内容符合

◗ 部分内容符合

○ 小部分内容符合

教学策略应用等级：

■ 很可能被应用于教学

▨ 可能被应用于教学

◉ 不太可能被应用于教学

□ 不存在

（二）英国凸显教材的思维品质的评估标准

英国学者利特尔约翰（Littlejohn）认为，教材评价最应关注的三大层面是：教材里有什么，教材需要学生做什么，教材隐含的理念是什么[217]。其中，教材所设计的学习活动指令语（即要求学生做什么）"最能揭示教材隐含的教学理念并能决定师生在使用教材中各自的定位和作用，所以分析教材练习是检测教科书编者倡导的各种教育教学的最有效途径"[218]。他设置的教材学习活动评估表由"期待学生怎么做，和谁一起做，做事材料的特征是什么，期待产出的结果是什么"四大部分组成。每个部分再细分出若干微指标、各微指标定义及典型练习类型。下面是他对某小学英语教材学习活动的思维评价指标及结果（见表5.3）。①

---

① 笔者根据Littlejohn[217]的内容翻译和整理而成，表5.3下部的活动指令语是从其链接的真实教材页面截取。

表5.3　小学英语教材学习活动的思维评价指标及结果

思维特征	活动序号							
	1	2	3	4	5	6	7	8
语义解构/阅读理解	X	X		X			X	
从语篇中选择信息	X	X		X		X	X	
构建假设			X		X			
以往记忆中提取信息			X		X			X
重复信息								
应用常识性知识			X		X			
调查研究							X	
表达个人观点/提供信息			X		X			X

8项活动（Task）的指令语如下：

Task 1. Read about the Rocky Mountains. Match the pictures with each text.（将文段与图像配对。）

Task 2. Which of these questions can you answer from the texts? （选出那些自己能从文段中找到答案的问题。）

Task 3. Do you know the answers to the other questions? （思考还有可能找到哪些余下问题的答案。）

Task 4. Listen to Professor Know it All. Check your answers.（听"百事通"教授的录音并对答案。）

Task 5. Millions of years ago, dinosaurs lived where the Rockies are now. Look at the pictures. Tell the class what you know about dinosaurs.（看恐龙考古图，说说自己对恐龙的认识。）

Task 6. Listen to Professor Know it All again. Choose the correct words.（再听"百事通"教授的录音，选择正确的词填空。）

Task 7. Your project：Find out about a place where there are a lot of wild animals.（It can be in your country or in another country.）（在自己的或其他的国家中找一个有很多野生动物的地方。）

Task 8. Write about the animals that lived there in the past, why they disappeared, the animals that live there now, what they do.（书面表述过去那里曾经有过什么动物，后来为何灭绝；现在生活在那里的动物，它们在做什么。）

　　通过指令语（配合文字插图）分析判断出每项活动的认知思维导向，体现出外语教学在培养学生综合语言表达能力的同时，也必须培养学生的思维品质和文化素养。这是 2017 年高中英语课程标准新理念，教材应当在这方面起引领作用。所以，"评价中小学英语教材，更为重要的是从课程价值与教材任务的高度分析"，"要以学生的'精神世界'为重"[19]。上述这个评价表的可操作性比较强，对于抽样评审教材活动的认知思维特征有很好的借鉴作用。同时，在实施过程中也可提升评审委员自身的判断能力和认识水平，而这正是教材评价者日常要加强教学资源评价研究的重要内容之一。

第四节　教学资源评价研究：理论与工具

　　国内外的教材评价研究相对于课程教学的其他方面（如教学大纲制定、课堂教学观察和学业评估）而言都显得比较滞后。国际上的语言教材评价研究大约从 20 世纪 90 年代才开始真正进入学术领域并形成规模影响，而之前往往是作为教学法中的教材案例进入人们的研究视野[219]。我国在这方面的专门研究则更晚。本节首先简述国际流通的教材评价的一些常用概念及定义，然后述评近年来国内三个与此相关的研究项目的目标、内容、方法、成果和意义，以此探究教材评审如何从表层的印象式评价走向深度的文本评价这一亟待解决的问题。

一、教材评价的类型简述

（一）印象式/深度式评价

　　顾名思义，印象式评价是对教材表面呈现的特点，例如通过浏览教材版面（栏目排序、配图质量等信息），以对教材有个大概了解。它往往适用于对一批教材进行初审，或评估其备用价值，却难以检查出教材的缺漏或弱点，也不能凭此就下结论说该教材能否符合教学的需求。而深度式评价则是一种较有章法的（如有系列清单）更深入的评估。除看教材的明显特色之外，还要检查教材如何处理具体的教学内容和语言知识，是否满足学习者的需求，又是否符合教学大纲的目标要求等[220]。也有学者称之为外部评价和内部评价[221]。印象式评价先从外部对教材做一简要的宏观评估。深度式评价是更深入细致地评估教材的内在价值。其具体方法是：解剖教材的一个或几个单元，对其中的全部细节内容及呈现方式做质性分析；也可以使用语料库的途径列出全套教材的某些语言信息数据来揭示教材的教学目标、内容体系和隐含教学理念等深层次价值［详见本节二、（三）］。深度式评价也内含对教材评审的局部指标做微观评价，包括教材词汇量和难度等级、某类语言方式（如短语结构）的呈现量与练习设计、教材练习指令语（如阅读理解设问）的认知思维要求等级、某类活动设计（如探究性学习）等，通常反映在教师和高校学生的学术论文中，虽然不是对教材的全面评价，却很能揭示教材在某一个方面的特色或存在的问题。

（二）静态式/动态式评价

静态式评价是评价教材的本身（主要是其文本包括图像及视听材料），但不涉及其使用过程中的其他因素。通过搜集全套教材及各章节的教学目标要求、实现目标的方法与例证，教材学习活动的类型、难度、分量、密度、排序方式乃至文字插图的表达形式等资料和数据，以评估教材所体现的教学目标、内容体系、对教学方法的设计和练习活动安排以及编写制作水平。

动态式评价关注的是教材在实际使用过程中，教材与教师、学生、教学环境、教育目的、社会等因素发生的相互作用，以及这些作用结果令各方发生的一些变化。通过了解学生对教材的喜爱程度、使用方式、学习方式的变化，以及教师对教材的看法，施教过程及方法与教材原设计的差异，使用教材后发生的教学观念变化，还有教研人员及社会公众对教材的看法、意见和改进建议等资料和数据，以评估教材的质量、存在的问题及改进空间[201]。Rubdy 为此设置了一个整合了心理学、教育学、内容与过程三者效度互动的评估框架。[74]

静态与动态这两种评价模式往往分别用于教材发行之前和使用之后。前者如历届的中小学教材评审专家们在集中评审时的工作模式；后者如本章第二节谈及的左焕琪、张正东教授分别主持的全国性基础英语教材教学调研项目。

二、新世纪国内三个教材评估研究项目述评

以下述评的三个教材评估研究项目，既有从整体上把握基础教育教材评价的宏观体系和工具研究，也有具体英语课程教材的国际比较及其评价标准上的创新视点，还有在评价工具上语料库辅助教材研究的新途径和新方法，旨在从多个侧面反映国内当前英语资源评价的现状和特色。

（一）2000—2003年高凌飙团队的基础教材评价理论与工具研究

2001 年新一轮基础教育课程改革催生了一大批新课程标准实验教

材，教材评审工作空前繁重。作为全国教育科学规划"九五"重点课题，从 2000 年 7 月至 2003 年 12 月间，由华南师范大学高凌飙教授主持的"我国义务教育教材评价体系研究"，可谓新中国成立后较有分量的教材评价研究项目。该项目从理论和实际操作两个层面探讨了教材评价的性质、原则、主题、主要内容、过程、方法和工具等一系列重要问题。其中有如下三个很有意义的研究成果。

1. 构建了义务教育教材分析的"五维框架"评估体系

该体系首次将以往国内外开发的众多的教材评价清单在社会学、教育学、认知心理学、美学和管理学等跨学科理论整合基础上提出了"知识与科学性""思想与文化内涵""认知与心理规律""编制与工艺水平""可行性"五个维度。各维度内再设置新一轮课程改革新编教材最需关注的若干评价衡量指标：

维度 1：（1）教材内容对学生素质发展的必要性和典型性；

　　　　（2）教材内容反映学科基本结构和发展方向的水平；

　　　　（3）教材内容与学生生活环境的联系程度；

　　　　（4）教材内容及组织、表达方式的科学性；

　　　　（5）教材内容与其他学科的配合协调程度。

维度 2：（1）教材所体现的辩证唯物主义和历史唯物主义思想境界；

　　　　（2）教材所体现的价值观、人生观和道德观；

　　　　（3）教材在激励学生的探索精神、创造精神和实践精神方面的水平；

　　　　（4）教材对人文精神和科学精神、科学态度的倡导水平；

　　　　（5）教材对中华文化和人类文化的认识。

维度 3：（1）教材能否调动学生的兴趣，激发学生的求知欲；

　　　　（2）教材能否从多方面来强化学生的感知和知识发生过程；

　　　　（3）教材能否引导学生主动建构新知识；

　　　　（4）教材对学生的起始程度要求和预定发展目标是否合适；

　　　　（5）教材是否符合学生心理发展的成熟程度，遵循学生心理发展的规律。

维度 4：（1）教材文字的编写水平；

（2）教材插图与文字的配合程度及制作水平；

（3）教材编写形式的丰富程度和相互配合水平；

（4）教材的版式设计水平；

（5）教材的印刷工艺质量。

维度5：（1）教材与学生水平的适应程度；

（2）教材与教师水平的适应程度；

（3）教材与学校资源、环境的适应程度；

（4）教材与使用教材的地区的经济与社会发展的适应程度；

（5）教材的教学设计与实际使用情况的符合程度；

（6）教材预定的教学目标在实际中的达成情况。

最后，在上述5个维度及指标的基础上加评：（1）整体上检查教材对新课程标准的落实体现程度；（2）教材在总体上的配合程度；（3）教材在总体上的特色。[222]当年制定的这些维度和衡量指标如今正越来越清晰地体现在国家基础教育课程教材专家工作委员会发布的"中小学教科书审查指南"（试行稿）之中（详见本章第三节表5.1）。

2. 制定了各学科的静态和动态评价工具

研究团队在上述评价体系框架下制定了中小学阶段语文、数学、英语、思想政治、历史、地理、物理、化学、生物、科学等10个学科的教材静态、动态评价系列工具。静态评价工具包括教材的单元（册）的质量评估记录表、活动（栏目）情况记录表和编写典型案例的记录表。动态评价工具包括：访谈与座谈会提纲、系列调查问卷（如调查教师教学观、对新教材看法，学生学习方式、对新教材接受程度）和各科课堂观察记录表。以该项目的中学英语教材的静态评价工具[223]为例，该工具基于5维框架分列出18项指标，例如在维度3"认知与心理规律"内设置了5个具体指标：

（1）教材是否有利于学生的知识构建；

（2）语言活动是否促进学生认知发展；

（3）活动设计是否以任务为主，即是否要学生独立或以小组形式运用语言做事；

（4）练习答案是否具有一定的开放性，能否激发学生的想象力和创造力；

（5）教材是否采用多种媒介来强化学生的感知。

上述的每个指标还附注了操作提示和等级评分标准。如对指标（2）的提示是"可通过单元抽样判断每个活动所属的认知层次（层次一为感知／再现／记忆，层次二为理解／比较／联想，层次三为运用／分析／综合／拓展）并统计各占的比例"。而该指标的评分等级则由高到低分为：

A级：呈现层次一、二、三的发展趋势（如最后要求运用所学知识、技能完成一个项目）；

B级：以层次二为主，也有层次一的活动；

C级：以层次一为主，也有层次二的活动（即需要明白内容意义才能完成的练习）；

D级：基本属第一层次（即完全是模仿式的重复操练和记背型的练习）。

这种"维度→指标→实施提示→评级"的评价路径，旨在由上至下将较宏观和抽象的评价标准逐步落实到可观察、可量化的操作性层面上。

3. 提出了中介性教材评价机构的构想

这是一项评价体制管理的改革举措。研究者构想的中介性教材评价机构，是一个常设性、专业性的社会中介机构，而非行政管理部门。它接受行政部门的委托，专门负责教材分析评价的技术性工作。通过它构建起全国性的评价网络，以小组形式对每一套教材进行分析评价工作，小组成员有3~7名，由来自不同地区，有不同的工作及学术背景的专家、教研人员、校长和教师组成，必要时也可邀请符合资格要求的学生家长参加。其职责包括：

（1）对教材的文本进行静态分析和评价；

（2）对教材使用情况进行动态分析和评价；

（3）向教材评审委员会报告收集到的静态和动态资料，以及分析的结果；

（4）向学生、教师、教研员、家长等报告教材的特点、质量水平以及试用情况；

（5）向教材编者反馈修改意见；

（6）开展关于教材的研究。

这一提案对于以往由政府部门直接组织的，由一小批临时集中起来的教材评审委员突击审查教材的计划管理模式来说，是一种大胆改革。它不仅贯彻了"编审分离"的政策，而且有利于政府转变职能，推动课程教材评价进一步制度化、科学化。尤其是在当今我国教材多样化和市场化发展的形势下，"只有将教材评价变成经常性、制度性和专门性的工作，才可能更好地推动教材评价研究的开展，促进教材评价队伍建设，不断提高教材评价的理论和实践水平"[222]。当年的提案如今虽未完全实现，但近年来在国家基础教育课程教材专家工作委员会指导下成立的各学科、各学段教材评审小组，其人员遴选、履行的职责和评审方式［尤其是上述的第（1）、（3）、（5）条］都体现了上述的思路和原则。

（二）"十二五"规划教育学重点课题"中小学英语课程与教材难度国际比较研究"

2011年是国家实施基础教育新课程标准（2001年版）的第十年，为了探究中小学生学业负担重是否缘于教材偏难这一重大问题，由中国教育科学研究院牵头组织全国六所教育部直属师范大学150多名学科专家、500多名科研人员协同开展中小学理科教材大规模国际比较研究，与之呼应的是由中科院龚亚夫、华东师范大学邹为诚两位教授联合主持的国家社科基金"十二五"规划教育学重点课题"中小学英语课程与教材难度国际比较研究"，这是改革开放以来规模最大的一项英语教材国际比较研究。其特色至少有以下3点。

1. 顶层设计理念创新

团队主持人龚亚夫近年提倡多元课程目标理念，将英语教育课程的社会文化目标、思维认知目标和语言交流目标都融入其教材评价体系。该体系内分"教材本体结构性评价"和"教材主体适切性评价"两大视角[19]。前者大致延续了以往的评价维度，即从教材本身的结构设计（如编排的体系、系统性、循环性等6个维度）展开分析，但比以往更强调了学习资源的"递进性与梯度"和"复现率与频度"这两个维度。后者则前所未有地凸显了中小学英语学习者这一教材使用主体，包含"理念的倾向性与正确性""目标的全面性与适当性""内容的关联性与身份感""语言的真实性与适切性""活动的心智性与挑战性""教材的难易度与支持度"等6大维度。其中每个维度都有新的观察点和评价视角。例如：在思想性方面提出要摒弃"英本主义"教育理念和教材编写观；在目标性方面强调学生核心素养要落实到教材评审细目中，如"哪一项活动培养哪一种思维能力"；在关联性与身份感方面要考查教材是否反映学生的内心精神世界，而非"仅模仿英国成年人的话"；在真实性方面提出教材要有"真实语境、真实问题、真实交流"，即有机会让"学生用语言表达自己的道德标准和对社会问题的看法"（如同学要作弊，你怎么办？），而非"机械地模仿英语国家的人在特定场合下说什么"；在心智挑战方面提出教材活动既要有较高的挑战性，也要有充分的指引和支持等辩证观点；在难易度和支持度方面则提出了以往常被忽视的"频度与内容比""输入率与难度"两个重要指标，并与之前的"复现率"和"知识的广度/深度"指标连接起来。

2.国际视野广，宏观微观兼有

该项目对比的范围包括中国、俄国、巴西、日本、韩国和法国等国家的高中英语教材。既有对各国的外语教育政策、课程要求、课时设置、毕业达标水平、师资水平等宏观层面对比，又运用这些外部因素切入教材分析并诠释结果。例如，研究者先使用欧洲语言共同框架（CEFR）的能力等级评估各国的课程目标，又使用"教材总字数/课程标准规定的学时数＝单位课时内要处理的学习量"计算方法[224]，得出各国英语课程的负荷量，再通过一系列教材难度分析的量化和质性研究（详见下段），最后得出中国基础英语教材难度居这些国家中偏下的分析结果，并从社会文化、历史传统、考评制度、学生的母语背景、心理年龄、接触目标语的频度及教师的素质能力等方面来诠释中小学生学业负担重的深层原因[225]。

3.教材难度研究的多维度多工具整合

该团队还对多国英语教材的难度开展了前所未有的多维度分析，并且对以往多种文本难度测试工具进行了整合性应用。分析的维度从词汇难度、文本难度、语法学习难度、教学活动难度和综合难度五个方面开展[215]，分析的工具既有多种量化测量公式，也有对典型案例的质性分析。以对上述国家高中英语教材的文本难度分析为例。研究者基于1948年Flesch的"文本可读性"测量工具建立了"文本难度分析框架"并开展"教材之间"和"教材之内"的双重研究[226]。前者将文本的可读性分数、词汇密度和低频词比例3个量化指标整合为"文本难度综合比率"，同时辅以体裁类型分布的定性分析。后者则提出"可读性测量公式"，利用SPSS独立样本T检验测定每套教材前15篇课文与后15篇课文的可读性分数平均值的显著性差异，并调查每套教材内部较难文章和较容易文章的分布比例，最后还将高中学生阅读这批教材文选的测试成绩，学生对这些文章难度的主观感知与该文本的词汇密度，可读性分数等进行相互比较，以三角验证的方式来检验该可读性公式的文本难度预测可靠性[227]。

又例如，对上述国家教材活动难度的对比分析，研究者先是邀请173位教师参与问卷调查以验证项目主持人研制的教学活动设计认知水平分析框架（简称"打分表"）的有效性，随后让177位教师用该表对每套教材所有教学活动（共计9 645题）进行复杂度打分并归纳出FOF、FOFs和COMP三类练习题型（分别代表有明确交际目的和意义的教学活动、只关注语言形式的教学活动和以理解为基础的教学活动）。最后计算出这三类活动在每套教材的数量比例及其复杂度打分的量化结果，结果发现在各套教材中，认知要求最高的FOF类活动比重最小，而FOFs类比重最大，由此推断上述国家的高中英语教材对语言形式的教学占据了主导地位[228]。

以上两例展示的工具和方法，对以往教材难度分析这一难以把握和操作的难题有创新性突破，既比较直观地呈现了不同国家英语教材在文本难度方面的差异，也为后续的教材评审研究的质性和量化分析奠定了基础。

（三）1997年以来何安平语料库团队的英语教材评价研究

自20世纪90年代起，国内外就将语料库语言学的理论和技术运用于语言教育教学领域研究，其发展势头迅猛。国内虽然在语言教材评价方面还相对滞后，但华南师范大学何安平教授带领的语料库研究团队却从未停止过对该领域的开拓（见表5.4）。自1997年团队负责人主持国家教育委员会留学回国人员科研基金项目"建立中学英语教学语料库及检索系统"起，该团队通过自建、交流、分享的方式，迄今已建成拥有200多册国内外大、中、小学英语作为外语教材的大型教材语料库，共约918万词次①。基于此库开展的教材评价研究有以下几个特点。

1. 研究资源空前丰富，教材分析多维度多层面

教材语料库是汇集教材所有文字资源的、可供计算机检索的电子文档。这类语料库虽然不能显示原教材中的插图或附带的录音和视频资源，但对于语言类教材（尤其是英语）的分析却有独到之处。例如，在建库时将教材文本分别标识为"语言输入类话语部分"（如课文阅读材料、听说材料和习题内容）和"教学指令性话语"（如教材各层级栏目标题和练习指令语）可开展多维度教材分析。前者可考查教材语言输入的质和量，包括词汇量、词汇密度、文本难度、语法点频数及话题分布等；后者可探究教材隐含的教学理念和教学方法，包括教材对知识学习与技能训练的配置比例、活动设计的认知思维导向等。如将教材语料以国别、学段、年份、版本等做不同层次标注和层级性储存，可开展多层面的教材分析，包括：

（1）一套/册教材内多种评价指标的分析（见表5.4的8至14）；

（2）同一学段国内外教材之间或国内多套教材之间的横向对比（见表5.4的29、32、45、48）；

（3）同一个出版社在不同时期（如课改前后）出版的教材对比（见表5.4的15、17）；

（4）同一套教材在不同学段的课本的纵向对比等（见表5.4的47和49）。

2. 研究方法科学、快捷、直观

语料库辅助的教材评价可纳入计算机辅助的文本内容分析法范畴。其最大的特点是：计算机高速提取和展示批量语言使用的事实。最大的优

---

① 此为该团队建设的3.46亿词次的中国英语教育教学语料库中的一个子语料库，详见：HE ANPING. Corpus pedagogic processing of phraseology：a case of implementation［M］// ZOU BIN, SMITH S, HOEY M. Corpus linguistics in Chinese context. CPI Group（UK）：Palgrave Macmillan, 2015：98–113.

势是：能将以往教材评估工具中较为原则性的，较为抽象的评估指标转化为具体可观察的、可检索的语言形式，代入计算机检索，可穷尽这些语言形式在所有电子语料中的呈现频数及其局部语境。接着分析其频数，可获得某评估指标在教材中的分布状态和整体比例；分析其批量的呈现语境，则可揭示该指标体现在教材中的语义内涵，并诠释其隐含的理念取向。这就可以避免评审者以个人主观意见或以个别性举例来给教材定论。例如，追踪常用词及其同义／近义词在不同学段教材中呈现的语境相貌，可窥测教材词汇知识的发展轨迹，并揭示其循环拓展的教育教学理念[229]。在提取教材整体词频表的基础上，调查其中的词汇密度、高频词／低频词比重、与新课标词汇表匹配度等量化指标，可从一个侧面评估教材难度[230]。又如，调查教材对话语料中的"口语性"词汇特征，可评价教材的语言输入是否真实和地道[231]。又如，从教材指令性语中提取 you/your 的语境搭配词，可揭示教材练习中要求学生调用自身信息资源的广泛性，以及要求学生用语言做的事情与现实生活关联的密切程度；而调取指令语句前句后的介词短语或从句，则可揭示练习活动的情景创设的多样性和真实性[232]。再如，批量提取阅读活动之前和之后的指令语中的行动类或思维类动词，可揭示某套教材偏好于激活学生哪些层次的认知思维活动[233]。

可见，语料库辅助的教材分析与评价是基于这样一种理据：人们想说的话和说话的方式，总是能从大批量的语言事实中找到其典型的语言表达形式；而批量性地提取和分析这些典型语言形式，便可以揭示教材编者想要传递的理念和意义。以上多次提及的"批量性"和"穷尽性"已经含有"大数据"的理念，这对于像我国这样的教育大国，想要在目前"多纲多本"政策下连年开发大批量教材资源的情况下进行评估分析，语料库尤其具有可操作性。所以让语料库走进教材评估研究势在必行。

3. 研究成果丰富，受益众多

该团队近十几年来运用上述大型教材语料库及研究语料库的技术和方法做教材分析评价，培养了包括博士、硕士、访问学者百余人，同时延伸至高等师范院校的本科生、研究生课程教学，以及英语教师"国培""省培"等数十届教师培训项目，学员近万人。表5.4是部分公开发表的成果列表（按年份排序）。

表5.4 何安平语料库团队对教材分析评价的部分研究成果

1. 对1997年高考英语作文三个汉语提示语的反馈分析（《中小学英语教学与研究》，1998年第3期）

2. 从1997年高考英语作文中的ago与before看教材中语言复现率的重要性（《西安外国语学院学报》，1999年第3期）

3. 中学英语教育语料库光盘（广东音像教材出版社，2000）

4. *评估（教材）练习的标准（《外语教学大纲·教材·课堂教学——设计与评估》，2001/3）

5. 祈使句的语用功能分析（《中小学英语教学与研究》，2002/3）

6. 根据上下文猜出单词策略在英语阅读教学中的应用（《福建师大福清分校学报》，2002/4）

7. 口头语篇中的词汇重复《外国语言问题探索》（《外语与外语教学》论文集，2002）

8. 人教版初中英语教材阅读练习评估（《中小学外语教学》，2003/2）

9. 基于语料库的疑问附加语用功能调查（《湖北师范学院学报》，2003/3）

10. 基础英语教材中的循环扩展的探讨（《中小学外语教学》，2003/3）

11. *基于语料库的英语教材活动评价研究（《语料库在外语教育中的应用》，2004/10）

12. *对话的真实性——两本教材的对比（同上）

13. 初学英语、兴趣第一（《中小学外语教学》，2005/5）

14. 关于英语教材编写中口语材料真实性的调查（《基础教育外语教学研究》，2005/9）

15. 新旧高中英语教材中语法部分的对比（《中小学外语教学》，2006/1）

16. 比较教材对话和真实对话的一般疑问句（《山东师范大学外国语学院学报·基础英语教育》，2006/8）

17. *评价课改前后教材的语法教学（《高中英语教育评价的研究与实施》，2006/1）

18. *评价新教材的词汇教学改革（同上）

19. *探讨教材对学习策略的体现（同上）

20. *评价教材活动的认知思维导向（同上）

21. 语料库辅助的基础英语教材分析（《课程·教材·教法》，2007/3）

22. *对新课程教材的研讨（《高中英语校本指导手册》，2007/6）

23. 中学英语教材词汇语料库调查（《中小学外语教学》，2008/1）

24. 新课标阅读技能培养理念在教材的体现（《山东师范大学外国语学院学报·基础英语教育》，2008/2）

25. 对高中英语教材中性别文化价值取向的分析（《中小学英语教学与研究》，2008/5）

26. 新英语教材中阅读预测技能练习设计探究（《中小学外语教学》，2008/8）

27. 中学英语教材附录词汇表的语料库研究与理据探究（《中小学外语教学》，2008/9）

续表

28. *合作学习理念与教材小组活动设计（《语料库视角下的高中英语教材与教法研究》，2009/5）
29. *全球化时代的课程改革与教材文化导向（同上）
30. *从主题词看教材单元设计体例（同上）
31. *教材的语音教学设计探究（同上）
32. *词汇搭配理念与教材词汇练习设计（同上）
33. *"三维语法"理念与教材语法练习设计（同上）
34. *归纳法在教材语法设计中的应用（同上）
35. *过程写作法与教材写作活动设计（同上）
36. *教材的跨文化教学设计探究（同上）
37. 英语教材对话的口语性探究（《外语教学理论与实践》，2009/2）
38. 基于语料库的《新高中英语》教材词汇的广度和深度研究（《基础英语教育》，2009/2）
39. 人本主义理念在NSEC教材中的体现探究（《英语教师》，2009/5）
40. 基础英语教材词汇的广度和深度调查（《英语教师》，2009/6）
41. 教材的语音教学设计探究（《英语教师》，2009/6）
42. 语料库辅助的英语阅读活动设计（《英语教师》，2009/7）
43. 英语教材话语的立场标记语探究（《当代外语研究》，2011/3）
44. 语料库的"教学加工"与教材编写（《当代外语研究》，2012/10）
45. *从"词汇语法"理论到EFL教材的短语教学设计（《语料库的短语理念及其教学加工》，2013/12）
46. 短语搭配视角下的专门用途英语关键词的语义关系（《山东外语教学》，2014/1）
47. 英语系列教材的词汇知识发展研究：动态系统论视角（《外语教学与研究》，2015/6）
48. *各国/地区中小学英语教材特色分析（《中小学外语课程教材改革与发展研究》，2015/8）
49. 基于语料库的高等院校英语教材词汇深度知识研究（《高教探索》，2015/10）
50. *语料库短语理论的教学加工——实施个案研究（《中国语境下的语料库语言学》，2015/10）
51. 教材与教学设计《中学英语教学设计》（教育部教师教育精品资源共享课，2015/3）
52. 语料库技术促进英语深度阅读教学（《中国电化教育》，2016/12）

表 5.4 列举的成果中既有发表在重点核心期刊，如《课程·教材·教法》《外语教学与研究》《外语教学理论与实践》的论文，也有入选相关专著的章节（见表中带 * 的成果）。其中，最聚焦的是该团队与人教社合作的教育部课程教材研究所"十一五"重点课题专著《语料库视角下的高中英语教材与教法研究》[139]。此外，还有何安平先后主持或主研的一系列具有教材语料库研究特色的国家级和省厅级项目成果。包括 1999 年教育部高教司高等院校外语专业面向 21 世纪教学内容和课程体系改革基金项目成果《外语教学大纲·教材·课堂教学：设计与评估》[234]，"十二五"国家社科基金项目成果《语料库的短语理念及其教学加工》[235] 和广东省教育厅研究项目成果《中小学外语课程教材改革与发展研究》[236] 共十余项。

从以上成果来看，语料库辅助的教材评价研究多从某个具体评价指标切入，属于教材内部的深度文本分析范畴，广泛涉及教材评审中的教学内容（如词汇、语法、语音、听、说、读、写）和教学理念（如人本主义、认知思维导向、跨文化意识、合作学习模式、循环拓展式编排）。尽管单篇的论文虽然不能覆盖对教材的全面评价，单一的分析文本也不能替代教材评审的全部，但是研究者从中提炼出来的教材可观察指标及典型语言表达方式，可以提升教材评审者和使用者批判性评价教材的意识和能力，同时促进教材评审队伍的成长。目前，语料库辅助的教材评价手段尚未进入常规的教材评审体系，但表 5.4 中大部分发表在《中小学外语教学》《基础英语教育》《英语教师》等流通广、受众多的杂志上的成果，已表明语料库辅助的教材分析正在促进高校和一线教师研究教材的学术兴趣和研究水平，同时也提升了全社会对教材评价的关注和认识。

第五节 英语教学资源评价的发展趋势及热点话题研究

本章第一至第四节阐述了国内教学资源评价的几个重要方面，包括狭义上的教科书评审建制、评审标准体系制定，广义上的教材评价研究。本节也将从这几个方面简要探讨这些领域的发展趋势和热点话题。

一、教材评价建制向更加公开、公平、公正的方向发展

改革开放后，我国社会的不断进步，推动了教材评审制度进一步"去行政化"，逐步建成更常态化和专业化的教材评价机制。随着"多纲多本"的教材政策和"国家教材、地方教材、校本教材的三级教材管理体制"的实施，教材评审量空前加大，因此建立在国家基础教育课程教材专家咨询委员会和国家基础教育课程教材专家工作委员会督导下的各学科教材评价的常态化组织就很有必要。它除了接受行政部门的委托做教材评审的静态分析，还要对教材使用情况进行动态分析和评价；除了向教材评审委员会报告教材分析结果，也要向社会，包括向学生、教师、教研员、家长、出版商等报告教材的特点、质量水平和试用情况；同时还要引入学生、教师、教研员和家长参与教材评价的机制，而教材出版发行的营利单位则应提供资金支持。这样才能使教材评审进入良性循环而避免暗箱操作。

二、教材评审标准制定将更凸显培养学生核心素养的教育理念

进入 21 世纪以来，人才核心素养培养的教育理念正日益体现在全球的教育改革中。我国教育部 2018 年颁布的《普通高中英语课程标准（2017年版）》也将此作为我国课程改革的顶层设计目标。新一轮的英语教材编写首次"依据英语学科核心素养确立教材内容，无论是语篇和主题的选择还是相应的教学活动设计，都要体现对学科核心素养的培养价值"[51]。以往的教材评审指南虽然对核心素养的一些内涵有所提及，"但仍比较宏

观和抽象，仍需进一步落实到评估指南中，对教育性和人文性这两类指标加以细化，加强可操作性"[237]。2017 年版高中英语课程标准在"教材编写建议"部分除了在宏观层面提出了七条建议，还在每条建议的内容里发布不少具体指标,其中包括"教材各单元提供主题语境和语言材料,构建学习活动场域，即以主题为引领，创设有意义的情境，依托多种题材和类型的语篇"，"教材设计的思路要从学科逻辑转向学生的语言实践活动"，"教材一般不宜直接讲解语法规则,而应提供一些语言素材和例子，引导学生观察语言形式和意义的区别，发现语言的规则"，"教材中的学习活动应充分体现交际性，使学生有充足的机会用英语进行理解、表达和交流，使他们将注意力主要集中在语言表达的意义上，而不是单纯地关注语言形式"，"练习题要避免一味模仿考试题型来设计"以及"教材应积极配套相应的信息资源平台"。这些都为新一轮的英语教材评审提出了可观察、可测评的实施指引。

三、教材评价的学术性研究需与教材开发相结合，并加强国际交流

本章第四节曾提及对英语教材评价的研究无论在国外还是国内都相对滞后，目前对教材评价的学术性研究大都集中在高校教师和研究生。研究的层面，包括评价体系建设、评估指标制订和评价工具开发仍停留在介绍或引进国外的评估框架和工具，或者用于单本独套的教材评价，而对教材各学段衔接和教材使用动态分析及效果的实证性报告则很少见，而且存在学术性研究与教材编写者和使用者脱节的现实问题。这些有待于通过对教科书评审制度的进一步改革来解决。另外,英语学科的特性(具国际视野和语言沟通的便利)，注定我们能够更好地开展教材评价的国际比较研究。前面所述的由教育部启动的大规模基础教育课程教材国际对比项目就是一个很好的开端。

第六章　英语教学资源的未来发展

　　英语教学资源的未来发展主要反映在教学材料的编制、评价及利用研究上。本章就这几个方面首先简述国际英语教学资源发展的特点与趋势，然后反思国内英语教学资源发展面临的挑战与应对，最后展望如何通过加强研究来迎接未来的发展。

第一节　国际英语教学资源发展的特点与趋势

本节简述国外学者对当今英语教材质量、教材模式和教材研究的探索成果，旨在为我国的英语教学资源发展思路提供借鉴。

一、对全球英语教材的质量评估与反思

对 21 世纪英语教材各种模态的教学资源在全球的发展趋势，国际教材发展学会（The Materials Development Association，简称 MATSDA）的创始人兼主席汤姆林森教授近年来做了大量研究[①][219,238-239]。他在汇集了多国该领域学者研究成果的基础上，首先归纳了目前全球英语教材普遍存在的 5 个"短板"：

（1）低估了学生的能力，包括智力和情感体验能力。

（2）过量采用"PPP"教学模式，即先展示知识点（presentation），然后练习操练（practice），最后做语言产出（production）。这种教学模式，致使教材难以帮助学生有效地习得语言，并培养为交际运用语言的能力。

（3）编排上的循环拓展式复现率不够。

（4）练习设计过于偏好考试用的典型题型，如填空、句型转换、完成句子、多项选择等。

（5）缺乏帮助学生充分利用课外自身可体验到的语言学习资源。

基于以上"短板"，汤姆林森提出了 5 点批判性反思，即目前的英语教材存在的主要问题：

（1）未能实现使学生情感投入的目标。

（2）过多关注的是教什么而非指导学生如何去学。

（3）过度关注语言的形式及控制性练习，缺乏真实情景的语言输入以及让学生做真实交际的机会。

---

① 笔者查阅国际英语教育研究基金会（The International Research Foundation for English Language Education，简称 TIRF）发布的1980—2012年有关教材研究的成果遴选清单，发现汤姆林森教授的成果占了近三分之一。

（4）话题内容及学习途径都太过"英本主义"和"欧洲中心主义"。

（5）对非欧洲文化仅有较浅层的展示。

最后，汤姆林森指出未来的英语教材编写应该朝以下几个方面改进：

（1）不仅关注如何呈现语言知识点，更要关注如何帮助学生习得语言。

（2）要重在激发学生对学习的智力投入和情感投入。

（3）提供更多机会让学生实现真实的语言交际。

（4）提供更多机会让学生自主选择阅读材料、练习活动和学习方式。

（5）提升教师针对教学实际选用教材的能力。[238]

归结起来，未来的教材设计要"以学生为中心，而非以教师为中心"，要提供"能吸引学生智力和情感投入"的"真实的口语和笔语材料"，并配置能"帮助学生自己去发现教材文本突显特征的活动"。广大一线教师要求教材出版商推出那些"既能体现语言学习理论原则的，又能灵活应用的教材"，以及那些"旨在使学习效果最大化而非仅关注知识点覆盖面"的教材。

二、网络时代的教学资源发展

国际上的英语教学资源经历了从 20 世纪的"纸质教材 + 音频视频辅助材料"到 21 世纪的"网络 + 多模态教学的平台"的快速发展，体现了教育信息技术的革命性作用。网络时代催生的教学新资源包括计算机辅助语言学习资源（CALL）、可供语言体验的网络资源和信息与通信技术（ICT）等。这些资源在内容上的富集性，形式上的互动性和选择性，使用上不受时间、场所限制的便利性，以及由此所带来的合作性和问题解决型学习模式变化等都颠覆了传统的教学资源模式。以下简述一个在欧洲 7 国（英国、法国、德国、意大利、西班牙、罗马尼亚、立陶宛）都普及的青少年外语多模态网络学习平台 Sacodeyl[①]，该平台拥有上述的多种优势（见图 6.1 至图 6.5）。

---

① 可通过http：//www.um.es/sacodeyl/免费进入操作性体验。

图 6.1　Sacodeyl 主页

图 6.2　Sacodeyl 语料库主界面

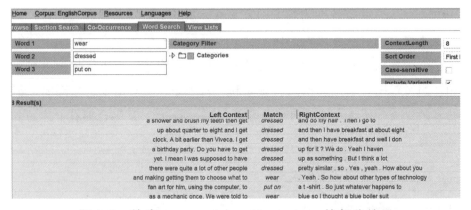

图 6.3　检索 wear、dressed、put on 的部分结果

SACODEYL LEARNING PACKAGES - ENGLISH

This page presents an overview of all ready-made learning packages for the English corpus. You can find the web link to the package, a short characterisation of its contents, the CEF category and the duration of the video section.

Topic area 1: Who I am and where I live		
Contents - Topics (T) & Structures (S)	CEF Category	video length (mins.-secs.)
T: About Aurora/Illinois and learning a foreign language (German) S: prepositions http://134.2.2.16/sacodeyl/en/en01presentation_21molly/default.html	B2	02:06 (audio only)
T: About Reading S: intensifying with "really" http://134.2.2.16/sacodeyl/en/en01presentation_01vivecamegan/default.html	A1	00:43

图 6.4　Sacodeyl 英语学习界面

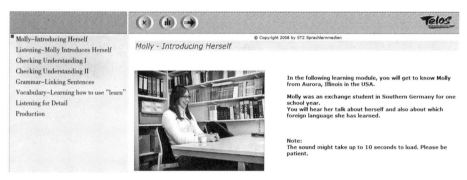

图 6.5　基于某话题的学习资源包

"Sacodeyl European Youth Learning"（2009 年）项目[240]是欧盟资助建设的 7 国语言学习平台。这种多模态的网络教学平台，即"多模态外语教学语料库"，将欧盟各国的外语初级教学内容分解为系列话题，由各国青少年围绕 32 个话题开展结构性对话，经过实况录像、转写及附码，并附设与日常教学同步的听、说、读、写任务。师生可自主选择某国语言，选择某个话题，检索其单词或短语，选择观看对应视频并在网上完成各种语言练习。如图 6.2 是 7 国语言语料库的主界面。图 6.3 是其中的英语语料库检索界面（展示的是三个英语近义词（组）wear、dressed 和 put on 的批量语例）。图 6.4 是语言学习板块之"自我介绍"话题英语资源包，内含不同外语水平的学生可选用语音、视频和语料库的资源（如欧洲评估框架 CEF 的 B2 级和 A1 级）。点击其中的一个网页链接便可进入基于该话题的各种学习活动，如图 6.5 所示。图 6.5 展示主题为 "Molly 的自我介绍" 的模块主界面。点击左栏的每个小标题，可进入不同的学习活动页面。包括：（1）听自我介绍的录音（Listening—Molly Introduces Herself）；（2）以填空和正误题判断为形式的听力理解练习（Checking Understanding）；（3）以并列句为目标的语法填空练习（Grammar-Linking Sentences）；（4）以动词 "learn" 为目标的词汇填空练习（Vocabulary—Learning how to use "learn"）；（5）再次 "细听" 并做笔录（Listening for Detail）；（6）以答题方式做自我介绍（Production）。

可见，语料库经过教学加工，与其他多媒体教育技术协同运作的多模态教学平台，既能提供丰富的学习资源，又可供学生即时在交际活动中学习外语。这种超越传统课堂和教科书的网络化学习资源库，体现了当今教育教学资源的改革方向。但与此同时，国外学者[241]也在反思纸质教材与网络资源的融合问题，担心有的学校和教师忽视甚至完全摒弃纸质教材的作用，或者过分依赖电子设备而缺乏与学生面对面的互动。学者们均呼吁要加强对网络资源评价的研究。

三、国际英语教材研究的动向

21 世纪以来，除英、美等英语国家继续推广他们认为全球通用的英语教学资源外，一个重要的发展趋势是越来越多非英语国家的教育机构、专家和一线教师正纷纷以项目开发或合作编教材的方式开发本土英语教材和开展教材研究。例如，印度中等教育署长期与两所英国大学合作帮助一线教师编写交际性和任务型的中学英语教材，刚果 "维和项目" 开发 "将个人身份融入写作教学" 的 "人本主义" 特色教材[242]，阿曼首都大学编写 "以文本驱动的发现式和过程式教学" 的 "体验式" 教材[243]，韩国开发 "以图像和视频光盘替代文字" 的小学通用英语教材[244]，等等。而学者们对教材研究的热点话题则包括 "泛读及其后续活动的教学效果" "计算机辅助教材的教学功能" "文学作品在教材教学中的作用" "真实文本对学生语言习得的影响" "小学教材对儿童早期阅读的脑神经发展影响" "电子资源、超链接小说的教育功能" "任务型教材的实施和评估" "如何将教材评价纳入更加学术研究性的框架" 等。然而，正如上一章所述，目前国际上对教材的研究相对其他课程教学领域的研究仍显滞后，研究的短板有以下三个方面：

1. 缺乏使用各类不同特色的教材，如何促进学生的语言习得和发展的实证性报告。

2. 缺乏研究鼓励教师和学生积极使用新型教材的方法和途径。

3. 缺乏研究如何在引进新的教育理念、教学模式和大力开发本土教材的同时，继续保持出版商推出的国际性教材的有效性[219]。

这些短板都可能成为未来教材资源研究的热点话题。综上所述，未来推动国际英语教学资源发展主要有三股力量，那就是网络的力量、教师的力量和出版商的力量。可以预期：（1）未来的课本会越缩越小，因为通过网络、计算机和智能手机等技术传播的多模态教学资源量将剧增①；（2）一线教师将会越来越批判性地审视教材，有针对性地选择教材、改编和自编教材；（3）国际教材出版商为了应对本地教材的挑战，将推出更多既符合国际理念，又能激发教师和学生将其本土化和个性化的新型教材。

---

① 源自笔者2011年12月13日在英国大使馆文化教育处、人民教育出版社（课程教材研究所）主办的"2011年冬季/第四届英语教学研究研讨会：英语语言学习资料在中国的设计、研发与评估"大会上与汤姆林森教授的交流。

第二节　国内英语教学资源发展面临的挑战及其对策

在全球化、信息化、学习型社会快速发展的今天，我国作为全球英语学生和教师人数最多的英语教育大国，正面临英语教学资源发展的多方面挑战。本节主要关注以下 4 个问题：教材发展如何引领新一轮课程改革理念在教学中实施；教材发展如何满足不同地区和不同水平学生的要求；如何解决应试教育对教学资源开发和利用的负面影响；纸质教材如何与网络教学资源互补融合、相得益彰。

一、教材发展如何引领新一轮课程改革理念在教学中实施

新中国建立以来，我国的英语教材开发与评价经历了几个阶段的转变和提升，即从关注语言系统知识（20 世纪 80 年代前），到关注语言知识和语言技能（20 世纪 90 年代起），再到关注语言教学方式和学习策略（2000 年起）。2014 年国家出台了一系列高考改革和深化考试招生制度改革的文件，新修订的国家英语高中课程标准也已出台，这都表明我国的基础教育英语课程改革又迈上了一个新台阶。教材也"从知识的载体转变为培养人的载体"[①]。新一轮课程改革的标记，就是要明确学科的育人价值，确定学科核心素养目标，明确内容和学业质量要求，以指导和规范教材编写、教学与评价。由此必定催生大批新编的或改编的英语教材。在目前我国的中小学基本还是使用通过国家审批的教材的现状下，这批新教材必将在教学实践中起引领作用，其特色应包括：

（1）教材的内容不但要贴近学生的现实生活，还要走进学生的精神世界。例如，既要谈学生几点起床、上学、睡觉等日常作息，也要谈学生"与他人发生矛盾、受到委屈或遇上社会突发事件时该怎么办"的心理情感变化。

（2）在有意义的情景中呈现语言知识，知识难度和深度呈递进式复现。

[①] 转引自朱慕菊2013年1月16日在全国基础教材专家工作委员会在京审查教材会议上的讲话，来源：笔者参会记录。

例如，在教师教学用书中有显性的前后知识点链接提示。

（3）要让学生有参与有真实交际目的语言活动的机会，有表示个人真实认知和想法的语言拓展应用机会。例如，鼓励学生对社会现实问题发表看法。

（4）教材活动设计呈现多样化、多层次的认识思维要求，对不同年龄的学生既有思维的挑战性，又有语言的指引性。例如，教师教学用书里有解读每道练习指令语的思维形式指引。

（5）纸质教材与相关的网络资源有清晰的链接，并对其运用有具体的指引。

二、教材发展如何满足不同地区和不同水平学生的要求

《国家中长期教育改革和发展规划纲要（2010—2020 年）》提出，实现教育公平是保障社会民生的基本教育政策。教学资源发展直接关系到教育资源配置的公平性。而现有的教材满足不了全国各地的不同需求，我国目前的状态：一是中小学英语教材的选用和征订仍然是由国家和地方教育行政部门来决定。二是大多数中小学英语教师还不具备像国外教育发达国家和地区的英语教师一样自行选择和编写教材的素质和能力。要解决全国各地教学资源配置不均衡的问题，方法之一是大力发展网络和相关信息技术，将优质教学资源传播到教育资源相对匮乏的地区和学校，直达教师和学生手中。三是加强教师教育和在职培训，在"国培""省培"等各级教师培训中融入教材分析评价和教材开发的专题内容。在培训中将国家课程标准的新目标、新理念与新编或改编教材中的具体内容和呈现方式联系起来，鼓励教师根据学生的实际需求创造性地开发和使用教学资源。四是大力加强不同地区校际的教学交流活动，营造开放、共享的教学研究文化，鼓励和支持教师针对实际需求灵活运用教材、改革教学方式，帮助不同层次的学生提高学习能力。

三、如何解决应试教育对教学资源开发和利用的负面影响

近年来我国一直在研究高考和中考改革，尽管采取了积极的措施，但是应试教育的负面影响仍然存在，对于英语教学资源开发和利用带来

的问题，主要反映在以下两个方面。

（一）阻碍不同特色教材的开发和使用

课程标准定出了不同级别的要求，但是真正被学校、学生和家长遵从的还是考试大纲。课程标准定的中考和高考的级别要求成了对应年级施教的唯一内容，因此，低于或高于考试要求的教材被大多数学校置之度外。这么一来，除了30套小学英语课本有较多特色，数量较少的不同版本的初中和高中课本编排特点和深难度大同小异，满足不了我国各地千差万别的需求。出版社不敢针对各地区或特定的群体编教材。目前，解决以上问题有三个办法：一是由国家指定出版社（如人教社）为特殊教育（聋哑学校等）、体育学校编制教材，为少数民族地区（如西藏、新疆）编制教材。二是外语学校、国际学校或国际班，以及民办培训学校等自选教学材料以满足他们特殊的需求。三是前面提到的发展网络教学资源以弥补所需。

（二）影响利用教学资源培养学生学科素养的全面实施

由于存在"考什么就教什么"的问题，结果导致：不考语音拼读就不重视拼读教学，不考口试和听力的地区就放弃教材中的听说教学部分，阅读则局限于类似考试中的短篇阅读理解而忽视泛读。在教学中只侧重教语言知识而忽略教材中培养跨文化交际意识和思维、语用和学习能力的成分等。要解决这个老大难的问题，必须进一步改革考试制度与方法，与课程改革同步，做到"教什么考什么"。而关于"教什么"和"怎么教"，主要还得依靠持续不断的教师培训和教学研究找到正确的答案。同时，在教材（学生用书和教师用书）中尽量使有关文化、思维、语用和学习策略的设计显性化，如设置思维度较高的问题；用专栏或小贴士等办法注释学习策略，引起教师和学生的重视；设计研究项目，让学生综合运用所学的知识、技能，在解决实际问题的过程中获得心智和情感的体验。

四、纸质教材如何与网络教学资源互补融合、相得益彰

随着科技进步和网络化时代的到来，外语教学资源日趋网络化，不论国家级或地方级的教育行政部门官网，还是出版社和民间设置的网站，都有海量的网上教学资源和课件，如"国家级精品资源共享课""中国大

学资源共享课""教育部教师教育精品资源共享课",民间个人网站更是数不胜数。由此,面临的挑战至少有两个:一是网络资源如何与现有的纸质教材协同使用。二是如何解决对非纸质资源(如网络教学资源)评审滞后的问题。以下分别探讨。

(一)网络资源如何与现有的纸质教材协同使用

目前,与教科书配套的音频、视频材料已做成光盘放入课本或教参中,数字化教科书也放在网上以供搜索。这一部分网络资源与纸质教材已同步使用。但大部分英语网络资源,如阅读、听说、作文批改、考试辅导等,主要用于教与学的拓展与延伸。以华南师范大学与珠海部分教师合作的"语料库辅助 + 积木式短语词块教学"为例[245-246],这是高校与一线中学合作开发语料库辅助英语多模态教学资源的一个案例,依托华南师范大学的国家社科项目"语料库短语理论及其教学加工"和珠海中学的珠海市科技局项目"积木式词块教学探究"进行。前者提供自建的语料库教学资源,并对中学教师做语料库应用辅导;后者提供自创的积木词块课件模板及一线教师在使用日常教材教学词汇语法中遇到的一批难点问题。两个团队协同攻关,结果开发了一批初中英语课程资源,其特色包括:①内容紧扣课程教学点;②从相关教材语料库提取批量语例及其语境;③有与语例语境相匹配的批量图片或视频选段;④有基于语言语境和情景语境资源合成并凸显短语词块形式和意义的多模态课件,如图 6.6 至图 6.8 所示。

图 6.6 三个近义动词的教材语料库检索

图 6.7 基于语料结果的配图积木课件

图 6.8 结合视频展示的积木块课件

与此类似的还有高校与一线中学合作建设的基于话题的阅读语料库[247]和华南师范大学英语教师"国培"多模态在线研修资源库等（见图 6.9），这些都可为融合纸质教材与网络资源的教学实践提供借鉴。

专家培训视频选辑及观看指引 –1（本坊学员可在线观看，但不要共享到公共网络，更不能用于营利活动）   « 返回列表   ↑ 回顶部   📌▼   ★▼   ↩回复

何安平
首席专家
楼主

编者按：国际知名教师培训师 Herbert Puchta 是格拉茨教师专业发展大学的英语语言专业教授，英语语言教育学博士。曾任国际英语外语教师协会主席，剑桥英语教师专业发展平台

图 6.9　附有观察指引（编者按）的培训视频在线展示

（二）如何解决网络教学资源评审滞后的问题

当前主流的教学资源评估仅落实到纸质教材上，而非纸质资源（如网络资源评价）仍然滞后。笔者在这里以一份教师教育国家级精品资源共享课立项课程的 4 项一级评审指标及其二级指标的表述文件[①]为借鉴，探讨网络资源与纸质教材评审指标相比，更需要关注的评估观测点。

首先，应明确网络课程的评估标准是"以学习者为中心，符合在线学习的需要"，接着在课程内容选择上应明确以下要求：

（1）"体现学科最新进展，反映教育教学改革前沿成果"（体现其电子信息快速传播的优势）。

（2）"关注解决教育教学实践中的问题；注重培养学生的实践能力"（体现其与一线教学、与学生需求紧密结合）。

（3）"内容结构合理，富有逻辑性，有利于转变传统教与学的方式"（体现其旨在改变传统的教学模式）。

同时在教学方法手段上要求"方式多样化，有效运用信息技术手段；

[①] 源自全国教师教育课程资源专家委员会2014年6月23日发布的"关于教师教育国家级精品资源共享课立项建设课程第二批课程中期检查和首批课程验收工作的通知"的附件"教师教育国家级精品资源共享课立项课程中期检查评审指标"。

要利用学习社区、交互式问题等方式组织教学活动，促进学生自主、合作、探究学习"（体现其旨在改变传统的学习模式）。而分量最重的部分落在课程资源的评价指标上。其中包括：

（1）资源的组织要体现课程设计思想，教学大纲完整，课程模块和教学单元的结构合理、科学，与知识点和技能点对应清晰（再次体现其与课程目标的一致性）。

（2）教学的录像要与教学大纲或教学日历匹配，进程合理，教师讲解及演示要清晰，布局合理，制作水平较高，图像、声音播放清晰流畅。能反映教学过程，体现启发式、参与式、讨论式或探究式教学思想和理念（体现其多模态特色）。

（3）基本的资源，如知识点及注释、教学要求、重点难点、习题作业、教学案例、试卷等，需精心设计和制作，契合教学要求，内容准确，针对性、适用性强，对提高教学效果有实质性帮助（体现教学资源的核心内容）。

（4）拓展性资源，如案例库、专题讲座库、素材资源库，学科专业知识检索系统、演示/虚拟/仿真实验/实训/实习系统、试题库系统、作业系统、在线自测/考试系统，课程教学、学习和交流工具及综合应用多媒体技术建设的网络课程等，则需设计合理，具备进一步开发与建设的基础（体现教学资源的拓展性内容）。

（5）不存在思想性、导向性和科学性等问题；不涉及国家安全、保密及其他不适合网络公开传播的内容；不侵犯公民、法人或其他组织的知识产权（体现对资源的政治要求及其合法性）。

以上这份网络课程资源评价指标虽然仍待完善，但已为后续的研制打下了基础。

第三节　加强研究以迎接未来的发展

随着信息技术的进步，教学资源开发、利用和评价现已成为一门前沿学科，且发展势头很猛。我国要在这场新的教育革命中走在前列，则必须加强研究。本节将讨论如何将教学资源开发、利用和评价纳入科研范围，怎样解决根据二语习得理论编制的教材与传统教学法的冲突，如何应对"互联网＋"所带来的挑战，以及如何加强教师教育和培训，以提高教师开发、利用和评价教学资源的能力。

一、建立教材编者、研究者与出版者三方合作的研发机制

传统观念认为，教材编者是由出版社邀请的有经验的专家和编辑，中小学教师是教材使用者而非编者，教材审定和评估人员则是教育领导部门聘请的教育专家。一直以来这三者之间的交流很少。近几十年，从观念到实践发生了很大变化。哈伍德[248]与汤姆林森[74]认为，教材编者、研究者与出版者之间的对话和交流非常重要。实际上，编书人也应是研究者，没有理论水平和教学实践经历难以编好书；教师不仅要深入理解教学资源的内容，还要清楚其编制的指导思想和理论依据，要懂得教学理论才能有效地选择和使用教学资源，并能整合和自编材料；教学资源的评审者应该是高水平的学科专家和研究型的优秀教师，他们中的多数人应有编写教学资料的经验。编者要深入一线，不单是介绍教材，更重要的是了解教材使用情况，收集师生的反馈，做好培训，帮助组织教研活动等。高校的专家（包括教材审查委员），更要与一线教师联系、交流并参与教师培训等活动，这对他们改进教材审定工作至关重要。现在，已经有一些高校把教学资源开发、利用和评价作为学科编入了研究生选修的课程。这表明，教学资源开发正在逐步进入科研的范畴。

教材评价的学术性研究，如何与教材使用者、教材编者、教材出版社互动结合，这是国内外有关学者都关注的问题。目前，我国研究教材评估理论和进行教材分析的人，本身大多不编写教材，而且与出版者更

是脱节。笔者拟以华南师范大学与人民教育出版社合作开发高中英语教材语料库的教材教法研究项目为例，阐述解决这个问题的思路和方法。

　　为了推广语料库语言学理念与技术在教材分析和评价中的作用，2006 年，时任人民教育出版社英语编辑室主任龚亚夫到广州华南师范大学外国语言文化学院讲学，率先提出与高等师范院校合作，利用语料库研究和开发基础英语教材的构想。随后，教育部批准课程教材研究所"十一五"重点课题"基于语料库的人教版新高中英语教材和教法研究"，华南师范大学外国语言文化学院和人教社英语编辑室由此开始了长期的互动研究。高校语料库专家何安平教授赴京给人教社的教材编辑人员做语料库培训，出版社派出青年编辑南下到高校做语料库语言学专题访学。之后双方共建教材语料库、研发语料库检索工具并做了大量基础英语教材的调查分析等。参加研究人员中除高校教师和出版社编辑之外，还有大批参与课程学习或教师培训的基层中学英语教师。最后产生了一批语料库辅助的新课程英语教材和教法的研究论文和教材实施案例，其中的语料库教学案例至今还一直挂在人教社网站上供一线教师免费使用 [①]。

　　以上案例表明，"语料库作为一种新的教学资源、新的教育技术和新的教学理念，要进入语言教育，尤其是外语教学的主流，必须有出版社等媒体和广大教育教学工作者的支持和参与才能成功" [139]。

二、探讨新教材新理念与传统教法的融合

　　自 20 世纪末以来，英语课程与教材经历了一次又一次的变革。根据创新教育的理念，我国英语教育从传统的结构主义教学法影响下走出来，汲取了二语习得理论，采取了交际教学思想，结构与功能相结合，进而吸收了任务型教学思想，使中小学英语教学发生了深刻的变化。这些积极的变化，显著地提高了教学质量和学生运用语言的能力。然而，在这个变革的过程中，新旧观念常发生冲突，难免走了些弯路。如：在强调交际功能时，在一定程度上淡化了语音和语法的教学系统性；在突出语用能力推行任务型教学活动时，忽视语言形式的训练；在强调英语的地道、

---

① 案例库网址：http：//www.pep.com.cn/downloads/gzenglish/yuliao.zip.

真实和英语国家文化时，没有对中华文化的弘扬给予足够的重视；在重视教学内容贴近学生生活时，过分减少了经典文学作品的比重；在提倡用目的语教学外语时，教师课上不敢用母语进行必要的翻译；等等。

还有一个是世界上语言教育者争论的问题，就是教学材料的真实性与非真实性（authenticity and inauthenticity）问题。二语习得理论主张教科书文本和教学活动设计要具有真实性，语言使用应贴近英语国家的真实语言[249-250]。我国中小学教材为了降低难度，对词汇和结构控制很严格。如何保证语言的真实性呢？对此问题，哈伍德[248]等学者同意语料库语言专家卡特[251]的看法："非真实文本与真实文本一样可以在教学中利用。编造的文本（artificial texts）虽不能让学习者完全了解以英语为母语的人实际怎么说，但含有高频率的特殊语言项目，能引起学习者的注意，并且为他们提供了语言练习。"他还说，真实的对话语言难度可以降低，以使学生能够接受，而且对话比较容易保持自然话语的特征，因此可多用对话。总之，编教材要适合地区学生的水平而不是国际水平，同时课文的内容也要与学生自己的生活相联系。这说明在选择外国教材时，应适当修改以使其本土化、本地化。教材中的英语也不可唯"英本主义"是从，不同英语国家的英语有所区别，就连非英语国家所用表达法也被英语国家所接受，如出自我国的"Long time no see.""People mountain people sea."等。

以上列举了一些开发教学资源中新旧观念与实践中出现的矛盾和问题，处理不好就会产生"钟摆现象"，忽左忽右走极端。笔者想再次重申张志公、陈琳等先生的观点，多搞点科学分析，少点主观随意性；多搞点唯物辩证法，少点极端化、绝对化；多讲求实效，少点形式主义。[252-253]一切从实际出发，而不是从理论条条框框出发。要向艾伟、张正东等前辈学习，多做实证调查研究，依据调查的数据做决定。可喜的是，现在已经有了一些教材比较，教材开发、利用和评价等方面的研究课题，其部分成果已被收入本套"中国外语教育研究丛书"中。

三、运用"互联网+"理念研发数字教学资源

面临"互联网＋教育"的形势，能否利用信息网络技术为"数字一代"

（成长于网络信息时代的青少年）创造出使其乐于参与、满足其个性化学习需要的数字教学资源，对于教育研究者来说是一个巨大的挑战。应对这一挑战，要着力探讨 3 个问题：（1）如何将传统教科书更好地进行数字化处理。（2）在教学中如何运用数字化教材切实提升学生的学习效果。（3）与传统教材相比，数字教材具有哪些优势？怎样才能很好地发挥其优势？

目前，有不少教师和学生认为：在内容组织和安排上，数字教材没有更加优于传统教材，并且长期阅读数字教材容易造成青少年眼部不适；中小学慕课和翻转课堂教学会出现"放羊"现象，产生不如面授有效的问题；如果缺少信息道德指导，还可能会让沉迷于游戏的孩子产生严重问题。可见，教师与学生并不能自然地知道该如何正确和有效使用数字教材，原有的成熟教学习惯和思维方式对数字教材的使用会造成较大的障碍。因此，越来越多的研究者开始考虑如何将数字教材与学生的学习特点进行整合，并尝试理解学生与数字教材间的相互作用，试图以此为基础，使数字教材能够为读者提供体现其个性化需求的、不同于传统教材的建构式学习体验。

研究者曾提出要利用"情境化"（contextualization）、"个性化"（personalization）、"外表化"（externalization）三个要素来体现数字教材的使用性和功能性。"情境化"是指为了增进学生的阅读理解能力，多媒体和交互控件应当基于学生的需要，在特定的情境下开发数字教材，就外语教学而言，主要是创设听、说、读、看、写的语言环境。"个性化"是指学生能够在学习的过程中获得他们个体所需要的材料，这些材料应成为教材的有机组成部分，如电子注释、字典、小百科和补充读物，以及译文内容搜索和学习进程追踪等。"外表化"是指学生能够在学习发生时将他们的想法和感受通过外显化的方式表达出来，从而拓展他们的社会交互，如对笔记进行分享、检查，批改作业，建立家庭和学校间的联系，使数字教材更具便携性而方便学生随时随地进行学习。[254]

以金（Kim）等提出的数字教科书系统为例。该系统以学生"交互"学习理论为开发的基础，将"情境化""个性化""外表化"三个要素的具体内容整合于教科书设计模型（图 6.10）当中，强调数字教科书的各项功能与学习者间的互动性，强调学生以数字教科书为平台，通过"人—机、人—人"联系的方式对学习情况进行互动，从而提升学习者的学习效能。[255]

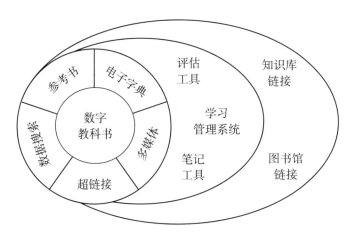

图 6.10　数字教科书设计模型

多媒体交互控件能够为学习策略提供支撑，而这些学习策略能够促进学生对知识的理解。学生可利用"笔记工具"在学习的过程中根据自身的需要进行个性化记录，这些记录将成为数字教科书的一部分。"学习管理系统"是专门依据个体的认知规律而设计的，能够帮助学生按照自身的认知和学习特点来安排知识的学习和复习等活动。此外，学习者还可通过"学习管理系统"和"评估工具"等进行在线互动，能够通过与同伴合作、讨论等方式进行学习，同时训练自己的交流与表达等技能。

归结起来，与传统教材相比，数字教材不再是教学活动的被动参与者，而是引领和辅助学生构建知识的孵化器、推动器，作为学生构建知识、开展学习的主动参与者和引导者，更加密切地参与和影响着学生对知识的建构过程。它不仅为教师提供了更多的手段来影响学生的学习，同时也将学生的学习从有限的课堂和课时拓展到无限的"随时随地"。在这个整合了教学策略、知识内容、合作交流的个体学习平台影响下，教师、学生和课堂的关系需要重新调整和定位，因为它将使以学生为中心的个性化学习成为可能。[256]

综上所述，可以看出数字教学资源的优势，但如何更好地发挥其优势呢？

首先，教学资源的本质是为了帮助学习者更好地建构知识和提升能力，而要实现这一目标，就必须对学生的认知规律以及课程内容本体具有深刻的认识，并理解二者之间的相互作用。只有在这些前提下，所开发的教学资源才能实现最初的目的。鉴于此，数字技术的发展只是促进教学资源发展的外部因素，而其核心仍是对学生认知规律能够进行准确刻画的教学理论，并且该教学理论必须和具体的学科知识相结合，一般意义上的认知理论无法对学生的学习、教师的教学和教材的研制进行有效的指导。因此，数字教学资源的更新和发展必须与学科的教学理论与实践研究紧密联系。

其次，数字教材与传统教材一样需要不断修订与完善，而在修订的过程中，数字教材的调研与修订比传统教材有明显的优势。传统教材的修订往往需要通过发放调查问卷，与教师和学生进行座谈等方式收集信息，不仅耗费人力、物力、财力，并且存在信息收集周期长、内容不全面、质量不佳等问题。与之相比，数字教材是以互联网为载体的新型教学资源，这使开发者能及时获得反馈信息。开发者需要在设计数字教材之初便考虑如何利用"大数据""云计算"等手段来同步收集和分析教师、学生在使用教材时的行为数据（如教师与学生间的交互，学生之间的交互，学生的习题作答表现等），以及对教材的直接意见等。信息技术极大地拓展了数据收集的样本范围，同时也改进了分析的方法，使结果更加准确，从而能够更为全面和准确地发现数字教材可能存在的问题，使研发者及时组织人员研究相关问题，更好地改进数字教材质量。[256]

四、在教师教育中加强对教学资源的开发、利用和评价能力的培养

英语教师在英语教学资源的开发、利用和评价中始终起着关键的作用。教学资源的利用者是教师，资源的开发者和评估者也出自教师队伍。可以说，教师是教育发展的第一资源。教师教育又是教育事业的工作母机[257]，因此，必须在教师教育和教师专业发展的过程中加强教学资源开发、利用和评价能力的培养。

教师教育是终身教育，而教师专业发展有三个不同的阶段：职前教

育、在职教育和继续教育。职前教育主要由师范院校承担，外语师资的源头是高等师范大学的外语学院，也有一部分教师毕业于普通高等院校或外语大学。在职教育和继续教育主要有中央电视大学、各地区教育学院、教育科学院，以及民间教育研究机构（如教育学会、教学研究机构、教师培训中心等）。无论是职前还是在职或继续教育，都要重视提高未来教师或在职教师的学科专业水平、通识文化水平、育人能力、教学能力、科研能力。笔者曾根据 STEPSS 项目[①]的研究成果对这 5 个方面提出过希望中小学英语教师达到的要求[258]。现在，笔者认为，在学科专业水平要求中，还应加上运用信息技术进行教学的能力。而在教学能力方面，应对使用与评价教学资源有明确的要求：

（1）能根据课程标准精神、所选材料、实际教学条件、学生的水平和需要，制订教学目标和计划；能理解所用教学材料的编写体系（结构、内容、活动方式等）和教学理念；能根据实际灵活地、创造性地整合教学材料，提高教学资源的有效性；通过对教学资源的分析，自主确定学生的"最近发展区"，给予"支架式"帮助，使学生由现有水平提高到可能达到的水平。

（2）能根据教学需要恰当地选择实现教学目标的技术手段；能运用英语教学资源和信息技术，使用多媒体教学设备创设情境，帮助学生直接理解英语和用英语表达思想的能力；能熟练使用基于大数据的教学系统进行教育分析、决策和学生学习过程的发展性评价，以及教学运行的监控与管理。同时，不仅要帮助学生培养信息学习素养和技术能力，还要帮助学生培养自主学习、探究学习与合作学习的习惯和能力。

（3）能参与教学资源的评价活动，具有评判、评价教学资源的意识和能力，懂得基本的评价标准，既能静态评价教材本身，也能动态评价在实际使用中的教材，例如能使用语料库辅助的教材评价方法进行研究。

此外，在教师的科研能力方面，还应加上提高教师运用教学资源的

---

① 2005年，教育部师范司委托全国教师教育学会、中国教育学会外语教学专业委员会和人民教育出版社组织研制了《全国中小学英语教师专业水平等级标准（试行）及培训、考核、认证》（简称STEPPS项目）。引自：刘道义. 基础外语教育发展报告（1978-2008）[M]. 上海：上海外语教育出版社，2008：182-184.

自主性、灵活性与创造性，具体包括：能研究如何从学生的实际需要出发，选择与开发教学材料以提高教学的实效；能对教学资源进行评价，并提出问题与建议；能在运用网络教学资源的过程中加强研究，不断克服其弊端，充分发挥其优势；能运用网络教学研究平台开展远距离或区域性教研工作。

在过去的 40 年中，我国在外语教学资源开发、利用和评价方面已取得了举世瞩目的进步，尤其是近几年来，越来越多的教师对于教学资源的研究产生了兴趣，有关课题研究项目逐渐增多。这是非常可喜的现象。但是，这一切仅仅是开始，展望未来，任重道远。目前教育正处于深化改革的历史时期，外语教育工作者面临的既有机遇，又有挑战，应抓住机遇，持续不断努力，解决问题，应对挑战，积累更多的经验，研究人员不仅要在国内交流，而且要走出国门，与国外同行交流，取得更多话语权。

党中央提出了共商、共建、共享的全球治理观以及构建人类命运共同体等新的价值理念，这对教育提出了新的战略任务和要求：培养全球治理需要的国际化人才。也就是具有爱国情怀，具有正确世界观、人生观、价值观，具有应对世界多极化和社会信息化能力的复合型人才。要培养这样的人才，外语教育起着举足轻重的作用，且非其他学科所能替代。因此，提高外语教育和教学质量是当务之急。而外语教科书与各种形式的教学资源是每个孩子成长必备的精神食粮。为了使他们茁壮成长，外语教育工作者应以此书为起点，不遗余力地加强教学资源的研究，提供丰富多样的资源，满足不同的需求，培养大批新时代所需要的人才。

参考文献

［1］顾明远. 教育大辞典：1［M］. 上海：上海教育出版社，1990：257.

［2］教育部基础教育司. 走进新课程［M］. 北京：北京师范大学出版社，2002：13.

［3］LEE J C K, ADAMSON B. Making the most of resources［M］. Hong Kong：Longman Asia，1993：9.

［4］董宝良. 陶行知教育论著选［M］. 北京：人民教育出版社，1991：8.

［5］张英. 启迪民智的钥匙：商务印书馆前期中学英语教科书［M］. 上海：中国福利会出版社，2004：31-62，67-77.

［6］张小红. Educational technology：development，application，popularization，and assessment［M］// LIU D，WU Z. English language education in China：past and present. 北京：人民教育出版社，2015：291-299.

［7］石鸥. 新中国中小学教科书图文史：外语［M］. 广州：广东教育出版社，2015：1.

［8］季羡林. 外语教育往事谈［M］. 上海：上海外语教育出版社，1988.

［9］RICHARDS J C. English language teaching material［M］. Cambridge：Cambridge University Press，2010：ix.

［10］BELL J，GOWER R. Writing course materials for the world：a great compromise［M］// TOMLINSON B. Materials development in language teaching. Cambridge：Cambridge University Press，1998：116-130.

［11］RUBDY R. Selection of materials［M］// TOMLINSON B.

Developing materials for language teaching. London：Continuum，2003：38-45.

［12］GRANT N. Making the most of your textbook［M］. London：Longman，1987：7-8.

［13］刘道义. 基础外语教育发展报告：1978-2008［M］. 上海：上海外语教育出版社，2008：8-9，76-114，16.

［14］宋述强. 我们是否在见证一场新的教育革命？［N］. 中国教育报，2015-06-02（8）.

［15］中华人民共和国教育部. 义务教育英语课程标准（2011年版）［M］. 北京：北京师范大学出版社，2011.

［16］朱奇峰. 中小学智能化混合教学和过程性智能评测研究［M］. 北京：北京交通大学出版社，2015：61-73.

［17］张婷. 被"互联网+"改变的教育生态［N］. 中国教育报，2015-11-01（1）.

［18］吕达. 中国近代课程论［M］. 北京：人民教育出版社，1994：1-2.

［19］龚亚夫. 英语教育新论：多元目标英语课程［M］. 北京：高等教育出版社，2015：4，287.

［20］LARSON J，ALLEN A-R，OSBORN D. Curriculum and the publishing industry：volume 1［M］∥ PETERSON P，BAKER E，MCGAW B. 国际教育学百科全书. 3版. 上海：上海外语教育出版社，2013：368.

［21］RICHARDS J C，RODGERS T S. Approaches and methods in language teaching［M］. 北京：外语教学与研究出版社，2008：153-174.

［22］周流溪. 中国中学英语教育百科全书［M］. 沈阳：东北大学出版社，1995：153-179.

［23］刘道义. 刘道义英语教育自选集［M］. 北京：外语教学与研究出版社，2007：194-206，3-8，80-87，111，171-187.

［24］MARKWARDT A D. Changing winds and shifting sands［J］.

MST English Quarterly，1972（21）：3-11.

［25］HARMER J. The practice of English language teaching［M］. 4th ed. Harlow：Pearson Longman，2007：77-79.

［26］刘道义. 百年沧桑与辉煌：简述中国基础英语教育史［J］. 中国教育科学，2015（4）：95-133.

［27］课程教材研究所. 20世纪中国中小学课程标准·教学大纲汇编：外国语卷（英语）［M］. 北京：人民教育出版社，2001：11-76，203-539，106，166.

［28］人民教育出版社图书馆. 中国百年中小学教科书全文图像库［EB/OL］. http：//www.pep.com.cn.

［29］李良佑，张日昇，刘犁. 中国英语教学史［M］. 上海：上海外语教育出版社，1988：200-237.

［30］陈自鹏. 中国中小学英语课程教材教法百年变革研究［M］. 北京：光明日报出版社，2012：132-172.

［31］课程教材研究所. 新中国中小学教材建设史1949—2000研究丛书：英语卷［M］. 北京：人民教育出版社，2010：2，132，231-241，343-352.

［32］陈雪芬. 中国英语教育变迁研究［M］. 杭州：浙江大学出版社，2011：34-37，58-71，79-82，87.

［33］陈学恂. 中国教育史研究：近代分卷［M］. 上海：华东师范大学出版社，2009：82-94.

［34］艾伟. 英语教学之一般考察：英语教学心理学［M］. 台北：编译馆，1957：69-83.

［35］吕叔湘. 回忆张士一先生：为纪念士一先生诞辰一百周年而作［J］. 课程·教材·教法，1986（6）：3-9.

［36］张正东. 琼林撷萃［M］. 北京：人民教育出版社，2002：36-40.

［37］谢洪赉. 华英进阶：第二集［M］. 上海：商务印书馆，1901.

［38］张士一. 初中直接法英语教科书：第一册［M］. 上海：商务印书馆，1939：1-35.

［39］吕叔湘. 中国人学英语［M］. 上海：商务印书馆，1947：4，6-15.

［40］人民教育出版社外国语编辑室. 建国以前的中学英语教学和教材［M］//课程教材研究所. 新中国中小学教材建设史 1949—2000 研究丛书：英语卷. 北京：人民教育出版社，2010：353-362.

［41］人民教育出版社. 十二年制初级中学课本 英语 第一册［M］. 北京：人民教育出版社，1963.

［42］邓小平. 教育战线的拨乱反正问题［M］//邓小平文选：一九七五——九八二年. 北京：人民出版社，1983：63-68.

［43］关于印发《加强外语教育的几点意见》的通知：（79）教高一字 027 号［A］. 北京：中华人民共和国教育部，1979-03-29.

［44］中华人民共和国教育部. 全日制六年制重点中学英语教学大纲（征求意见稿）［J］. 中小学外语教学，1982（4）.

［45］唐钧. 关于《关于八百个英语最常用词》的研究报告［M］//肖敬若，武永兴，江山野. 普通教育改革. 北京：人民教育出版社，1987：161-188.

［46］WILKINS D A. Notional syllabuses：a taxonomy and its relevance to foreign curriculum development［M］. Oxford：Oxford University Press，1976.

［47］VAN EK J A，ALEXANDER L. The threshold level for modern language learning in schools［M］. London：Longman，1979.

［48］王湛. 扎实推进素质教育，开创基础教育改革新局面［M］//钟启泉，崔允漷，张华. 为了中华民族的复兴 为了每位学生的发展. 上海：华东师范大学出版社，2001：6-7.

［49］中华人民共和国教育部. 全日制义务教育普通高级中学英语课程标准（实验稿）［M］. 北京：北京师范大学出版社，2001：1.

［50］中华人民共和国教育部. 普通高中英语课程标准（实验）［M］. 北京：人民教育出版社，2003：1-2.

［51］中华人民共和国教育部. 普通高中英语课程标准（2017 年版）［M］. 北京：人民教育出版社，2018：1-9，14-15，108-112.

〔52〕黄远振. 新课程英语教与学〔M〕. 福州：福建教育出版社，2003：21.

〔53〕The Council of Europe. The common European framework in reference for languages：learning，teaching，assessment〔M〕. Cambridge：Cambridge University Press，2003.

〔54〕ACARA. The Australian curriculum〔M〕. Sydney：Australian Curriculum，Assessment and Reporting Authority，2015.

〔55〕刘道义. 30 年：中小学英语课程演绎"和平革命"〔N〕. 中国教育报，2008-08-08.

〔56〕左焕琪. 全国中学英语教学调查与分析〔M〕. 上海：华东师范大学出版社，1990：39.

〔57〕BELL R T. An introduction to applied linguistics：approaches and methods in language teaching〔M〕. London：Batsford Academic and Educational Ltd.，1981.

〔58〕HALLIDAY M A K. An introduction to functional grammar〔M〕. Baltimore：Edward Arnold，1985.

〔59〕HYMES D H. On communicative competence〔M〕// PRIDE J B，HOLMES J. Social linguistics. Great Britain：Penguin Education，1976：269-293.

〔60〕WIDDOWSON H G. Teaching language as communication〔M〕. New York：Oxford University Press，1978.

〔61〕DULAY H，BURT M，KRASHEN S. Language two〔M〕. New York：Oxford University Press，1982.

〔62〕路易·亚历山大. 20 世纪 80 年代欧洲关于语言教科书设计的观点〔J〕. 刘道义，司延亭，译. 课程·教材·教法，1989（Z1）：89-94.

〔63〕曾葡初. 华氏结构·功能法：内涵、历程与发展〔M〕//中国教育学会外语教学专业委员会. 探索中国基础外语教育的理论与实践：中国教育学会外语教学专业委员会成立 30 周年纪念论文集. 北京：人民教育出版社，2011：206-215.

［64］人民教育出版社外语室. 初级中学课本 英语第一册 教师教学用书［M］. 北京：人民教育出版社，1982：13-14.

［65］人民教育出版社外语室. 初级中学课本 英语第一册［M］. 北京：人民教育出版社，1983：35-36.

［66］人民教育出版社外语室. 高级中学课本 英语第一册［M］. 北京：人民教育出版社，1982：21，28.

［67］人民教育出版社外语室. 九年义务教育三年制、四年制初级中学教科书 英语第一册：上［M］. 北京：人民教育出版社，1992：20，23，25，27.

［68］人民教育出版社外语室英语组. 义务教育初中英语教材研究与实践［M］. 北京：人民教育出版社，1996：334-354.

［69］人民教育出版社，朗文出版集团有限公司. 高级中学英语第二册 教师教学用书：上［M］. 北京：人民教育出版社，1996：16.

［70］张正东，陈治安，李力. 英语教学的现状与发展：《全国高中英语教学调查研究》结题报告专著［M］. 北京：人民教育出版社，2001：101-117.

［71］程晓堂，孙晓慧. 英语教材分析与设计［M］. 北京：外语教学与研究出版社，2011：153-163.

［72］人民教育出版社，课程教材研究所，英语课程教材研究开发中心，等. 义务教育教科书 英语 Go for it! 七年级上册［M］. 北京：人民教育出版社，2012：13-15，16-18.

［73］JOHNSEN E B. Textbooks in the kaleidoscope：a critical survey of literature and research on educational texts［M］. Oxford：Oxford University Press，1993.

［74］TOMLINSON B. Developing materials for language teaching［M］. New York：Continuum，2003：445-446，38-45.

［75］刘庆思. 改革开放三十年来我国高考英语科的发展情况［J］. 课程·教材·教法，2008，28（4）：22-27.

［76］PIAGET J. "Piaget's theory"［M］∥ MUSSEN P H. Charmichael's manual of child psychology. New York：Wiley，1970，1：

703-732.

［77］GHOSN，IRMA-KAARINA．Language learning for young learners［M］∥TOMLINSON B．Applied linguistics and materials development．London：Bloomsbury，2013：61，63．

［78］郑旺全，张献臣．义务教育教科书 英语七年级教师教学用书：上册．北京：人民教育出版社，2012：1．

［79］ASHER J J．The total physical response approach to second language learning［J］．The Modern Language Journal，1969，53（1）：3-17．

［80］KRASHEN S．Second language acquisition and second language learning［M］．Oxford：Pergamon Press，1981．

［81］刘岩．九年义务教育小学教科书 英语 第二册［M］．北京：人民教育出版社，2002：62，63．

［82］刘岩．九年义务教育小学教科书 英语 第四册［M］．北京：人民教育出版社，2002：69．

［83］刘岩．九年义务教育小学教科书 英语 第一册［M］．北京：人民教育出版社，2002：97．

［84］KLAPPER J．Taking communication to task？ A critical view of recent trends in language teaching［J］．Language Learning Journal，2003，27（1）：33-42．

［85］NUNAN D．Task-based language teaching［M］．Cambridge：Cambridge University Press，2004：4．

［86］NISBETT R E．The geography of thought：how Asians and Westerners think differently and why［M］．New York：The Free Press，2004．

［87］WATKINS D A，BIGGS J B．Teaching the Chinese learners：psychological and pedagogical perspectives［M］．Hong Kong：The University of Hong Kong Press，2001．

［88］龚亚夫，罗少茜．任务型语言教学（修订版）［M］．北京：人民教育出版社，2006：55，208．

［89］TOMLINSON B. Materials development for language learning and teaching［M］. Cambridge：Cambridge University Press，2012：143.

［90］CROOK D. What is language for？［M］//吴道存. 怎样教好英语：英语专家论英语教学. 北京：人民教育出版社，1991：14-15.

［91］人民教育出版社，课程教材研究所，英语课程教材研究开发中心. 普通高中课程标准实验教科书 英语［M］. 北京：人民教育出版社，2007.

［92］关冀华. 看了就会读［M］. 北京：原子能出版社，2008.

［93］马承. 马承与英语教育［M］. 北京：北京师范大学出版社，2015：43.

［94］新闻出版总署，中华人民共和国教育部. 新闻出版总署、教育部关于印发《中小学教辅材料管理办法》的通知：新出联〔2001〕8号［A］. 北京：中华人民共和国教育部，2001.

［95］LONG M. Input and second language acquisition theory［M］// GASS S，MADDEN C. Input in second language acquisition. Rowley，MA：Newbury House，1985：377-393.

［96］ARNOLD J. Affect in language learning［M］. Cambridge：Cambridge University Press，1999.

［97］TOMLINSON B. Affect and the coursebook［J］. IATEFL Issues，1998，145：20-21.

［98］胡春洞. 英语学习论［M］. 南宁：广西教育出版社，1996：34-38.

［99］陈琳，GREENALL S. 普通高中课程标准实验教科书 英语［M］. 北京：外语教学与研究出版社，2003：31，41，43.

［100］叶圣陶. 关于编教材：跟江苏农村教材编辑人员的讲话［M］//刘国正. 叶圣陶教育文集：第五卷. 北京：人民教育出版社，1994：708-712.

［101］TOMLINSON B，MASUHARA H. Developing language course materials［M］. 北京：人民教育出版社，2007：24-25.

［102］韩宝成. 关于我国中小学英语教育的思考［J］. 外语教学与研究，2010，42（4）：300-302.

［103］BLOOM B S. Taxonomy of educational objectives：the classification of educational goals［M］. New York：David Mckay Company，1956：201.

［104］LEUNG Y M. The design and use of worksheets［M］. Hong Kong：Longman Group，1992：22.

［105］人民教育出版社，朗文出版集团有限公司. 义务教育三年制初级中学教科书　第二册［M］. 北京：人民教育出版社，1994.

［106］KEEGAN D. From d-learning, to e-learning, to m-learning［J］. 开放教育研究，2000（5）：6-10.

［107］刘道义. 论影响外语教材建设的重要因素［J］. 课程·教材·教法，2020，40（2）：64-71.

［108］CUNNINGSWORTH A. Choosing your coursebook［M］. Shanghai：Shanghai Foreign Language Education Press，2002：7.

［109］薛中梁. 英语课堂教学过程［M］. 合肥：安徽教育出版社，2002：91-94.

［110］林碧英. 创造性使用小学英语教材的策略［J］. 中小学外语教学（小学篇），2016（5）：36-41.

［111］人民教育出版社，课程教材研究所，英语课程教材研究开发中心，等. 义务教育教科书　英语　三年级起点　六年级上册［M］. 北京：人民教育出版社，2014.

［112］人民教育出版社，课程教材研究所，英语课程教材研究开发中心. 普通高中课程标准实验教科书　英语2［M］. 北京：人民教育出版社，2007：9-16.

［113］林崇德. 我对学生核心素养的思考：在上海市"名师工程"启动10周年大会上的演讲［M］∥林崇德. 林崇德教育演讲录. 北京：人民教育出版社，2015.

［114］张冠文. 在英语阅读教学中引发学生情感体验的策略［J］. 中小学外语教学（中学篇），2015（1）：49-52.

［115］王淑敏．谈高中英语教学中人文素养的渗透［C］．北京：中国教育学会外语教学专业委员会，2015．

［116］COHEN A D，ISHIHARA N．Pragmatics［M］∥TOMLINSON B．Applied linguistics and materials development．London：Bloomsbury，2013：113-123．

［117］张国扬，朱亚夫．外语教育语言学［M］．南宁：广西教育出版社，1996：52-108．

［118］陈红娟．从一节研讨课谈学生语用意识的培养［J］．中小学外语教学（小学版），2015（2）：5-9．

［119］中国社会科学院语言研究所词典编辑室．现代汉语词典［M］．7版．北京：商务印书馆，2016：1371-1372．

［120］胡文仲．胡文仲英语教育自选集［M］．北京：外语教学与研究出版社，2006：191-198．

［121］BYRAM M，MASUHARA H．Intercultural competence［M］∥TOMLINSON B．Applied linguistics and materials development．London：Bloomsbury，2013：145-150．

［122］宋维华．英语教学中文化意识培养的策略研究［J］．中小学英语教学与研究，2016（3）：68-72．

［123］王秋红，周俊婵，陈璐，等．英语阅读教学中的语言处理：理解与赏析［M］．杭州：浙江大学出版社，2015：44-46．

［124］百度百科．思维能力的简介、训练和提高方式［EB/OL］．［2016-07-09］．http：∥baike.baidu.com/link？url．

［125］田运．思维辞典［M］．杭州：浙江教育出版社，1996：421．

［126］杜威．我们怎样思维：经验与教育［M］．姜文闵，译．北京：人民教育出版社，1991：191-199．

［127］张大均．教育心理学［M］．2版．北京：人民教育出版社，2004：36．

［128］全国十二所重点师范大学．心理学基础［M］．2版．北京：教育科学出版社，2015：131-137．

［129］摩尔，帕克．批判性思维［M］．10版．朱素梅，译．北京：

机械工业出版社，2015：2-177.

［130］人民教育出版社，课程教材研究所，英语课程教材研究开发中心．普通高中课程标准实验教科书 英语：必修5［M］．北京：人民教育出版社，2008：5-67.

［131］人民教育出版社，课程教材研究所，英语课程教材研究开发中心．普通高中课程标准实验教科书 英语：选修6［M］．北京：人民教育出版社，2007：6-26.

［132］刘韵冀．普通逻辑学简明教程［M］．2版．北京：经济管理出版社，2009：1.

［133］孔琦．语言和思维能力共进的小学英语课堂教学初探［J］．现代科学，2017（9）：43-45.

［134］BLOOM B S. Taxonomy of educational objectives［M］. New York：Longmans，2001.

［135］上海市中小学（幼儿园）课程改革委员会．九年义务教育课本 英语三年级第二学期（试用本）（牛津上海版）［M］．上海：上海教育出版社，2010.

［136］SCOTT MCLEOD. Body mind spirit［M］. Charleston：Createspace Independent Publishing Platform，2012.

［137］施良方．学习论［M］．北京：人民教育出版社，2005：17，318-327，441，443.

［138］人民教育出版社，课程教材研究所，英语课程教材研究开发中心．新高中英语教与学［M］．北京：人民教育出版社，2006：39，140-159，179，206-207.

［139］何安平，郑旺全．语料库视角下的高中英语教材与教法研究［M］．北京：人民教育出版社，2009：35-36.

［140］文涛．论有效的课堂小组合作学习［J］．教育理论与实践，2002，22（12）：53-56.

［141］POEDJOSOEDARMO G. Teaching pronunciation：why，what，when and how［M］．北京：人民教育出版社，2007：1，31-40.

［142］何广铿．英语教学研究［M］．广州：广东高等教育出版社，

2002：35.

［143］刘庆思. 改革开放三十年来我国高考英语科的发展情况 ［J］. 课程·教材·教法，2008，28（4）：22-27.

［144］章兼中. 小学英语教育学［M］. 太原：山西高校联合出版社，1996：197.

［145］HALLIDAY M A K. The grammatical construction of scientific knowledge：the framing of the English clause［M］// FAVRETTI R R，SANDRI G，SCAZZIERI R. Incommensurability and translation. Cheltenham：Elgar，1999.

［146］人民教育出版社，朗文出版集团有限公司. Junior English for China 第一册［M］. 北京：人民教育出版社，1993：70.

［147］胡壮麟. 关于语法教学的再认识［J］. 外语论坛，2001（1）：6-14.

［148］WIDDOWSON H G. Aspects of language teaching［M］. Oxford：Oxford University Press，1990.

［149］LARSEN-FREEMAN D. Teaching languages：from grammar to grammaring［M］. Boston，MA：Heinle & Heinle Publishers，2003.

［150］刘道义. 启智性英语教学之研究［J］. 课程·教材·教法，2015，35（1）：80-90.

［151］HARMER J. Teaching and learning grammar［M］. London：Longman，1987：14.

［152］刘道义. 研究如何优化中学英语语法教学［J］. 外语教学法研究，2010（2）：24-26.

［153］THORNBURY S. Natural grammar［M］. Oxford：Oxford University Press，2004：1，12.

［154］胡顺安，冯慎功. 英语语法学习秘笈与考试攻略［M］. 石家庄：河北教育出版社，2012：102.

［155］THORNBURY S. How to teach vocabulary［M］. Beijing：Pearson Education North Asia Limited & World Affairs Press，2003：13，20.

［156］英国培生教育出版亚洲有限公司．朗文当代高级英语辞典：英英·英汉双解［M］. 5 版．北京：外语教学与研究出版社，2014：附录 B1.

［157］人民教育出版社外语室英语组，唐钧，刘锦芳，等．中学英语 3000 词［M］．北京：人民教育出版社，1989：前言．

［158］桂诗春．中国学生英语学习心理［M］．长沙：湖南教育出版社，1992：24.

［159］刘润清．与英语自学者谈学习策略［M］∥刘润清英语教育自选集．北京：外语教学与研究出版社，2007：25.

［160］Huang Zhiling. Mahjong helping students, English to click ［N］. China Daily, 2016-06-04（1）.

［161］王守仁，何锋．牛津高中英语（模块二·高一上学期）［M］．南京：译林出版社，2005.

［162］刘东方．新课程标准理念下的积木式英语词汇教学设计［J］.中小学英语教育，2006（9）.

［163］NATION P. Managing vocabulary learning［M］．北京：人民教育出版，2007：45，25.

［164］吴道存，汪延安，胡一宁，等．怎样教好英语：英语专家论英语教学［M］．北京：人民教育出版社，1993：287.

［165］王蔷．英语教学法教程［M］．北京：高等教育出版社，2000：81.

［166］GOH C M. Teaching listening in the language classroom ［M］．北京：人民教育出版社，2007：7，31-33.

［167］ABLEEVA R,STRANKS J. Listening in another language — research and materials［M］∥ TOMLINSON B. Applied linguistics and materials development. London：Bloomsbury，2013：201，203.

［168］BROWN H D. Teaching by principles：an interactive approach to language pedagogy［M］. London：Prentice Hall Regents，1994：247-250.

［169］胡文仲．怎样抓好听说：与科技人员谈英语学习之一［J］.

英语学习，1984（1）：30–34.

［170］BROWN G，YULE G. Teaching the spoken language［M］. Cambridge：Cambridge University Press，2000：80–88.

［171］GOH C M. Listening as process：learning activities for self-appraisal and self-regulation［M］// HARWOOD N. English language teaching materials：theory and practice. Cambridge：Cambridge University Press，2010：189.

［172］鲁子问. 小学英语活动设计与教学［M］. 北京：高等教育出版社，2010：79–88.

［173］HARMER J. The practice of English language teaching［M］. Essex，England：Pearson Longman，2007：303.

［174］HUGHES R. Materials to develop the speaking skills［M］// HARWOOD N. English language teaching materials：theory and practice. Cambridge：Cambridge University Press，2010：213.

［175］LUOMA S. Assessing speaking［M］. Cambridge：Cambridge University Press，2007：9.

［176］BURNS A，HILL D A. Teaching speaking in a second language［M］// TOMLINSON B. Applied linguistics and materials development. London：Bloomsbury，2013：234.

［177］胡壮麟. 在中国环境下说英语［J］. 大学英语，2003（2）：2–4.

［178］PAULSTON C B，BRUDER M N. Teaching English as a second language：techniques and procedures［M］. Cambridge，MA：Winthrop Publishers，Inc，1976：56–57.

［179］TEMPLETON M，FITZGERRALD S S. Great presentation skills［M］. New York：McGraw Hill，1999：17–18.

［180］人民教育出版社，课程教材研究所，英语课程教材研究开发中心，等. 义务教育教科书 英语 Go for it！八年级上册［M］. 北京：人民教育出版社，2013：2.

［181］张献臣. 人教版初中英语教材中示范对话的功能与教学［J］. 中小学外语教学，2014（11）：18–22.

［182］BYGATE M. Speaking［M］. Oxford：Oxford University Press，1993：96-97.

［183］文秋芳. 口语教学与思维能力的培养［J］. 国外外语教学，1999（2）：1-4.

［184］邬晓莉. 演短剧，学英语（初中分册）［M］. 广州：广东教育出版社，2001：序.

［185］胡春洞，戴忠信. 英语阅读论［M］. 南宁：广西教育出版社，1998：3-8.

［186］胡壮麟，刘意青. 浅谈我国外语教学中的阅读课［J］. 教学研究，1984（1）：1-6.

［187］FARRELL T S C. Planning lessons for a reading class ［M］. 北京：人民教育出版社，2007：1，11-19.

［188］张献臣. 中学英语阅读教学文本解读的角度［J］. 中小学英语教学与研究，2016（6）：36-41.

［189］葛炳芳. 英语阅读教学的综合视野：理论与实践［M］. 杭州：浙江大学出版社，2015：19.

［190］刘道义. 谈培养中小学生的英语阅读能力［J］. 基础教育外语教学研究，2012（4）：14-18.

［191］王咏梅，孙华. 指导小学生课外阅读的实践与研究［J］. 中小学外语教学（小学版），2014，37（9）：1-4.

［192］李振来. 英语文学名著简易读物读写指导教学模式探究［J］. 中小学外语教学，2016（1）：60-64.

［193］刘上扶. 英语写作论［M］. 南宁：广西教育出版社，1998：53-61.

［194］人民教育出版社，课程教材研究所，英语课程教材研究开发中心，等. 普通高中课程标准实验教科书 英语 选修（语言知识与技能类）英语写作［M］. 北京：人民教育出版社，2007：ii.

［195］CHANDRASEGARAN A. Intervening to help in the writing process［M］. 赵小冬，注. 北京：人民教育出版社，2007：1-35.

［196］丁往道，吴冰，钟美荪，等. 英语写作手册（中文版）［M］.

2 版. 北京：外语教学与研究出版社，2010：103.

［197］FIELD M L. Text features and reading comprehension ［M］. 北京：人民教育出版社，2007：47.

［198］陈梦梦，罗晓杰. 人教版高中英语教材修辞格分布情况分析及其教学建议［J］. 基础教育外语教学研究，2016（6）：20-24.

［199］余立三. 英汉修辞比较与翻译［M］. 北京：商务印书馆，1985.

［200］刘道义. 谈中学生英语写作能力的培养［J］. 中小学教材教学，2015（3）：20-23.

［201］高凌飚，张廷凯. 基础教育教材评价：理论与工具［M］. 北京：人民教育出版社，2002：124-126.

［202］LIU D，WU Z. English language education in China：past and present［M］. 北京：人民教育出版社，2015：162-166，176.

［203］张廷凯，任长松. 我国基础教育教材评价机制研究［G］//《我国教育教材评价体系研究》课题组. 我国教育教材评价体系研究成果汇编. 广州：华南师范大学，2000.

［204］国家教育委员会. 中小学教材编写、审查和选用的规定［J］. 学科教育，1995（10）：1-3.

［205］中华人民共和国教育部. 教育 50 年大事记（1980 年至 1989 年）［EB/OL］. http://old.moe.gov.cn//publicfiles/business/htmlfiles/moe/moe_163/200408/3452. html.

［206］何东昌. 在全国中小学教材审定委员会成立大会上的讲话［J］. 课程·教材·教法，1986（11）：6-9.

［207］谢安邦. 大陆教科书选用制度研究［R/OL］. http://www.trd. org. tw/Cpase/895030/890530-13.html.

［208］中华人民共和国教育部. 中小学教材编写审定管理暂行办法［S/OL］.（2001-06-07）［2012-11-15］. http://www.gov.cn/fwxx/bw/jyb/content_2267198. html.

［209］教育部. 教育部对十二届全国人大五次会议第 8598 号建议的答复［S/OL］.（2017-09-27）. http://www.moe.gov.cn/jyb_xxgk/xxgk_jyta/

jyta_jiaocaiju/201801/t20180109_324222.html.

［210］靳晓燕. 国家基础教育课程教材专家咨询委员会和工作委员会成立［N］. 光明日报，2010-04-15（04）.

［211］新华社. 刘延东：基础教育课程教材建设要充分发挥专家作用［EB/OL］.（2010-04-14）. http：// www.gov.cn/govweb/ldhd/2010-04/14/content_1580929.html.

［212］国务院办公厅. 国务院办公厅关于成立国家教材委员会的通知（国办发〔2017〕61号）［EB/OL］.（2017-07-06）. http://www.gov.cn/zhengce/content/2017-07/06/content_5208390.htm.

［213］葛亮亮. 新教材，新在哪儿？［N］. 人民日报，2016-08-18（11）.

［214］国家教育委员会. 国家教委关于重新印发《全国中小学教材审定委员会工作章程》的通知［S］. 学科教育，1997（03）：2.

［215］冯欣. 国内外科学教科书评价标准的比较研究［D］. 重庆：西南大学，2013.

［216］库尔姆，罗思曼，特雷斯特曼. 基于教学标准的教材评估方法［J］. 科学剪影，1999，V35（4）.

［217］LITTLEJOHN A. The analysis of language teaching materials：inside the Trojan Horse［M］// TOMLINSON B. Materials development in language teaching. 2nd ed. Cambridge：Cambridge University Press，2011：179-211.

［218］LITTLEJOHN A. The analysis of language teaching materials：inside the Trojan Horse［M］// TOMLINSON B. Materials development in language teaching. 1st ed. Cambridge：Cambridge University Press，2008：190-216.

［219］TOMLINSON B. Materials development for language learning and teaching［J］. Language teaching，2012：45，170.

［220］CUNNINGSWORTH A. Choosing your coursebook［M］. 上海：上海外语教育出版社，2002.

［221］MCDONOUGH J，SHAW C. Materials and methods in

ELT : a teacher's guide ［M］. Cambridge : Cambridge University Press，1993.

［222］高凌飚. 基础教育教材评价体系的构建问题［J］. 科学教育研究，2007（5）:12.

［223］何安平. 中学英语教材评价工具［M］//高凌飚，张廷凯. 基础教育教材评价：理论与工具. 北京：人民教育出版社，2002：190-193.

［224］邹为诚. 六国基础教育英语课程比较研究［J］. 外语教学与研究，2015（3）：437-446.

［225］邹为诚. 国际比较视野下的基础英语课程体系和教材难度［J］. 英语学习（教师版），2015（3）：6-11.

［226］FLESCH R. A new readability yardstick［J］. Journal of Applied Psychology，1948，32（3）：221-233.

［227］朱葛军. 高中英语教材文本可读性难度国际比较研究：文本难度研究框架［D］. 上海：华东师范大学，2015.

［228］施秀梦. 高中英语教材教学活动复杂度的国际比较研究［D］. 上海：华东师范大学，2014.

［229］何安平. 英语系列教材词汇知识发展研究：动态系统论视角度［J］. 外语教学与研究，2015（6）：898-908.

［230］谢家成，何安平. 中学英语教材附录词汇表的语料库研究与理据探究［J］. 中小学外语教学（中学版），2008（9）.

［231］张彦琳，何安平. 英语教材对话的口语性探究［J］. 外语教学理论与实践，2009（2）：61-67.

［232］何安平. 语料库辅助的基础英语教材分析［J］. 课程·教材·教法，2007（3）：44-49.

［233］陈文宜，何安平. 07版高中英语新教材的阅读预测技能练习设计探究［J］. 中小学外语教学，2008（8）:14-20.

［234］何安平. 外语教学大纲·教材·课堂教学：设计与评估［M］. 广州：广东教育出版社，2001.

［235］何安平. 语料库的短语理念及其教学加工［M］. 广州：广东

高等教育出版社，2013.

［236］何安平，黄志红. 中小学外语课程教材改革与发展研究［M］. 广州：广东高等教育出版社，2015.

［237］何安平. Evaluation and reviews of teaching materials for schools［M］∥ LIU D，WU Z. English language education in China：past and present. 北京：人民教育出版社，2015：171-176.

［238］TOMLINSON B. English language learning materials：a critical review［M］. London：Continuum International Publishing Group，2008.

［239］TOMLINSON B，MASUHARA H. Research for materials development in language learning：evidence for best practice［M］. London：Continuum International Publishing Group，2010.

［240］PEREZ-PAREDES P，Alcaraz-Calero J M. Developing annotation solutions for online data driven learning［J］. ReCALL，2009（21）：55-75.

［241］CHAPELLE C A. The spread of computer-assisted language learning［D］. Vancouver：Canadian Association of Applied Linguistics，2008，6：4-6.

［242］WHITEHEAD D. English language teaching in fragile states：justifying action，promoting success and combating hegemony［M］∥ COLEMAN H. Dreams and realities：developing countries and the English language. London：British Council，2011：333-369.

［243］AL-BUSAIDI S，Tindle K. Evaluating the impact of in-house materials on language learning［M］∥ TOMLINSON B，MASUHARA H. Research for materials development in language learning：evidence for best practice. London：Continuum International Publishing Group，2010：137-149.

［244］肖建芳. 当代国内外小学英语教材比较［M］∥何安平，黄志红. 中小学外语课程教材改革与发展研究. 广州：广东高等教育出版社，2015：100-111.

［245］刘东方，何安平．"积木词块"英语教学模式的创设与应用［J］．中国外语教育，2011（3）：32-38．

［246］HE A P. Corpus pedagogic processing of phraseology for EFL teaching : a case of implementation［M］// ZOU B，SMITH S，HOEY M. Corpus linguistics in Chinese context. London : Palgrave Macmillan，2015.

［247］陈运良．广东高考英语语篇中的高阶词及其在教材语篇中的反映［J］．中小学外语教学，2014（2）．

［248］HARWOOD N. English language teaching materials : theory and practice［M］. Cambridge : Cambridge University Press，2010 : 20.

［249］ELLIS R. Task-based language learning and teaching［M］. Oxford : Oxford University Press，2003.

［250］TOMLINSON B. Principles of effective materials development［M］// HARWOOD H. English language teaching materials : theory and practice. Cambridge : Cambridge University Press，2010 : 88.

［251］CARTER R. Orders of reality : cancode, communication, and culture［J］. ELT Journal，1998，52（1）：43-56.

［252］张志公，刘道义．中学英语教材的现状与未来［M］//张志公文集：五．广州：广东教育出版社，1991：25．

［253］陈琳．辩证实践外语教育途径［M］．北京：外语教学与研究出版社，2013．

［254］PROSKE A，NARCISS S，KORNDLE H. Interactivity and learners'achievement in web-based learning［J］. Journal of Interactive Learning Research，2007，18（4）：511-531.

［255］KIM S-W，LEE M-G. Utilization of digital textbooks in Korea［M］// E-books and e-readers for e-learning. Wellington, New Zealand : Victoria Business School, Victoria University of Wellington，2012 : 90-125.

［256］魏昕．国外数字教科书研究：回顾、进展及启示［J］．课程·教材·教法，2015（9）：117-122.

［257］赵秀红．筑梦中华 兴国必先强师［N］．中国教育报，2018-02-28（1）.

［258］刘道义．试论中小学英语教师的专业发展［M］∥首都师范大学外国语言学及应用语言学研究所．英语教育与教师教育研究：第1辑．北京：首都师范大学出版社，2011.